心の資産

― 鳩翁からのメッセージ ―

山口 豊

東京図書出版

はじめに

今からおよそ一九〇年ほど前のことです。

時代は江戸時代後期の京都に、当時人気の心学の講座がありました。

講師の名は「柴田鳩翁《きゅうおう》」、心学者である石田梅岩の流れを汲んだ人でした。

落語のような語り口で聞いている人々を笑わせて、それでいてふと気が付くと自分のことを言われているように感じさせられるのでした。今でいう「綾小路きみまろ」のような人だったのかもしれません。

当時も今も「自分」というものが大切であることは変わりありません。

しかし、大切だからと言って自分勝手なことをしたり、身贔屓をして他者を軽んじたりというのは人間としての本筋から外れています。

この本筋から外れた行為を鳩翁は特に戒めており、何度も繰り返し述べている講話の口述筆記が『鳩翁道話』という本です。『鳩翁道話』は『続鳩翁道話』『続々鳩翁道話』と三冊があり、それぞれに六話ずつが収録されています。

コロナウイルスが猛威を振るい、大学をはじめ日本の学校中が登校しての授業ができなくなり、どこの学校もいきなりコンピュータを利用したリモート授業やオンデマンド授業を余儀なくされました。

私はちょうどその時、武庫川女子大学の共通教育でこの『鳩翁道話』を使用して「江戸時代の道徳観を今に生かす」ことを目的とした講座を担当することになっていて、全員分のテキストを準備していたのですが、結局一冊も渡せず仕舞となってしまいました。

しかしオンデマンド授業でも受講者たちは熱心に毎回レポートを書いてきてくれました。

本書はそのときの講義資料とレポートを基に、十五回の講義で扱えなかったものも含めて加筆修正をしたものです。

江戸時代後期の口語文ですので、今でもほとんどわかるのですが、念のために現代語訳をした物を示し、その前後に現代の私たちとの比較をしやすいように各回にテーマを設け、解説とまとめを付けました。

世界の国々と比べて日本人は自己肯定感が低いということが問題となっています。そして自分に自信を無くし、心が安定させられず、心の安らぎを求める人たちが増えているようです。しかし、その安らぎは自分の外にあって、他から与えられるものではなく、自分の中にあって、もともと持ち合わせているものであることに気づくことで得られるものなのです。ちょうどメーテルリンクの「青い鳥」のように。

『鳩翁道話』は江戸時代後期の教えなのですが、人間の本質はそう変わらないものであることを感じていただき、私と一緒に自分を振り返るきっかけにしていただければ何よりありがたいです。

心の資産

—鳩翁からのメッセージ—

目次

ありのままの自分、自分に忠実な自分でいるためにはどうすればよいか

解説

第一回は「仁」と「義」についての話です。まず、「仁」とは何かということから始まります。仁とは無理のない、素直で、ありのままの心でいること。これが仁だと鳩翁は考えていたようです。次に「五倫」というのが出てきましたが、五倫とは、五つの守らなければならないこと、すなわち父子の親、君臣の義、夫婦の別、長幼の序、朋友の信だというのです。つまりは親子、主従、夫婦、兄弟姉妹、友達に対して、素直で飾らない心をもって接しなければならないというのです。人間として生きていくためにはそれらを守らなければならないというのです。

素直で飾らない心をもって人に接するためには、相手の立場に立って考えることが大切だと鳩翁は考えていたようで、薬の看板の表記を例に挙げて説明しています。「鬼の霍乱」ということばで有名な「霍乱」というのは、漢方で、日射病をさした語です。また、夏に起きやすい、激しい吐き気・下痢などを伴う急性の病気のことですが、これの薬を売ろうとした人の話がありました。「霍乱」は正式名称であり「かくらん（くわくらん）」と表記されます。しかし頼ま

れた人は「はくらん」と書いたというのもわかりますが、買う対象者たちは「はくらん」と言っている人ばかり。正式名称で書くというのは権威を重んじた考え方であって、一般の人たちに何の薬かわかるようにするためなら「かくらん」ではなく「はくらん」と書く方が通用していいというのです。これこそ相手の立場に立って考えたことの例だというのです。

日本ではそうした気持ちを「本心」というとありました。本心とは本来の心、無理のない心、思いやりの心を指すようです。

その無理のない心はさらに「義」というものにつながっていくのです。「義」は無理をせず、本来の在り方、本質を指すものとされています。

その例として今度は中沢道二の話が出てきました。芸事をするのもいいが、一番相手が喜ぶことをせよというのです。確かにいろいろな習い事をするのは大事なことですが、親を大切にするという気持ちがあることが第一で、その他のことは二の次だというのです。

その気持ち、本質を忘れて芸事に打ち込むのは、本末転倒になっていると指摘しています。本末転倒は目の付け所を間違えることで本来あるべきものを見誤るというのです。

目の付け所が違うと正しく物が見られないということを示す例として二匹の蛙の話をしています。

蛙は背中に目がついているので、まっすぐ立つと後ろを見ることになるのですが、本人は正面を見ている気になっている。自分中心の考え方をしていると、間違っていても気が付かないというわけです。

確かに自分は大丈夫、自分は間違っていないと思い込んでしまうと、本当に間違っていても全然気が付かないものです。そうした思い込みの恐ろしさを、例えば義経が家に火をつける話やサザエの話等を例に挙げて、その思い込みがいかに危ういものかを説明しています。

自分を中心にして考えるといえば、天動説と地動説もそうです。太陽が動いているのか地球が動いているのか、自分を中心に考えると天動説になりますよね。

近年、高齢者の運転する自動車が道路を逆走するというニュースをよく耳にします。あるおじいさんが車を運転していました。逆走車ありという掲示を見た助手席のおばあさんがおじいさんに気を付けるように言ったところ、おじいさんが言いました。「ああ、そうらしいな。だが、逆走しているのは一台ではないぞ。みんな逆走してくるじゃないか」と。もうおわかりですね。逆走していたのはおじいさんの車だったのです。でも自分を中心に考えていると、そのことに気が付きません。

近年ではトイレットペーパーやティッシュペーパーなどの買い占めが話題となりました。マスクも高額で転売されていました。確かに自分はマスクがなくなるという情報を聞いた。だから間違っていない。正しい情報で動いているんだという行動がよけいに品薄状態に拍車をかけたのでしょう。でも本当にそうなのでしょうか。在庫はあったようでした。

私たちは今一度客観的に自分を見てみる必要があるのではないでしょうか。そしてありのままの自分、正しい情報に基づいて自分に忠実な自分でいるためには、どうしたらいいと考えているのか、点検してみる必要がありそうです。

鳩翁道話　一之上　本文現代語訳

孟子のことばに「仁は人の心なり、義は人の路なり、その路を捨ててよらず、その心を放ちて求むることを知らず。かなしいかな」というものがあります。

これは孟子の「告子」の上巻に書かれたことばです。ところで、この仁というのはいろいろな先生がさまざまな注をされていますけれども、むずかしく説明しては女性や子供たちには理解しにくいので、それを例えを示して簡単にしてお話し申しましょう。

昔、京に今大路何某という名医がいらっしゃいました。有名な人でした。あるとき鞍馬口という所の人が霍乱の薬を作って売り広めるために、看板を今大路先生にお願いして書いてもらいました。先生はその看板に「はくらんの薬」と平仮名でお書きなさいました。そこで頼んだ人がとがめました。「先生、これは『かくらん』の薬ですのに、どうして『はくらん』と書かれたのですか」すると先生は笑って、「鞍馬口は京へ出入する場所だから、通るのは木こり、山賤、百姓ばかり。彼らに『かくらん』と書いてはわからない。『はくらん』と書いてこそ通用するのです。真実の事でもわからないのでは役にたたないものです。たとえ『はくらん』と書いても、薬さえ効能があればよいではないですか」と、おっしゃいました。

まったくこれは面白い事です。聖人の道もチンプンカンプンでは、女性や子供たちには理解できません。心学道話は識者のために設けた事ではございません。ただ家業に追われて暇のない御百姓や町人たちに聖人の道がある事をお知らせしたいというのが先師の志ですから、かなりことばを簡単にして例えで説明したり、あるいは落語のような話をして、道理に近づくためには神道でも仏道でも何でもかんでも取りこんでお話しいたします。決して笑い話のようだと御笑いくださいますな。こうするのは本意ではありませんけれども、ただ分かりやすいように申すのです。

ところで「仁」というのは、つまり全く無理がないという事です。この無理のないのが人の心だと孟子は仰せられました。この無理のない心で、親に仕えますと孝行になり、主人に仕えますと忠になり、夫婦・兄弟・朋友の間もやはりこの通りで、五倫の道は簡単にできるものなのです。

その無理のないという在り方は親は親のあるべきように、子は子のあるべきように、夫は夫のあるべきように、女房は女房のあるべきようにするのです。このあるべきようにあることが無理のないところで、仁となり、また人の心となるのです。

たとえて言えば、この扇は誰が見ても扇ですね。扇とわかっていて、これで鼻汁をかむ人も尻を拭く人もない。これが扇のあるべきようなのです。扇は礼儀用に使うか、広げて風を求めるか、このほかに使い道はない。この見台もその通りで、棚の代わりにもならず、また枕の代わりにもなりません。やはり見台は見台のあるべき使い道にお使いなさる。ですから親御様を親御様と思うのなら、孝行になさるのが子たるものの在り方です。

これが仁であり、人の心です。このように申すと、遠い世界の話のようですけれども、それはみなさまの御心が全く無理のない仁の状態だからなのです。今、私はあなた方の御心の店卸しをいたしております。他人事のように御聞きなさってはいけません。もしあなた方が親御へ口ごたえをなさったり、また親を泣かせたり、主人に心配させたり、難儀をかけたり、夫に腹を立てさせたり、女房に心配をかけたり、弟を憎んだり、兄を侮ったり、世間へ難儀をかけちらすことがあれば、それは扇で尻を拭いたり、見台を枕にしていたりするようなものです。ここにはそんな人はいらっしゃるまいと思いますが、天竺の横町にはこんな連中がたんといます。御用心なさいませ。考えてみれば、意地の悪い生まれつきでも仕方がないところでしたが、幸いに御互いに無理のない心を持って生まれたことは、千万金にも替えられないありがたい事ではありませんか。この無理のない心を我が心学では「本心」と申します。もっとも「仁」と「本心」とは少しの差はありますが、その事を説明すると長くなるのでここでは止めます。ただ「本心」というのは無理のないものとお考えいただいて間違いではありません。

今日皆様お一人お一人に御目にかからなくても、皆様方のお心に少しでも無理があるかどうかはわかります。その証拠に言ってはならない事を言うとか、してはならない事をすると、たちまち腹の中が何となく心悪く覚えます。これは無理のない心が無理をするから、心がねじれて心悪いのです。これは千人万人みな同じ事です。

古歌に「鳴滝の夜の嵐にくだかれて散る玉ごとに宿る月かげ」というのがあります。

これは月は一つですが、水玉が散る玉ごとにそれぞれにその月の光を宿すという天理の妙用。仁は一つの仁ですが、万人みんなにこれを分けて持っています。そこで世界中の人の心に無理のないという事がちゃんとできるようになっています。だから、この無理のない心に従って物事をすれば、皆あるべきようになって、孝行・忠義も自然と出来るのです。何と簡単なことではありませんか。たった一つ合点するだけで、百年学問した人と行いにおいて何も違うところはありません。

ですからどうぞ本心に御従いください。そしてこれを先生として、御稽古をなさるのがよろしゅうございます。我が本心を師匠にすれば、祝儀もいらず、暑寒の見舞いにも及ばず、心安く忠孝は務まるというありがたい教えなのです。しかしあまり安いとかえって御疑いが起こるものです。決して安物でも御買いかぶりの気遣いがあるものではありません。ですから思い切って本心にお従いなされるのがよろしゅうございます。

中国の古典の『中庸』には「性に従う。之を道という」という御証文の請け合いがあります。ですから御気遣いなしにお努めください。

さて、「義は人の路なり」の義とは無理をしない事です。無理をしなければ人との交わりは言うに及ばず、万物と交わってうまくいきます。ですから古人は「義は宜なり」と仰せられました。家来としては奉公に精を出すのはよろしい。嫁としては舅姑に孝行にし、夫を大切にするのがよろしい。そのほか何事でもよろしいのが義であり、人の道なのです。

「道」とは古人は、「道はなお大路なり」と言いました。江戸へ行くのも長崎へ行くのも、表へ出るのも裏へ出るのも、隣へ行くのも雪隠へ入るのも、皆それぞれに道があります。もし道を行かないと屋根越しをしたり、溝へはまったり、野越し山越し、とんでもない所へ迷い込みます。これと同じ事で、人の上でもよろしくない事をすると、道から外れます。子は親に孝、妻は夫に貞、朋友は互いに信、いちいち言わなくてもわかります。その通りにさえすると道ですから、互いによろしいけれど、親を泣かせたり、夫に腹立てさせたり、人を恨んだり恨まれたりするのはよくない事です。これが道でないから川へはまったり、荊の中へかけ込んだり、どぶへ飛びこんだりするのと同じ事で、さても難儀千万なものなのです。ですから道はどこにあるやら、しっかりと考えなければなりません。幸い中沢道二先生の御話をお聞きした事がございますので、お話ししましょう。

中沢先生は昨年摂州池田へ道話に参られました。ある豪家に逗留しましたが、その家の主人は以前から心学に執心なので、先生をもてなそうとして十四、五になる娘を呼び出し、道二先生のお相手をさせました。この娘は可愛らしく行儀もよく、花を活け、茶をたて、琴を弾くなどして先生を接待し、和歌などをも詠まれました。そこで先生がその親たちへ「これほどにお育てなされたのは並々の事ではございますまい」と申されたので、親たちが喜んで、「嫁入して先方で恥をかかないようにと、只今お見せした他に、松明、花むすび、画も少しは習わせました」と段々と娘を自慢しはじめました。そこで先生が、「それはなかなか大変でしたね。それならきっと肩腰を揉む按摩の稽古も御仕込みなされたでしょうね」とおっしゃった。すると主人はむっとした顔つきになり「貧乏はしていますけれども、娘に按摩の稽古などはまだ習わせません」と言われました。道二先生は笑いながら、「それはちょっと御心得違いでございましょう。貧乏、金持にかかわらず、女は夫の家に嫁に行けば、先方の親たちを我が親として仕えるのが道です。その大切な舅姑御が御病気のときに、画かき・花むすび、茶や花では御介抱は出来ません。出入りの按摩やお手伝いさんの手を借りず、嫁御が真実に親たちの肩腰を撫でさすりして、御介抱をなさるのが嫁御の道です。ですからその道の修業に按摩の御稽古はまだかと申したのです。とにかく役に立つ御稽古をすることが肝要なのです」と言われました。流石に主人も大いに反省し、赤面して御詫びを申されたということです。なるほど、琴・三味線の稽古もよろしいが、撫でさすりの介抱の方法を心がけておくのが、子としての道です。この話で道はどこにあるのやら、じっくりと御考えなさいませ。

遊所に近い所では、よく女の子に琴・三味線を稽古させて芸者の風俗を見習わせます。だから娘らしく育つ者が少なくて、親の目を盗んで、親元から逃げたり、男の元へ走ったりする者が多いのです。これは娘御が悪いのではない。親御の育て方が悪いのです。もっとも琴・三味線・端唄・浄瑠璃が役に立たないというのではございません。じっくり落ち着いて観察しますと、端唄一ツでも皆善を勧め、悪を懲らすという教えがございます。

「四ツの袖」という端唄に「憂き中の習いと知らばかくばかり花の夕べの契りとなるも」

というのがありますが、この唱歌で御考えなさってごらんなさい。これはこれ若い男と女と親の許さない縁を結び、面白かろうと思いのほか、思うようにならない。こんなに憂い辛い世の中だと知っていたら、こんなバカなことはしなかったのにと後悔した文句でございます。

ただ、こんなことは世間にはよくあることです。嫁を貰ったら面白かろうの、世帯を持ったらうれしかろうのと、鍋尻を焦がさない畑水練と同じで夢物語の勝手な推測。所帯を持ってみると、面白くもなんともない。ただ今日を生きることに追い廻され、髪も形もかまわず、手すき髪に前垂帯、懐へ子をねじこんで、味噌漉しを下げて歩いてみるといい。どんな思いがするでしょうか。これみな親の教訓を聞かず、時節到来を待たずして、はやまっての俄所帯。これは誰のせいでしょうか。皆自分の浅はかな考えからです。それを何の分別もなく三味線さえ弾くと、面白い事だと思い、五ツや六ツの何もわからない女の子に大きな三味線を抱かせ、体に合わないからつぎ棹にしがみつくようにして、高い声を出して歌っているのを、よろこんでいる親たちは御気の毒千万なものです。

御油断をなさいますな。琴三味線で育った子はへたをすると親を捨てて走ったりかけ落ちしたりする事があるのです。すべて浮気らしい華やかな事には必ずひょんな事ができます。この「四ツの袖」も作者が言いたかったことは、浅はかな考えを戒める教えの道です。芝居・浄瑠璃・流行り歌。とにかく目のつけようが違うと大間違いになるものです。琴・三味線を教えて、嫁入り先で間に合わそうと思ったが、思いのほか、間に合わず、嫁入りしないうちに忍び男をこしらえて駆け落ちするのは、皆目の付けようが違うからです。これで面白い話がございます。

昔、京に住む蛙が前々から大坂を見物したいと望んでいましたが、この春思い立って難波名所見物しようと出かけ、のたのたと這いまわり、西の岡向こうの明神から西街道を山崎へ出て、天王山へ登りかかりました。

また大坂にも都見物をしたいと思い立った蛙があって、これも西街道・瀬川・芥川・高槻・山崎と出かけ、天王山へ登りかかり、山の頂で両方が出合いました。お互いに仲間同士なので、それぞれの志を話し、さて両方がいうことには、「このように苦しい目をしたのにまだ中程だ。これから互いに京・大坂へ行くならば、足も腰もたまるまい。ここが有名な天王山の頂で、京も大坂も一面に見わたせる所だからお互いに足をつまだてて、背のびをして見物したら、足も痛くなくてよかろう」と二匹は相談して両方がたちあがり、足をつまだてて向こうをじっと見わたしたあと、京の蛙が言いました。「うわさに聞こえた難波の名所も、見れば京と変わりはない。しんどい目をして大坂へ行くよりもここからすぐに帰ろうと思う」と言う。大坂の蛙も目をぱちぱちさせながら嘲笑って言うには、「花の都とうわさには聞いていたけど、大坂と少しも違わない。それなら私も帰ることにする」とお互いがっかりして、またのさのさと這って帰りました。

これが面白い例えなのですが、どこが面白いのか理解しにくいかもしれません。つまり二匹の蛙はそれぞれ向こうを見渡したつもりでしたが、蛙は目の玉が背中についてあるので、結局はもとの自分の故郷を見たのでした。どれだけ見ていても目の付け所が違っていたことには気が付かない。思慮の足りない蛙の話を参考にしてくださいね。

ある人の発句に「手はつけど目は上につく蛙かな」というのがあります。面白い発句です。「はいはい畏まりました」「なるほど、なるほど。御もっともです」と、口では言っていても目は上につく蛙かなで、自分勝手な向こうみず。これを「その心を放ちて求むるを知らず」と言ったのです。いくら自分勝手に物をやろうとしても、なかなか自分勝手な行動では出来ません。このように言えば、「自分のからだで、自分が働き、自分が銭を儲けて、自分の口で自分の物を食うのだ。人様の御世話にはなるまいし、自分勝手でなくてどうして世間が渡られるものか」と、やたらと自分勝手を言う人があるものです。これはとんだ了簡違い。御上様の御政道がなかったら一日も自分大事ではいられないのです。

昔、一の谷の戦のとき、源義経公が丹波の三草から摂津国へ押し寄せられるとき、山中で日が暮れてしまいましたが案内はいない。そこで武蔵坊弁慶を召して、「例の大松明をともせ」と命令なされた。弁慶畏まって諸軍勢に命令を伝え走り散って、谷々にある家々に放火しましたので、一面に燃え上がる。この火の光を大松明として一の谷へ出たということです。

ここをよく考えてごらんなさい。これはおれの蔵だの、これはおれの家だの、これはおれの田地だの、これはおれの娘だの、これはおれの女房だのと、どのように自分のものを主張しても、天下が乱れているときは、すっぽんの間にも合いません。ありがたい事には今は四海太平に治まり、御仁政の至らぬ隈もなく、それぞれの御役人様が夜の守り昼の守りと御守りくださっていらっしゃるからこそ、屋根の下に寝ていられるのであって、自分勝手に手足を伸ばして寝ていられるものではない。雨戸を閉めたか、表の戸を閉めたかとチェックしまわって、まずこれで用心よしと落ち付いて寝ている。でもその用心はどんな用心でしょうか。四分板一枚。しかも裏表から削った二分板一枚。それがどれほどの用心だといえるでしょうか。大きなおならをしても、響きわたるくらいです。それなのに盗賊がその雨戸を怖がって入らないでしょうか。少し考えてごらんなさい。皆これ御上様の御仁徳のおかげです。結構な御代に生まれ合わせた幸運のほども思わずに、おれがおれがと気随気ままばかりを言って、私の財産は千貫目、寝ていても五百年や七百年は遊んで食べていける。蔵が五つ、家屋敷が二十五カ所。貸し付けの証文が三百貫目。これほどあると、土佐踊りして贅沢しても五十年や百年は貧乏する気遣いはないというのは、背中に目のある蛙と同じで、向こう見ずの胸算用。どこが大丈夫なものですか。なんにも頼みにはなりません。だって寝ているうちに家は大松明になるかも、大地震が起こるかもしれないのが浮世というものなのです。このあてにならないということについて今一つ話がある。眠けざましによく聞いてください。

栄螺と申す貝は手丈夫な手厚い貝で、しかも丈夫な蓋がある。そこであの栄螺が何ぞというと、内から蓋をぴっしゃり閉めてこれで大丈夫だと思っていました。鯛や鱸がうらやましがり、「さざえや。おまえの要害は頑丈なものだね。内から蓋を閉めたが最期、外からは手が出せない。結構な身の上だ」と言うので、栄螺が髭をなでて、「あなたたちはその様に言ってくれるけれど、あまり頑丈ということもない。しかしながらこうしていれば、まんざら難儀な事もないね」と自慢をしているとき、ざっぷりと音がする。栄螺は内から急に蓋を閉めて、じっと考えていながら、「今のは何だったんだろう。網だろうか、釣針だろうか。いずれにせよ蓋のガードを常にしていないとどうもならない。鯛や鱸は取られたかもしれない。さてさてかわいそうな事だ。しかしおれは助かった」と、思っているうち時刻もうつり、もうよかろうとそっと蓋をあげ、頭をぬっとさし出してそこらを見まわせば、何となく勝手が違うような。よくよくみれば魚屋町の肴屋の店に、このさざえ十六文という値札がついていました。

なんと面白い話でしょう。自慢していた家も蔵も、知恵も分別も、台も後光も、すっかり取られてしまった事を知らないとは気の毒な栄螺ですよね。でも、このような連中が唐や天竺にはときどきいるものです。とにかく自分さえよければという考えは頼みにはなりません。

ある人の道歌に「端のうて雲の空へは昇るともおれがおれがは頼まれはせず」というのがあります。

このことを「その心を放ちて求むることを知らず」と仰せられたのです。何事も自分の足元のことには気もつかず、ただ向こうへ向こうへと目がいくことが放心なのです。放心だと言って心が飛んでしまうのではありません。つまりは身に立ちかえる事の出来ないことなのです。すべてこれまでお話ししてきたことは、金銀財宝の事ばかりではありません。器量を頼み、奉公を頼み、知恵を頼み、分別を頼み、力を頼み、格式を頼み、これさえあれば大丈夫だと思っている人はみな栄螺の御仲間だということなのです。

とにかく何事も身に立ちかえって振り返ることが御肝要なのです。

まとめ

私たちは今の自分の姿をどうやって見たらいいのでしょう。姿かたちを見るだけなら鏡を使えば簡単です。

しかし、自分の心や生き方を映し出すには普通の鏡では役に立ちません。日本語の特色ということを例にとって考えてみましょう。日本語だけをいくら見つめていてもなかなか見えてこないものです。でも英語や中国語といった他の言語と比較すれば、日本語の特色が見えてきます。よく日本の中にいては日本の良さはわからないけれど、外国に行ってはじめて日本の良さがわかったという人がいます。これも日本と外国という比較のものさしを手に入れたから可能になったわけです。

では今の私たちは何と比較すれば見えてくるというのでしょう。その方法の一つとして今回は江戸時代の道徳との比較を通して現代を見ようと考えたわけです。

今回は自分を基準にして考えることの危険性についてということを中心に考えてみたいと思います。そのためにはどうしたらいいのでしょう。人それぞれ意見は違うことでしょう。

- 価値観にとらわれるなという意見
- 受け入れてくれる人を大切にせよという意見

■自分を知ることが大切だという意見
■自分を飾らないことという意見
■自己中になるなという意見
■知識と自信を持てという意見
■自分に嘘をつかず素直になれという意見

などがありました。

確かに今、私たちはもっともっと自分を大切にしなければならない、いわゆる自己肯定感を大切にしようと言われています。現にPISAでは日本の子どもの自己肯定感や自己有用感が低いと指摘されています。これはもっともなことです。

ただ、気を付けたいのは、自分が、自分がと前に出ることだけが自己肯定感や自己有用感を高めることにはならないということです。自分を強く持つことは絶対に必要ですし、自分の意見を強く持つことはとてもいいことです。

一つ例を示しましょう。次に示すア～コの項目のうち、あなたにとって大事なものを三つ選びなさいと言われると、どれを選びますか。

ア　遊べる時間や眠る時間を持つこと

イ　旅行をして楽しむこと
ウ　きれいな空気を吸うこと
エ　自由にできるお金をもらうこと
オ　みんなと違っていることを認めてもらうこと
カ　思ったことを言い、それを聞いてもらえること
キ　いじめられたり命令されたりしないこと
ク　自分だけの部屋をもつこと
ケ　毎日十分な食べ物ときれいな水をのめること
コ　誰かを愛し、誰かに愛されること

どれも大切で捨てがたいものばかりですね。だからこそ自分の意見をきちんと根拠をもって他の人に説明できることが大切なのです。

しかしそれだけで絶対に正しいかというと、それは怪しい話です。

他人の意見を聞き、他者を受容しながら自分の考えをより確かなものにしていくことが大切だという思いからこのような問いをしてみました。これはお分かりの通り、絶対的な正解のない問題です。どれも正しく、どれが一番かなどと絶対的な順位がつけられるものではありません。

今、学校の道徳の時間において、「モラルジレンマ教材」が見直されています。どちらも正しいと言える心の葛藤に対して、根拠を持って自分の意見を述べることを目指した教育であり、これからの私たちに必要なスキルであるからです。

ただ、自分が正しいというのは大切なことですが、絶対正しいと思い込むことは危険です。私たちは自分を正しくとらえるためにも、思い込みで本末転倒にならないように気を付けたいものです。

鳩翁道話　一之下

あなたは自分を正しい方向（あなたらしい生き方）に導くものは何かということに気づいているか、気づいているとすればそれは何か

解説
今回は少し前に流行った「自分探し」ということと家族との関係について考えてみましょう。人間は漢字で書くと人の間と書きますが、まったくその通りで、人との関係の中で生きています。
自分にとって一番身近な人間は家族です。今は親元を離れて一人で暮らしている人も、きっと遠くであなたのことを気にしてくれている人がいるはずです。この一番小さな社会単位の家族と良好な関係を築くことを現代の道徳でも求めています。学習指導要領の表記を抜き出してみましょう。そのことがよくわかるはずです。

特別の教科　道徳　小学校学習指導要領（平成29年告示）
家族愛、家庭生活の充実
低学年　父母、祖父母を敬愛し、進んで家の手伝いなどをして、家族の役に立つこと。

中学年　父母、祖父母を敬愛し、家族みんなで協力し合って楽しい家庭をつくること。
高学年　父母、祖父母を敬愛し、家族の幸せを求めて、進んで役に立つことをすること。

実は明治時代から昭和初期まで学校では「修身」という授業が今の道徳のような部分をカバーしていました。もちろん修身＝道徳ではありません。どこが似ていてどこが違うのかはネットなどで調べるとすぐにでてきます。

さて、この「修身」は江戸時代の心学の影響を大いに受けていますから似ていて当然です。

複雑な現代社会は家族の在り方も変化させていきました。三世代家族から二世帯家族へ、そして核家族となり、今では単身の人も多くいます。

そしてそのうち、社会の中の自分の存在について考えた時、ふと自分を探したくなってくる。今の自分は本来の自分じゃない。本当の自分はどこだろうというわけです。もちろん、どこにも行っていません。ただ大切なものを見失っていることに気づかなくなってしまっているだけなのです。まるで心ここにあらざれば、見えども見えず、聞けども聞こえずといった様子というわけです。

自分を見失うのは、いわば自分の心を紛失したことと同じです。

ではなぜ、大切なものを紛失してしまうのでしょうか。鳩翁はその原因が「自分中心の考え方」にあると考えています。

自分を取り戻すためには旅をするのもいいですが、鳩翁は学問、つまり心学を学ぶといいとさりげなくPRしています。自分中心の考え方から立ち戻れというわけです。

自分を見失った例として、ある親不孝者の話がありました。親は子が可愛いから我がまま放題に育ててしまいました。すると「忠言は耳に逆らう」ので、子どもは聞く耳を持ちません。それでも親は子を思ってかまうのですが、子どもは親にかまわれて反発し、挙句の果てには「誰が産んでくれと頼んだ」などと暴言まで吐きます。ついに勘当されそうになった時、親の本心を立ち聞きして本来の心を取り戻すという話です。この話は親の慈悲心が鍵になって子どもが気づくわけですが、確かにいくらありがたい話でも本人がその気にならなければ何回聞いてもやはり心に残りませんよね。

私たちも今、学校で道徳の授業を九年間耳にタコができるほど聞いていますが、実感を伴わないといつまでたっても建前でしかなく、効果もないのではないでしょうか。

そこで、みなさんと考えたいことがあります。

それは、自分自身のことです。あなたはあなたにとって自分を正しい方向（あなたらしい生き方）に導くものは何かということに気づいているか、気づいているとすればそれは何か。気づいていないなら、どうすればよいと考えるかということです。

さらに言い換えるなら、「自分中心の考え方」に陥らないようにしてくれるものは何かに気づいているかということです。今日はこのテーマについて考えてみましょう。

鳩翁道話　一之下　本文現代語訳

「人鶏犬の放るること有るときは之を求むることを知る。放心有るも求むることを知らず。学問の道他なし。その放心を求むるのみ」

これは孟子が例えをもって御示しなされたことばです。鶏犬とは犬やにわとり、飼猫など飼育している動物を指し、それらがいつも家へ帰る時分に帰らないと、飼主がうろうろと尋ねます。犬に取られはしなかったか、蛇に取られてはいないか、もしや人が盗んだかと向こう三軒両隣、迷子を尋ねるように「もしもし、うちの三毛がお宅には居ませんか、鶏は来ませんでしたか」と尋ね歩くのが人情です。

ここが大事なところです。犬鶏は紛失してもそれほどの損害にはなりません。しかし心は身の主といって、一身の旦那様です。その心が物欲のために奪われると、親の意見も耳へ入らず、主人の教訓もどこ吹く風。蛙のつらに水をかけたように目ばかりぱちぱちして、口では「はいはい」と言っていても、心がここにないので見ていても見えず、聞いていても聞こえない。まるで目が見えなくなったり、耳が聞こえなくなった人の仲間入り。これは、みんな心を紛失しているからなのです。

この失った心のありかを尋ねようとも、探そうとも思わず、親が悪い、主人が悪い、夫が悪い、兄が悪い、八兵衛は悪い奴だ、おまつは嫌な女だと、相手にばかり目を付けて、我が身に立ち返って心を尋ねる事はしません。なんとむごい事ではありませんか。犬鶏は尋ねても、肝心の心は尋ねない。とんでもない間違いです。ですから聖人はこれを御嘆きなされて、人の道がある事を御示しくださるのです。この御示しを聞くことを学問といいます。その学問の趣意はこの心を尋ね探すのです。だから「学問の道他なし。その放心を求むるのみ」と仰せられました。のみとは尽き尽きて余りないという意味で、心を求めること以外、別に学問らしいものはないと、きっぱりと断言された御証文です。何も唐・大和の古事来歴を知り、文字の研究ばかりするのを学問とは申しません。ともかく心のことです。八千余巻の経論も諸史百家の書物も皆心のゆくえを記した所書なのです。この「心を求める」とは、前にお話しした我が身に立ち返る事です。立ち返る事をしないと恐ろしいもので、どこまで往くやら知れません。しかし立ち返るとありがたいものです。孝子にも忠臣にも立ちどころになれます。善悪二つは身に立ち返るか返らないかという二つの境、道二つ、仁と不仁と仰せられたのもごもっともなことです。

これについて恐ろしくまたありがたい話がございます。眠いでしょうが聞いてください。

ある田舎に裕福に暮らす百姓がありました。夫婦には男の子が一人。可愛さのあまりに牛が子をなめる様に愛して育て上げました。

するとその子が次第に横着者になり、馬の尾を抜いたり、牛の鼻をくすべたり、近所の子たちを叩いたり、泣かせたり、いろいろ無茶をしつつ成人して、とうとう手にあまる不孝者になりました。小力はある、大酒は飲む、小博打は打ち覚える。いつのころからか相撲を覚え、ちょっとしたことで喧嘩口論する。女郎買いやら妄狂いやらをするので、たまに親達が説教すると大声をあげて恫喝し、「俺を放蕩者じゃの不孝者じゃのというが、その不孝者は誰が頼んで産んだのじゃ。俺は産んでもろうて迷惑している。それほど放蕩者が嫌いなら元の所へ収めてもらおう。そうすると俺も助かる」などと無茶苦茶な口ごたえ。親たちもどうしようもなく、わが身はだんだん年をとる。息子は次第にいばりちらす。可愛いのと仕様がないのとで勘当もできず、気随気ままをさせておくと、いよいよ図にのり、あそこでは人を投げたの、ここでは他人の腕をねじ折ったのと、荒々しい大喧嘩。その度ごとに親達はもちろん、親類縁者の胸板にまで釘を打つような思いをさせる不心得者がおりました。

これは生まれつきこのようなわんぱく者ではなかったのですが、おれがおれがが増長して心を取り失ったせいでこのような難作者になりました。なんと放心は恐ろしい事ではありませんか。もちろん親類縁者からは親たちへ勘当せいと、たびたび催促はするのですが何分かわいい一人っ子の事です、今日は勘当する、明日は義絶すると口では言っても勘当もせず、むだに年月だけが経って、あの横着者も二十六歳になりました。

次第に悪行は増え、後々は親類縁者へどのような難儀をかけるやらと怖気が立ったものですから、一同に相談して親たちへ言うには、「すぐに勘当をしないのなら、親類中の各々方とは義絶をいたさねばなりません。あの息子をあのままにしておくと親類は言うまでもなく、村中へもどんな難儀がかかるやらしれません。御夫婦には恨みはないが、みんな自分の家が大事だから、義絶を選ぶか、勘当するのを選ぶか、返事が聞きたい」と言ってきました。

そこで親たちもどうしようもなくなり、「子が原因で親類と義絶になっては先祖へもすまぬ事。それならば今夜みんな寄合をしてくださいさい。相談の上勘当の願書をしたためましょう。もちろん親類中すべての人に御連印いただかなければなりません。御苦労ですが印形を御持参の上暮れ早々に御寄りくださ い」と返答されました。

古語に「老牛は犢を舐めて、牝虎は子を咥える」とあります。畜類でも鳥類でも身に代えて子を可愛がるものです。ましてや人の上でその子を勘当しなければならない様になったら、さぞ悲しい事でございましょう。これみなその子の放心から起こった事です。我が身に立ち返りさえすれば波風もなく収まるのですが、身に立ち返る様子はない。親は勘当したくはないけれど、子の方から勘当してくれと突き付けてくるのには困ったものです。

近世の徳本上人の歌に「これほどによれつもつれつする彌陀をあえて頼まぬ人ぞはかなき」というのがあります。これは仏の大慈大悲を述べたもので、本心がそれは悪い、これがよくないと明けても暮れても御世話をなさっても、身贔屓身勝手の私心私欲がそうはいくものかと、とかく本心に背くのです。親が子を思っても、不孝者が親を思わないのはこれと同じです。「あえて頼まぬ人ぞはかなき」それぞれ本心に立ち返って助かってください。

さてあの野良息子はこの日近村で博打を打っておりました。そこへ村の友達が来て、「今夜貴様を勘当すると親類が参会するそうだ。いくら貴様のようなものでも、勘当されたらきっと難儀をするだろうよ」と言うのを、半分も聞かないうちに大声をあげて、「何だと、今夜おれの家で勘当の相談か。こいつは面白いことが出来てきた。まったく親父や母の泣き顔がこれまで見たくなくて気色が悪くてたまらなかった。勘当を受けたら一本立ちだ。唐へ飛ぼうが天竺へ宿替えしようが誰も文句があるまい。このようなありがたい事はないぞ。それならば今夜相談の席へ乗りこんで、『何でおれを勘当するのだ』と、ひとつ団十郎を踏んでゆすりかけたら、五十両や七十両の手切れ金を巾着へ入れたようなものだ。その金を持って京か大坂へ出て、見せ付け屋を始めたら面白い事だろう。よし、今夜首尾よくいくように、前祝いに一盃しようぜ」と、同じ仲間の悪鬼たちと茶碗酒の大酒もり。

日暮れ前に泥のように酔ったところで、「それならこの勢いに家に帰って一勝負張ってこよう」と、大脇差しをぼっこみ、我が村へ帰った時分は丁度初夜前。「大かた今時分は親類どもが寄り集り、ない知恵の底をふるって相談をしていることだろう。その所へ躍り込んで、大声を出して騒いだなら百両ぐらいは出すだろう」と思い、我が家へ入ろうとしたが、じっくりと思案し、「親類が寄っている中へおれが顔を見せたら皆俯いているだろう。その中で大声あげるのも何やらかっこ悪い。おれの事をぼろくそに言っているそのときに躍り込まないときまりが悪い。こいつはちょっとやり方を変えて、裏の薮から座敷の縁先へまわり、一家の奴らの相談を立ち聞きしていたら、きっとおれのことをひどくこき下ろすに違いない。そのときに戸障子を蹴破って大声を出して怒鳴り込んだらおもしろい」と、ひとり思案し、雪踏をぬいで腰にはさみ、尻を引っからげて裏の薮から切戸を越え、縁先へ廻って見れば、やはり家ではひそひそと相談の最中。雨戸のすきから覗いて見れば、親類縁者が車座になって座り、それぞれが願書に判を押している。その願書が両親の前へ来ると、あの息子がこれを見て、「さあ、ここが勝負だ。親父が判を押すのを合図に、この戸を蹴破って飛び込もう」と用意して息をつめて覗いている。

なんと人も恐ろしい心になればなるものではありませんか。孟子は「人の性は善なり」と仰せられたのには微塵も違いありませんが、その習性が悪となるときは、このような恐ろしい悪者が出来ます。このとき孔子・孟子がいくら道を御説きなされたとしても立ち返りそうな勢いではない。このように悪に固まった人は、無間地獄の釜こげというものです。たとえ釈迦如來が元服して土佐踊りをなさっても、なかなか性根の直りそうな事ではないですが、不思議なことにこののら息子が悪心を翻して大孝行の人になるという、ここからが成仏の段でございます。

「人の親の心は闇にあらねども子を思う道に迷いぬるかな」

あの親たちの前に勘当の願書が回ってくると、母親は大声をあげて泣き出す。爺親は歯もない歯茎をくいしばって、さし俯いていらっしゃる。やがて辛そうな声で、「おばば、印形を取ってござれ」と言う。母親は返事もできず、泣く泣く簞笥の引き出しから革財布に入った印形を爺親の前におく。のら息子は雨戸の外からじっと息をつめて窺っている。

そのうちにごそごそと財布の紐を解き、印形をとり出し、印肉をつけて、ついに判を押そうとするとき、母親がその手にすがって、「ちょっと待ってください」と言い、父親が「この期に及んで親類中が見ておられるのに未練な事をおっしゃるな」と、いえども聞かず。「まあ、私の言うことを聞いてください。確かにあの不孝者にこの家を譲ったら三年も経たないうちに草を生やすことでしょう。でもそれが悲しいと言って天にも地にもたった一人の子を勘当したら、跡へ代りの者を貰わなければなりません。その貰った養子がまじめで、私たち夫婦に孝行をし、家も相続してくれればよいけれども、絶対に養子は孝行だと定まった事もないでしょう。もしその養子が不心得で、家を野原にするかもしれないではありませんか。どうせ子が原因で潰す身代なら、悴のために家を失い、馴染んだ村を立ち退いて夫婦で乞食になるとも、我子の尻について歩いて行けたら、私は本望に思います。五十年このかた一生に一度の願いです、どうぞ聞き入れて勘当をやめてください。子が原因で乞食をすると思えば、恨みにも思いません」と、声をあげて泣々言われる。

親類もこれを聞いて、一同に顔を見合せ、親父が何と言われるのかとじっと見ていると、爺親は何を思ったのか、印形を財布へ入れ、さっと財布の紐を締めて、願書を親類の前に差し戻し、「さてさて一家中へ対して面目ない事でございますけれども、今婆の言うところも尤もだと思いますので、今後悴を勘当いたしますまい。こう言えばその甘い心で育てた者だから、あの様な不孝者が出来たのだと、きっとお前方が笑うでしょうが、笑われても苦しくありません。もちろんあの悴を勘当しなければこの家が潰れるまで三年も待ちはしないでしょう。わが子が原因で先祖代々の家を野原にするのは先祖へ対してすまないという事もよく理解しております。また勘当しなければお前方と不付き合いになり、親類義絶になるのもわかっています。必ず私たちが村を立ち退くとき、無心でも言うのではないかとその用心の義絶でしょうが、きっと心配してくださいますな。世間の義理も先祖への不孝、親類の義絶も顧みないのは子が可愛いからです。その子の尻から乞食して付いて歩く事も私たち夫婦の本望というもの。決してあなたたちに無心は言いません。何で死ぬも一生です。可愛い子のために大道でのたれ死に、並木の肥やしになるのも好んですれば恨みとは思いませんから早々にお前方も家へお引き取りください。翌日からは口もききません。子のためなら何と言われても構いはございません」と同じように大声をあげて男泣きに泣く。母親も勘当しないと聞いて、これもうれし泣きに泣く。親類縁者はあまりの事にあきれ果てて返答もできない。ただ夫婦の顔をぼんやりとながめているばかり。

なんと親の子に迷う哀れな心を御推察なさいませ。猫が子をくわえ歩くように蔭になり日向になり、人のそしりも先祖への義理も、我が身のつまらぬ行末も構わないのは、子の可愛さにとられ切って迷いに迷った親の心。実に哀れで気の毒なものです。これはこの親たちばかりではない。世間に子を持った親の心はみなこの通りです。

先師石田先生の歌に「子に迷う親の心を見るにつけ我かぞいろもかくやありなん」というのがあります。人の親が子に迷うのを見て、我が父母もこのように思ったのだろうと思いやってお詠みなされた歌です。実にこの通りに違いはございません。

この親の大慈大悲の光明があの不孝者の腸へ染み渡ると、ありがたいものです、あれほど恐ろしい鬼のような横着者も五体を締め木で絞められるように思い、なぜかわからないけれども胸先へこみ上げるものがあり、声をあげて泣くわけにもいかないので、かます袖を口に咥えて大地に倒れて声も出さずに泣いている。

圓位上人の歌に「何事のおわしますかは知らねどもかたじけなさに涙こぼるる」というのがあります。うまく詠んだ歌でございます。このとき、あののら息子が親をかたじけないと思ったのでもなく、またありがたいと思ったのでもない。何かわからないが親の慈悲心が腸へこたえるという。そうすると立っても居てもいられない。これは人々固有の本心と言って明らかな徳を生まれ付いて持ってはいるけれども、おのれが気随気ままの身勝手でしばらくその光を隠していたのですが、親の大慈大悲の光明で腸を貫かれ、自然と息子の持前の光明が誘われて輝き出すと、気随気ままのむら雲はいずこへやら消え失せて、真実そこから親の慈悲がありがたくなってくる。

「とくさかるそのはら山の木の間より磨かれいづる月のさやけさ」という歌のように格別

の悪党者が本心に立ち返ると、一際すぐれて磨かれ出る月のさやけさです。なんとありがたいことではありませんか。

さてその息子はすぐに座敷へかけ込み、親たちへお詫びをしようと思いましたが、「ちょっと待てよ、このままかけ込んだら親類縁者も驚き、何を仕出すかと、親たちも御心配であろう。いっそ何知らぬ顔にて表口から座敷へ出て、親類にお詫びをしよう」と決心して、忍び足で裏より表へまわり、わざと雪駄の音高く、咳ばらいとともに座敷へ通れば、親類は大いに驚き、親たちは憎い我が子の顔を見て夫婦とも泣いている。息子も何も言わずにさし俯いて泣いている。

しばらくして親類の人々へ「さてこれまでは勘当勘当と度々聞きましたが、それほど辛いとも存じませんでしたが、今夜は寄合と承り、どうした事やらしきりに心細く感じます。どうかこれまでの重々の無調法、このうえはきっと改めますから、今夜の勘当はしばらく御容赦をくだされ。長い間とは申しますまい。わずか三十日の日延べ、その間に性根が改まらないときは勘当されても一言も申し分けはございません。どうかみなさんの御取なしで親たちが三十日日延べをいたしてくれますように御願いをしてください」と、いつになく頭を畳へすりつけるようにして頼む。このとき親類中は親たちの手ごわい返答にその座がしらけて立つにも立たれず、拍子のない様子であったので、この息子の一言にこれ幸いと一同が口をそろえ、「今夜の所は待ってやってください」と親たちにお願いする。親たちは息子が本心に立ち返らないでも勘当はしないつもりでしたから、まして今の一言を聞いてただうれし泣きに泣いている。親類も「これを機会に随分孝行にしなさい」と言い捨ててその夜の協議は終わりました。

このあと息子殿は手の裏を返す様に孝行な人になり、二親に仕える様子は実に小児が父母を慕うようでもあり、これまでの悪行はあとかたもなく消え失せました。この事は世間に取沙汰されることが多くなり、半年もたたないうちに御地頭様の御耳に入り、ついに期待されて大庄屋役をその息子に仰せ付けられました。これでその息子の孝行の様子、御推察いただけると思います。

さてそののち三年ほど経って母親が大病にかかり、末期にあの息子殿を呼んで言われることには、「いつぞや勘当の相談の時から、何と思ったのか志が改まり、この上なく孝行にしてくれる。もしその時にそなたの心が改まらず、そのまま私が死んだら地獄へ行くよりほかはなかった。でも今はお前が孝行にしてくれる。何も思うことがないから、今死んだら極楽へ行くに違いない。だから私を仏にしてくれるのは皆お前の孝行のおかげじゃ」と、手をあわせて拝みながら臨終を迎えられたという事です。

なるほど現在の因果を受けて未来を知るとなると、この世で心苦しければ未来もまた心苦しいわけです。今日の手おくれは明日へ付いてまわる。心の苦しいのは地獄、心の楽なのは極楽、親の苦楽は子たるものの所作にある。子が善なれば親は仏。子が悪なれば親は鬼になります。一旦若気の誤りで何の分別もなく親に心配を懸けたり、親を泣かせたりする不孝も、この道理をわきまえて今日ただ今志を立て直し、我が身に立ち返って孝行すれば、親御様は今日から極楽暮らし。本心に立ち返ることができず、これまでの不行状がやまなければ親御はそのまま地獄暮らし。地獄極楽はただ身に立ち返るか返らないかということでございます。

この立ち返ることを「放心を求むる」というのです。これがつまり学問をするという事なのです。この続きはまた明晩御話し申しましょう。

まとめ

あなたはあなたにとって自分を正しい方向（あなたらしい生き方）に導くものは何かということに気づいているか、気づいているとすればそれは何か。気づいていないなら、どうすればよいと考えるかということについていろいろな意見が寄せられました。

- ■夢を持つこと
- ■強い意志を持つこと
- ■理想を見失わないこと
- ■家族の存在
- ■正義感を持つこと
- ■友人の存在
- ■なりたい自分を持つこと
- ■豊富な知識や経験
- ■考え続けること
- ■とりあえずやってみること、やりたいという挑戦心を持つこと
- ■常識をわきまえておくこと

- 自分なりの価値観を持つこと
- 本を読むこと
- 信頼した人からの助言
- 他人の生き方を知ること
- 自分の努力
- 時間的余裕
- 趣味を持つこと　等

どれも大切なことばかりでした。中にはそもそも「正しい」とは何かという根本的な問いを持った人も数人いました。これも大切なことです。正しいことは必ずしも与えられるとは限りません。何が正しいのかを考えていくことが大切です。

少し前の話ですが、タレントの「ブルゾンちえみ」さんのことが話題になっていました。彼女は「ブルゾンちえみ」ではなく本名の「藤原しおり」さんとして生きていくことを決心したというのです。自分に嘘をつかない生き方が彼女の言う「正しい」生き方なのだそうです。

ところで「正しい」生き方とはどのようなものなのでしょうか。

もうみなさん、おわかりでしょうが、この問いに絶対的な正解はありません。

「えっ！　正解のない問題なんか出さないでよ」という声も聞こえてきそうですが、私たちの眼前に立ちはだかる世の中の問題はたいてい絶対的な正解はありません。
ただ、だからこそ自分で考え、自分なりの答えを出していくことが求められるのです。

鳩翁道話　二之上
「自由」と「世間体」というテーマで人としての生き方を考えよう

解説

今回は指の話から始まります。薬指のことを別名「無名指」と呼ぶのだそうですが、その指が曲がってしまって真っ直ぐに伸びない。別に痛くも痒くもなく、その名の通り特に何の役に立つわけでもなく、生活に支障がないのならば、放っておいてもいいわけなのでしょうが、もし、その指を治療できる医者がいると聞いたらどうするでしょうか。少々遠くても治療に行くのではないでしょうか。それは人の目・世間体を気にするあまり、人と同じであることを望むからです。ところが、姿の恥を知っても心の恥を知らぬ、つまり外見（姿の恥）は気にしても内面（心の恥）を気にしない人は多いと鳩翁は言うのです。

今もそうかもしれません。最近ダイエットに関する本なども多く出版されています。しかしダイエットをする一番の目的は健康のためではなく、太っている姿がかっこ悪いからという他人からの視線が理由で行う人も多いようです。整形手術も美形になるために何度も受ける人もいるそうです。とにかく外見のことばかり気にしている人は今もいます。

鳩翁はこのように自分では気が付かない様子を「心の恥」としています。人と比較ばかりしていると、心が苦しくなっていることに気が付かないのですが、それは「大を捨てて小を取る」ようなもので、本質を見失っているのではないかと警告しています。心は他人から見えないからだというのですが、本当にそれでいいのかと私たちに問いかけています。

本質を見極めることの大切さを説明するのに話は両替商の話になります。贋金を見分けるには本物をよく見極めることが大切で、本物（本質）に慣れるとそうでないものはすぐに見分けられる。そのためにも絶えず本物（本質）を心にとどめておくことが大切であり、間違った訓練ばかりいくらしても役に立たないぞというのです。

しかし人々は本末転倒、本質を見誤っていたずらに心を苦しめてばかりいるのです。鹿の声を聴きに集まった人々は自分の不幸・不平不満を言い合います。

①息子が道楽者だと嘆く人は、恥ずかしいという気持ちで苦しんでいます。
②使用人が使い込んで困ると嘆く人は、ならぬ事を無理やりやりつけようとして苦しんでいます。
③得意先が倒産したと嘆く人は、無分別による心の苦しみで苦しんでいます。
④親類から金の無心が嫌だと嘆く人は、貸したくないという気持ちで苦しんでいます。
⑤嫁と姑の仲が悪いと嘆く人は、どちらの肩を持てばいいのか迷って苦しんでいます。

確かにどれもこれも世間体の悪いことばかりです。当事者たちは心が苦しいことでしょう。でもなぜ苦しいのでしょうか。鳩翁はそれは世間体にとらわれすぎているからではないのかというのです。ならぬ事はならぬ、難儀な事は難儀ととらえれば心は苦しまなくて済むではないかとして、世間体にとらわれすぎることの弊害を鳩翁は繰り返し述べています。

現行の「道徳」ではどこにも世間体のことは書かれていません。しかし「自由と責任」という項目において、「正しいと判断したことは、自信をもって行うこと。」（3年・4年）、「自由を大切にし、自律的に判断し、責任のある行動をすること。」（5年・6年）と書かれていて、社会の中での自分の在り方が述べられています。

この「自律的に判断」するためにも世間体にとらわれすぎてはいけないのです。自分を解放する「自由」、自分を制約する「世間体」、この二つの折り合いをどうつけるべきかが今の私たちに問われているのです。

鳩翁道話　二之上　本文現代語訳

孟子の曰く、「今無名の指あり。屈じて伸びず、疾痛害ある事にあらずなり。もしよくこれを伸ぶる者あらば、則ち晋楚の路を遠しとやせず。指の人にしかざるがためなり。指人にしかざるときは則ちこれを憎むことを知る。心人にしかざるときは則ちこれを憎むことを知らず。これを類を知らずという」。

さてこれは前晩お話しいたしました「仁は人の心なり」の次の章です。「則ち学問の路他なし。その放心を求むるのみ」ということを孟子はまた例えを用いて、人の心の大切な事を御示しなされました。今とは今ここにという事です。無名の指とは小指の隣の指です。そのほかの指は親指を大指といい、人差し指を頭指といい、高々指を中指といい、小指を小指といいます。ただ小指の隣の指に名が無い。もっとも紅さし指とか申しますが、これは御婦人方だけのことで、天下一般に通用するものではありません。そこで名のないことが名となりまして無名指というのです。

ではなぜ名がないのかというと、全く用のない指だからです。物を握るのは親指と小指の力。頭をかくのは人差し指。酒の燗を試みるのは小指の役。皆それぞれに用がありますが、無名指ばかりは無用の指。あっても邪魔にならず、なくても事欠きません。一身のうちで最も軽いものです。その指が曲がって伸びない。もちろん痛みも痒みもない。だから「疾痛事に害あらず」と言う。

つまりはなくても苦しくない指だから、曲がっていても痛みさえなかったら捨てておいてもよい筈ですが、もしこれを伸ばしてくれる医者があると聞いたら道の遠さも気にせず、きっと治療を受けに行くことでしょう。

それは何故か。それは指が世間の人と少し違っているから、恥ずかしく思って治療を受けるからです。晋楚の路とは、晋の国と楚の国との距離は千里。これは遠い所も問わずという例えです。これはその指が人並みでないことを嫌がるから参るのです。指が他人と同じでないからというのです。

なるほど人は恥を知ったものです。その筈です。「差悪の心は義の端」と言って、恥を知るのが人の生まれつき。しかしながらその恥を知るのにも二様ございまして、姿の恥を知って、心の恥を知らない人がございます。

これは大変な御了簡違いです。心ほど大切なものはありません。心は身の主と申して、一軒の家では旦那殿と同じ事です。その旦那殿の心が煩い苦しんでいるのを捨てて置いて家来の身体ばかり可愛がり、膝がしらをすりむいた、お灸がただれた、お灸のための火を付けよ、その膏薬貼れとか、風邪を引いた、葛根湯・根ぶか雑炊・生姜酒を飲めと、身体の御世話はしても、心のことは一切おかまいなしの人が多いのです。人に生まれて人のような心も持たず、鬼のような心を持ったり、狐のような心を持ったり、蛇のような心を持ったり、鳥のような心を持って、恥ずかしいとも思わず、体調ばかり管理しているのは、どういう所から間違ってきたのやら。

ただ、この間違いは昔からある事のようで、「指人にしかざるときは則ちこれを憎むことを知る。心人にしかざるときは則ちこれを憎むことを知らず。これを類を知らずという」と孟子も仰せられました。これは重いと軽いとが分からないのです。大を捨てて小を取るというものでございます。

人は一般に小は嫌い、大は好き。軽いは嫌い、重いは好きなのです。だから親類縁者へ招かれて御馳走にあずかるとき、本膳が出て焼物が出てくると、はや目の玉がきょろつき出し、向こう三軒両隣を睨みまわして、わが焼物と見比べて、隣の焼物が五、六歩ほど大きいと思えて、いらだちが胸につっぱり、「ここの亭主は何を考えているのだ。太郎兵衛もお客、おれもお客じゃ。なのになんでおれには小さい焼物をつけたのじゃ。何ぞこれには意趣遺恨でもあるのか」と腹の中がねじれ出す。

よく考えてごらんなさい。焼物に何の遺恨があるものか。これほどの僅かな事でも、小を嫌い大を取る。それなのに指の曲がったのは恥ずかしく思うのに心の曲がりは苦にならないというのは、大を捨てて小を取るというようなものです。だからこそ孟子も「これを類を知らずという」と御叱りなさいました。

それにしても人はよくうろたえるものではございませんか。

古い歌に「かたちこそ深山がくれの朽木なれ。心は花になさばなりなん」というのがあります。指や足に限定した事ではございません。すべて心のことです。心が曲がっていては、色が白かろうが、鼻筋が通っていようが、はえ際が美しかろうが、それは見せかけばかりで、何の役にも立たぬ事。立派な蒔絵の重箱に馬の糞を入れたようなものです。これをほんの見かけ倒しといいます。

飯たきのおさんどんが台所で鍋の底を洗っている。そこへ丁稚の長吉が側へ来て、「おさんどん、おまえの鼻の先に墨がついているよ、見っともないよ」と教えてくれる。おさんどんは嬉しがって、「そうかい、どこについている?」と指の先に手拭をまいて額口で自分の鼻の先をながめ、そこら中をさわりまくって、「長吉どん、モウとれたかい?」「イヤイヤ頬べたの方へ余計についた」「ドレドレどこに」と水鏡に顔を映して掃除する。おさんどんの心には「あの長吉どんは可愛らしい子どもじゃ。晩ごはんの御かずを少し多めにして御礼申さにゃなるまい」ととてもうれしがって礼を言う。

しかし、もしこの長吉どんが、「これこれおさんどん、おまえの根性はしぶとい根性じゃの。ちっとふくれ面はやめなされ」と言ったら、おさんどんは何と言うでしょう。少し考えてごらんなさい。「偉そうにした丁稚め、私の心がゆがんでいようが三角になっていようがお前の世話になるものか。覚えてけつかれ。今度寝小便をしてもふとんの洗濯はしてやらないからね」と、角の生えていない鬼の様になります。

これはおさんどんの事ばかりではありません。「いやなに軍太兵衛どの。御上下の御紋が少し偏って見えますぞ」と言えば、軍太兵衛は大袈裟に肩衣を正して、「これはこれは御気を付けていただき千万忝のう存ずる。何なりとも私にできる相応の御用がござらば承るでござろう」と、嬉しそうな顔して挨拶される。

これが間違って、「時に軍太兵衛どの。足下の御心がさっぱりその意得ませぬ。少しは心を正直に御持ちなされ。心のゆがみが見えて、はなはだ見苦しうござるぞ」と言ったらどうなるでしょうか。刀を抜いて鍔打ち鳴らし、たちまち刃傷に及ぶことでしょう。

なんと人は身体のことを世話してやると大変うれしがって直す。しかし心の世話をする人があると真っ黒になって腹を立て、その心を直そうとしないのはどういう拍子の間違いでこれほどまで迷うものでございましょうか。

これは他人事ではない。御互いに大か小か、色かえ品かえ、こんな間違いはよくあるものです。よく御吟味をなさいませ。これは形は人の目に映るけれども心は人の目に映らないから、ゆがんでいても曲がっていても構わないという無分別からおこる事なのです。これだから少しも油断はなりません。

ある所の旦那殿が台所で居眠っている長吉を呼び起こして、「これ長吉。お客様がもう御帰りなされた。奥にある酒や肴を台所へ運んでおきなさい」と言う。長吉は目をこすりこすり、不承不承に返事しながら奥へ行ってそこらを見れば、硯蓋やら小鉢やらうまいものが勢ぞろい。怖いものです、誰も催促もしないのに目の玉がきょろつき出し、「なんじゃ、こいつはうまそうなものがいっぱいある。硯蓋は鶏卵の巻焼。たった一切しか残ってない。よく食べる客じゃ。こいつは何じゃ。ははあ、蒲ぼこみたいだな」と一切つまんで口へほうばり、側を見れば飯蛸が七つ八つ南京のどんぶりの中に車座に座禅している。こいつはいいものがあるとつまんだところへ旦那の足音。見つかると大変と飯蛸を袂へ押し込み、銚子、盃をうつ伏せてとる拍子に飯蛸が袂からころころ。旦那が目早く見つけて、「それは何じゃ」と言うと、長吉は何気ない顔で、畳を叩いて「おとついこいこい」と申しました。いくら蜘蛛を追うようにしたとしても飯蛸は蜘蛛には見えませんよね。隠していてもバレないものはないというわけです。

こういうことですから人の心は隠せません。心に怒りがあると、額に青筋が立ちます。心に悲しみがあると目に涙がうかび、心にうれしみがあると頬にえくぼが入り、心におかしみがあると笑い顔になります。このようにすべて心の様子が顔へ出るのです。目に涙が出て、心が悲しくなるのではありません。額に筋が立った後から腹が立つのではありません。何事も心が先です。その心に思うことはすべて形へ現れます。これを「中に誠あれば外に現るる」と言います。どうです、これでも心のゆがみを隠せるとお思いですか。口答えも心の煩い。鼻歌も心の煩い。早く養生をいたしませんと立ち煩いは戻ることが難しい。もし大病になりましては耆婆扁鵲のようにどんなに優れた医者の薬でもどうしようもございません。

ですから、その大病にならないうちに心学をお勧めいたします。一度本心を会得なさいますと、不思議なものです。ちょっとした身贔屓身勝手でもすぐに胸にこたえますよ。

これについてある人が話のついでに、とある両替屋の主人の得意な話ですと言って話したことですが、両替渡世は金銀のよしあしを見分けることが肝要です。その見分け方を初心者に教える方法としてその家々で違いがあるけれども、この両替屋の主人の教え方は始めから全く悪銀を見せず、ただ正規の銀のみを日々に見せ置き、しっかりと正規の銀を見覚えたころにそっと悪銀を見せると、すぐによくない銀とわかるのは鏡を照らして物を見るようなものです。一目見て悪銀と見極める事ができるのは最上の銀を見覚えているからなのです。このように教える時はこの初心者は生涯悪銀を見損じる事はないということだそうです。この話の真偽は知りませんけれど、道理においてはなるほどもっともな教え方。実に危なげのない稽古です。

しかしながら最上の銀を見覚えても半季一年ほど外の商売をして、金銀を取り扱わないと、またもとの素人同様になって、良し悪しを見分ける事が出来なくなるということでした。このことを覚えていてください。

一度正しい心を見覚えますと、そのあとから少しばかりの身贔屓身勝手が出来てもすぐにわかります。なぜなら明らかな無理のない事を見覚えたから、ちょっとでも無理な事はなかなか受け入れられるものではありません。しかしまた本心に遠ざかり、本心を見わすれると、以前の通りに真っ黒になって悪銀が見えにくくなります。御用心ください。

へたをすると本心やら悪心やら、我と我が手に合点がゆかず、その暗い心から思いつく事が思うようにいかないと、はあはあと肩で息をしなければなりません。難儀なものです。せめて黙っていればよいのだけれど、かりそめにも苦しい、せつないと、腹の中のゆがみを人に会うたびに白状をいたします。こんなことになっては困ったものです。ですから何とぞ一度本心の正銀を見覚え、人欲の悪銀を見損じないよう、どうぞ御互いに一生道から離れない様にしたいものです。

これについておもしろい話があります。つ

いでにお聞きください。

秋も夜寒になりました頃、そこそこ裕福に暮らす町人衆が五、六人言い合わせて鹿の音を聞きにゆこうと、弁当やお酒を用意し、ある山寺に心やすい和尚がいるというので、この人を頼りに訪ねゆき、客殿を借り受けて泊りがけの遊山を計画しました。鹿の音を待ちわびて歌を詠む人もあり、あちらでは詩を作り、こちらでは発句。いろいろとしていましたが暮れの鐘が鳴る頃になっても全く鹿が鳴きません。

八時になっても十時になっても鹿の音は一切聞こえません。「これはどうしたことだ。もう鹿が鳴きそうなものなのに」と、待てども鳴きません。そろそろ眠気がさして来る、詩も歌も飽きてきて、あくびに浮き世話もとぎれ、みな黙然としている中に五十ばかりの男が盃を前にひかえて、「さて今晩はみなさまのおかげで宵からゆっくりとお話をいたしてよい楽しみをいたしました。しかしながら私はこのように楽んでいますけれど、きっと家のものが心配をいたしていましょうと、ふと思いましたので、どうやら酒が醒めるように思います」と言う。座中の人が「それはどうした訳でございますか。御聞かせくださ い」と言う。

「御存じの通り私には一人の悴がおり、当年二十二歳になりますが、さて困った奴で、私が宿におりますと、しぶしぶ店の用を手伝いますが、私の姿が見えないと、尻に帆かけて遊所通いです。もちろん親類縁者どももいろいろと説教をしてくれますけれど、一向馬の耳に念仏同様。あのような奴に身代をまかさにゃならないのかと思いますと、心細いものでございます。おかげで何一つ不足のない私の身分ですが、子が原因で毎日毎夜血の涙。ほんとに困ったものです」と、吐息をついて話されると、傍から四十五、六の男が「いやいや、あなたのは御難儀とは申すものの、所詮は御子息に金を使われるという迄の事で、しいて御心配にもございますまい。私などはなかなかそんな事ではございません。とかく近年店の者どもがちょっと借金をして五十両、七十両と、年々の帳面の明き。よく想像してごらんなさいませ。鼻たれの時分から世話をして、どうやらこうやら少しばかり店の用に立つ時分、負債をこしらえてくれては、主人はたまったものではない。そのことから見ればあなたのは我が子に金を使われるだけの事」と言えば、また傍らから、「いやいや、店の者に金を使われるのはまだましですよ。私どもは近頃都合が悪くて、得意先がかたっぱしから倒産します。あちらでは三貫目、こちらでは五貫目と、実に気の滅入ることでございます」という声がする。さらに向こうの席に座っている老人が扇をぱちぱちと鳴らしながら、「皆様方の御愁嘆ごもっともでございますけれども、また親類縁者どもから金の無心を言われたり、保証人になってくれと言われたり、親戚から厄介ごと。これもまた困ったものでございますよ」と半分も言い終わらないうちに、その隣の人が「いえいえ、皆様方のはみな幸せな方です。私のつらい事を御聞きくださいませ。どうした事か妻と母との仲がわるくて、日がな一日牛の角づき合い。家の内が暗くなりますからいっそのこと妻を里へ帰しましょうかと思えば、幼い子供が二人もあり、ちょっと妻の立場に立ってものを言えば、女房の贔屓をするのかと、母親の機嫌をそこねます。女房を叱れば『他人だと思って言うのですね。私は一人むごい思いをして辛いわ』と恨み言を言う。いやもう中に立った柱みたいで辛いの苦しいのと申すような事ではございません」と、身の上の難儀話。

その内に一人が気付いて、「ほんとにもう鹿が鳴きそうなものです。あまり話に夢中になって鹿の音を聞き逃したのかしら」と、縁の障子を引きあけて見れば、大きな鹿が庭先に黙然としている。「これはどうしたことだ。そこにいるならなぜさっきから鳴かないのだ」と言えば、鹿がしれっとした顔で、「いえいえ、わしはおまえ方の泣くのを聞きに来たのです」と言いましたと。なんと面白い話でございましょうか。

老いも若きも男も女も金のあるのも金のないのも、みんな昼夜とも愁嘆の声はやみません。これが皆心の煩いなのです。

つまりは少しばかりの身贔屓身勝手のために、ならぬ事を無理やりにやろうとする無分別からさまざまの苦を受けるのでございます。一度本心を会得すれば、ならぬ事はならぬと知り、難儀な事は難儀と合点して、あえてそこから身を遁れようとはいたしません。これを『中庸』には「富貴貧賤、夷狄患難、君子入るとして自得せずという事なし」と書いてあります。この意味がわかりませんと苦楽は身体にあるように覚えて、心は脇へ捨て置いて、ひたすら形の楽を求めるので、奢ったり逆にけちになったりして、かえって心に苦を受けて泣いてばかりいる様になります。

とかく何事も心の事なのです。どうぞ皆さ

まは御泣きなされぬ様に御用心をよろしくお
願いいたしますね。

まとめ

今回は、「自由」と「世間体」について考えようというものでした。このことについて意見を求めたところ、多くの方がかつては世間体を気にしすぎていてつらかったけれど、今は自分に素直に生きて自由を感じているということでした。

やはり私たちは世間体というものにかなりとらわれているのだなぁと改めて感じた次第です。これも多くの方の意見ですが、「自由」と「世間体」の関係について、取り違えをしないようにしなければいけないというのもありました。

私たちは「自由」と「世間体」は一見正反対のものとしてとらえがちです。でも、どちらかが正で、どちらかが誤というものではないのです。つまり、この二つはいわゆる「善」と「悪」の関係ではないということです。「自由」というとプラスイメージがあり、受け入れやすいが、「世間体」というとマイナスのイメージがあって、拒否すべきもの、脱却すべきものというふうにとらえがちですが、そうではないことに多くの人が気づいていました。

確かに全く世間体を気にしなくなったら、それこそ自己中心的な生き方で、第一話にでてきたサザエと同じです。この『鳩翁道話』でもこれからも何度となく、自己中心的な生き方・考え方を戒める話が出てきます。また、他人に迷惑をかけるようなことになったら、私の自由なんてことは許されないことです。

要するにバランスをとることが大切なのです。自由は大切。でも行き過ぎた自由は禁物。世間体も大切。でも気にしすぎる世間体は禁物なのですよね。

私たちは手放しで自由を取り込むのではなく、どこまでが自由として許されるのかを考えながらやらなければならないのです。

江戸時代の昔から、世間体は封建制度の保守に利用されてきました。だからこそ監視の印象が強いのでしょう。また、自由という言葉は明治時代になって西洋語のfreeに対応する語として考え出されたもので、行動の責任は自らに由るという意味で自由となったのですが、行動の責任という部分が軽視されて独り歩きしているように思えるから要注意です。

現代の「道徳」では世間体についてはまったく触れられていません。しかし、社会の一員として生きていく上では避けては通れない道だと思います。だからこそ私たちは自分のあるべき姿をこの「自由」と「世間体」という二つのバランスをとりながら、自分らしさを見つめなおさねばならないのだと思うのです。

今回はやや観念的な話になりましたが、白か黒か、どちらを取るかという単純な問題でないことだけは理解しておいてほしいと思います。

鳩翁道話　二之下

「吾唯足知」という考え方について、あなたはどう思うか

解説

今回は、本来は真っ直ぐなもののはずなのに、いつのまにか曲がってしまう人の心についての話です。生まれたばかりの赤ちゃんは純真無垢なもの。心がねじ曲がって生まれてくるものは一人もいません。しかし、残念なことにだんだんと育っていく過程で、いろいろと見たり聞いたり経験したりする中で曲がってしまうこともあるというのです。

では、私たちの生活の中で、純粋な心を失わせるものはどんなものがあるというのでしょうか。何が原因で曲がってしまうというのでしょうか。私の思いつくものを挙げてみましょう。環境、教育、友人、能力、嫉妬・妬み、世間体、無分別、年月、お金、無知、短気、強欲、怠惰などを思いつきましたが、あなたはどうでしょうか。

さて、今回登場する若侍は、根は真面目なのですが、何も考えておらず、ただ毎日が面白くない、日々の生活に嫌気がさしたというだけの理由で家を飛び出してしまいます。たどり着いた山寺で思ってもみなかった苦労をし、ついには強盗殺人まで計画してしまいます。

しかし、たまたま見かけた百人一首の和歌でその後のことを想像することができ、実行を思

いとどまることができたというのです。

本当に気づけて良かったですが、鳩翁はこんなことを考え出すのは、我が身を可愛がりすぎているからだと論じています。今の自分が置かれている状況をしっかりと見つめなおしていないから欲が出て心が落ち着かないのだというのです。今のありがたいことを忘れて他を願うから心がゆがむのであり、その状態を「闇がりの心もち」と表現しています。失敗してからやるんじゃなかったというのではなく、今の自分を見つめて判断せよというのです。

本文の話はここまでとして、少し話は変わりますが、京都の龍安寺にはちょっと変わったつくばい（手洗い用の水桶）があるそうです。

そこには「吾・唯・足・知」という四つの漢字が組み合わされており、「われ・ただ・たるを・しる」と読むそうなのですが、欲を出して欲に目がくらみ心がゆれるより、今の自分を見つめて心を安定させようという考え方を表したものなのだそうです。

変な例で恐縮ですが、バイキング形式の料理を想像してみてください。お腹も空いているし、目の前には美味しそうな料理もある。ついつい欲を出してあれもこれもと取りすぎて結局食べ残してこんなに取るんじゃなかったと後悔したことは誰もが経験したことがあるでしょう。自分が食べられるだけの量を取り、足りなければまた取りに行けばいいのに、元を取らなきゃなんて変な欲が出て人目構わず取りに行く。そんな人を見たら浅ましいなぁ、かっこ悪いなぁと自分のことは忘れて思うことはありませんか。

いくら手に入れても心がつらく、満足しない。心がつらいのは、欲しいけれど手に入らないという「原因」があるからである。ならば、心を安定させるには「原因」を取り去ればよい、つまりはこれ以上欲しいと思わなければよいというのです。因果応報の考え方であり、原因があるから結果が生まれる。悪い結果は悪い原因から生まれるというわけです。

欲しいと思う気持ちには限度がありません。

今回はそんなことを考えさせるお話となっています。自分を見つめなおすことの大切さを鳩翁は伝えようとしています。

この「吾唯足るを知る」という考え方についてみていきたいと思います。

鳩翁道話　二之下　本文現代語訳

「心からよこしまに降る雨はあらじ風こそ夜の窓は打つらめ」

この歌は高租日蓮上人が身延山に御隠居の節の御詠歌です。人の心は真っ直ぐなのが生まれつきなのに、その心がゆがむのはすべて見たり聞いたりするうちに心が取られるからなのだというのです。たとえば雨は真っ直ぐに降るものですよね。空から下へ落ちるものですから、ゆがんで落ちる筈はないのです。それなのに窓へ横なぐりにあたるのは実は風に吹かれてゆがむのだと、御詠みなさった歌なのです。

『論語』にも「子曰く、人の生けるや直し、しいて生けるは幸いにして免かる」とありまして、なるほど人は正直でないと天地の間には生きていけない筈の事なのですけれども、心をゆがめてでも生きているのはこぼれ幸いというものです。生きているとはいうものの世間では人のようには取り合いません。その筈です。人の心がないから生きながら鳥類畜類の仲間入りをしなければならないからです。わが神国の教えも正直を本とするとあるので、何分にも人は真っ直ぐでなければなりません。旅をしてみますと重い両掛荷物を竹杖一本で軽々と肩休めしていますよね。よく考えてごらんなさい。あの細い竹杖に二十貫目の重荷が（横にした）杖の先にかかっては耐えられる筈はない。これは竹杖を真っ直ぐに立てて置くことによって二十貫目の重荷がかかっても折れないのです。

ある人の道歌に「すぐなれば重荷かけても折れぬなり世わたるわざの息杖ぞかし」とい

うのがあります。

狭い三間間口でも、広い八間間口でも息杖は大極柱一本、五人暮らしも十人暮らしも旦那殿の心ひとつに家内中の重荷がかかっているのです。もし旦那の心がゆがむと、家内の重荷がひっくりかえり、大極柱に虫が入ると、八間間口がへたばってしまう。とにもかくにも真っ直ぐな力はありがたいものなのです。大極柱に虫が入ったのを大工殿に見せると、建てなおすよりほかはないという。旦那殿の心に虫が入ると、これも同じことで、焼き直すしか方法がない。だからどうぞ虫が入らない間に心のゆがみを直すことが肝要なのです。

とはいえ、このようには言うものの誰でも自分の心をゆがめようと思ってゆがめる人はいませんが、難儀なことにいろいろと見たり聞いたりするうちに、自然と心がゆがみます。このゆがむということについて恐ろしい話があります。

ある御国に三百石取りの次男がいました。年頃は二十歳ばかりの人です。色情の事について若気の誤ちから急に家出をする事がありました。それは夏の頃で、夜だったので浴衣に大小のみを持って袴も着ず、所持金もなく城下へ忍んで遊びに出たまま、その場から出発したので、もとより何の用意もありませんでした。無二の親友の一人にこの家出計画を打ち明け、どうしたらいいだろうかと相談をしました。その友も無分別な若い人だったので何の思慮もなく、手紙を一通したため、「そこから七、八里ほど行った所にある山寺の和尚を知っているので、この寺へ行ってこの書状を出したらかくまってくれるだろう。

実家の様子はあとから追々知らせるので、まずはこの山寺にその身を隠せ」と教えました。こちらも無分別な若ざかりです。何の考えもなくわかったと、その書面を持参して浴衣のままで城下を立ち退きました。

それにしても若い衆は無分別なものです。ことわざに「若いはよいが分別がない」とありますが、親の案じる事も行く先のつまらない事も道で難儀する事も何も思いつかないのは、夢を見ているようなものです。

ある人の道歌に「悪いとは知りつつ渡るままの川、流れて淵に身を沈めけり」というのがあります。

まんざら若い衆だからといってもわからないわけではないけれども一度思いつくと、よくてもわるくても一足あとへ立ち戻る事が出来ません。そしてすぐに行き当たり、鼻を打ってから後悔して、馬鹿な事をした、これはつまらないと思ううちにまたつまらない事を思いついて自分で自分を淵に身を沈めてしまうのです。この話の事ばかりではありません。とかく若い人は平生の心の拠り所が大事です。猫は生臭いのを好みますが、寺に飼われると仕方なく精進します。蛇はのらくらとゆがむのが本来の持性ですが、竹の筒に入れられると仕方なく真っ直ぐになります。とかく身を寄せる所が大事です。若い人はこの話を聞いてよく腹の中へ立ち返って吟味してくださいね。いつもどんな所へ入り込んで遊んでいますか。中宿か料理屋か、女芸者の古びた所へ入り込んでいたりしないか、よう御詮索をなさいませ。

さてこの御侍は生まれてから親元から一日も離れた事がないのに、ふとした心の迷いから夜通し知らない道をその山寺を訪ねて走っていきました。これほどの行動力を主人か親のためにしたら、大きな顔ができるだろうにねぇ。どうやらこうやら尋ねあたってゆきついた所が山中の古寺。親の前でさえ屈めない腰をやたらと屈めて御辞儀をし、あの手紙を出すと、和尚が受け取り、開いて見て「この手紙の様子ではまずこちらにしばらくいなければなるまい。しかしながら小僧もいないし、下男も雇えない貧僧ですので、水も汲んでもらわにゃならない。そのほか拭き掃除やらまた葬式のあるときは穴も掘ってもらわにゃならない。マアそう心得て、そこらで足を洗って上がって茶粥でも食っていなさい」と、案内した門番へ言いつけるようにゆっくりと言う。かなしい事に三百石取りの身分でも国を立ちのいてみれば、たった三文も儲ける方法はしらず、お金は一文もない。しかたなく普通の居候のように悔しく思いつつもハイハイと言って庭の隅で足を洗い、和尚が食い残した水くさい茶粥を一杯すすったのですが、これで夜通し走った疲れも休まるものですか。その後は猿を使うように追いまわされ、やりなれない掃き掃除。なんと気の毒なものではありませんか。このとき親の慈悲を思い出し、百万回後悔しても、あとへは戻れません。だからこそ足元の明るいうちに用心をしなければなりません。こうなってからではとりもちの桶へ足を踏み込んだようなもので、国へも帰れず、寺にも居られず、かといってほかに覚えた技術もなく、これはつまらんつまらんと思ううちに秋も早夜寒になって来る。

そんなある日、和尚が朝から托鉢に出られ

た。そこらを掃き終ったら、あとはすることがない。時は八月の中旬。国から着て来た浴衣一枚は汗づいたのと汚れたのでどろどろとしているけれど、晴着にも常着にもたった一枚しかない。そろそろ寒くなって来る。どうしようもなくて客殿の縁に寝転んで猫のように丸くなって日向ぼっこをしていながらつくづく考えれば、考えるほど実につまらない。家からは便りもなし、和尚の顔つきもこのごろはめっきり悪い。寒空にはなってくる、さてどうしたらよかろう。いっそ腹を切ろうか、首を括ろうかと、腹の中はかき乱したようになって、ふと見るとも見ないともなく麓の方を見ると、庄屋殿の家が眼下に見える。この寺は山の上に建った寺で客殿の縁から見れば村は目の下。庄屋殿はまさか寺の縁から人が見ているとも知らず、村人から集めた銀の数を改め、包み直して金戸棚の引き出しへ入れるのをその息子はじっと見ていると、ぞっとする程その金が欲しくなった。ここが人の一大事の所です。

室鳩巣先生の歌に「朝夕に保つわが身はかるところも、立ち居にうつせ道の姿を」というのがありますが、心が心の有るべき所にないと、いつ無分別が起こるやら、怖いものです。これだから金銀の取扱いをみだりに人に見せるものではない。金銀は人の身にとても大切なものですけれども、よくまた人の身を害する媒となるものでもあります。何の悪心もない人でもこれを見ると何となく悪心が出来る。その心がなければ何でもない筈でございます。とかく恐ろしいものは金銀です。人に罪をつくらせるのも金銀です。それでもなければならず、あれば煩わしいのも金銀です。

さて思うようにならないのは浮世の有様です。とにかく程よくしなければならない事です。時にあの息子殿が庄屋の金をひと目見たときからしみじみと欲しくなって、どうしたらよかろうと縁先に寝転びながら胸算用をはじめました。しげしげと足場を見ると、忍びこむにはちょうどいい家の様子。家の者はわずかに五人ばかり。もし見とがめる者があったらそれこそ百年目。蹴散らかしてあの金を腰につけ、今日は幸い八月十五日、月明かりは朝まである、逃げていくのには最高の条件だ。首尾よくいけば人知れず盗み取って、京か江戸か大坂か、三ヶの津の間へ出て、身の在り方はどうにでも出来るだろう。どうせこの山寺にいつまでいたって国へ帰れるわけでもなし、和尚の機嫌は悪いし、身の回りは何もないし、いっそのこと今夜ここを立ち退くのが最良だと、無分別極まりないことを考え出した。

なんと恐ろしいのは人の心でございます。心は身のためばかりを思うものかと思えばまた身を損なう事をも思いつく。もっとも本心は善なのですけれども、このようなときに動く心は意識といって、えてして悪を思い付くやつです。禅家のことばに「爾が心を信ずることなかれ。心は爾が身の仇なり」というのがあります。なるほど油断のならないのは自分の心なのです。

ある人の道歌に「心こそ心迷わす心なれ心に心心許すな」とあります。また、『大学』には「小人閑居して不善をなす。至らざるところなし」とありまして、とかく身体を暇にしておくのは大きな毒です。のらくらとしているとろくな事は思いつきません。この息子殿も盲目か逆に忙しくて走りまわっていたらこんな無分別な心は起こりはしません。人の金を盗んで、それも人を殺して立ち退こうという大それた考えがどういう所から出たのでしょうか。少し考えてごらんなさい。昔から家業に精出した者が盗みをしたためしはない。盗みをするものは皆家業が嫌いなのです。みなさんも御互いに我が身の上に立ち返って商売が好きか嫌いか。ときどきは詮索してみないと、腹の中からいつ石川五右衛門や熊坂長範のような悪党が出ないとはかぎりません。心に心許すな。だから心の吟味が肝要なのです。

さて、その息子がいよいよ今夜と一決して予定をじっくりと考え、首尾よくいってもいかなくても今夜のうちに十里の道は走らなければならない。今のうちにしっかりと寝ておいて晩に疲れてしまわないよう用心しようと思って目を閉じたが、胸がもやもやとして寝入られない。どうぞ寝入り寝たいものだと今度は客殿の方へ向かってごろりと寝返りをして部屋の中をまじまじと見廻せば、座敷のすみに六枚屏風が立ててある。色紙形の小倉百首だ。見るとはなく見ているうちにふと目にとまったのは「あひみてののちの心にくらぶればむかしはものをおもはざりけり」という歌。何と思ったか、その息子がこの歌を二、三遍吟じているうち急に心が変わって来て、今夜の仕業をやめにする気になったとたん脇の下から冷汗がじわりと出たという事です。

これはなぜ急に善心になったのでしょうか。この歌は中納言敦忠の歌です。歌の意味は、思う人に一度逢ってからの心は逢わなかった前の心と比べてみると、逢う前は物思いがなかったのに、逢ってからは物思いが絶えないと詠んだ歌でございます。今この息子殿がこの歌で心の立て直しが出来たのはなぜかというと、今この寺にいても国からは便りはなし、和尚の顔つきは悪いし、これからは寒空に向かう。しかし小遣銭はなし、仕おぼえた商売もなし、慣れない掃き掃除は苦しいし、これではつまらないと思っていたが、これをつまらそうとして今夜庄屋の家へ忍びこんで金を取り、もし見咎められたら切り殺すとすれば、うまく金を盗みおおせたとしても天の網はのがれられないだろう。たとえ京や大坂へ出て立身出世をしたとしても盗人の名はのがれられない。すると今日は現れるか、明日は召捕りにくるかと、人のささやく声も肝にこたえて、広い天地の間に五尺のからだの置き処がない様になったときのつまらない思いと、今こうやっているつまらない思いとを比べてみたら、盗みをしない時のつまらなさの方が遥かにましだ。盗んでからつまらないと思ったとしても、昔はものを思わざりけりというのと同じで、その時後悔しても役にたたない。それよりこのままじっと辛抱していたら、そのうちには国から便りもあるだろう。ここはうろたえる所でないと気が付いて立ち戻りが出来ました。なんとありがたい歌の徳ではございませんか。

一日に一字学べば一年で三百六十字。一字千金にあたるといえば高いもののようですが、今こうして見ますと決して高くはございません。もしこの男が字が読めなかったらこの立ち返りは出来ません。三十一字が読めたおかげで首が胴についてあるのです。一字が千両なら三十一字で三万千両です。あなたは三万千両の金を進上するから首をおくれと言われたら、たとえ千万両の金にでも替わる命はないとおっしゃることでしょう。ですから一字千金は高いものではございません。どうぞお小さい時から手習をして読み物ができるように精を御出しください。このような利益があります。

その後、あの息子殿は年月をじっと辛抱しているうち、国方から親類が来て寺へも厚く礼を言い、初めて山寺の苦患を逃れました。しかしながら一旦家出をしたものだから、故郷へは帰れず、そのまま町人になって家業に精を出された。ところが運よく商売も繁昌し、そこそこの商人になって、年老いて親仁になった時分、若い人を見ると昔の懺悔話として必ずこの話をして、若いときにはどのような不了簡が出るかわからない。もし「あひみて」の歌がなかったら、どのような事になっていたやら、今話すのも恐ろしいと毎度懺悔話をしたというのを懇意の人が聞いた話をまた私へ話されました。あまりにもありがたい事なので今晩御話しいたしました。この息子殿はよくぞ立ち返りが出来たものです。

百人のうち五十人はこの立ち返りがしにくいものです。我が身が可愛い可愛いと思うから、いつのまにか心を押しゆがめてつまらないものになります。目が可愛いから面白いものが見たくなる。耳が可愛いからといって三味線・太鼓の音が聞きたくなる。鼻が可愛いからといって香や松がね油の匂いがかぎたくなる。舌が可愛いからといってうなぎ・すっぽん・茶碗むしが食いたくなる。からだ中が可愛いからといって商売がしたくなくなる。

そこで次第に貧乏になって三畳敷にちんかかり。百文の米を買いかねるとき、こんな苦しい所帯をするぐらいなら、たとえ死ぬとも一度贅沢をしてから死んだら一生の想い出、誰が百年も生きるものか。あした死ぬのも来年死ぬのも思えば同じ短い命ではないか。畳の上で往生するのも河原でのたれ死ぬのも死ぬことに変わりはない。それなら今夜どこかへ盗みに入り、金の二、三百両も懐へねじこみ、思う存分奢り散らかしたのち死刑になる方が楽だ。こんな貧乏を長くするのは埒があかなくて気色がわるいという無分別な石川五右衛門、熊坂長範がときどきあるものでございます。

首尾よく盗みおおせるものか。はした金を盗もうとして逮捕され、牢屋へ打ちこまれて、握飯に香のものをかじるとき気がついて、馬鹿な事をした。やはり元の三畳敷、何もなくて貧乏でもわが所帯だ。こうやって牢屋にいれば日の目を拝む事もできず、近所歩きもできない。我が体を我ながら自由にする事ができないなんて何の因果だろうか。どう見てもうちの貧乏がありがたく恋しくなる。「逢ひ見ての後の心にくらぶれば昔はものを思はざりけり」というわけです。

さて、御役人の前へ引き出されて水責め、火責めの苦しみを受けるとき、牢屋の中が恋しくなり、早く責苦を終えて牢屋へ帰って休みたいと思うと、昔はものを思わざりけり。やはりあとで恋しくなる。その罪人の罪が決まって死刑執行の場所へ直るとき、どこが恋しいでしょうか。たとえ水責め、火責めはもちろん骨を砕かれ肉を割かれても、命さえある事を思えばやはりもとの責苦すらが恋しくなる。これも昔はものを思わざりけりで、どんどん後から先の事が恋しくなる。

ある人の発句に「手にとるなただ野におけよげんげ花」というのがあります。

とにかく今日のありがたい事を忘れて、もっと他の事を願うので思いのほか心がゆがむのです。それなら人は苦しむために生まれたのかと言えば、そうではなく、安楽は人の生来の性質なのです。

先師のいろは歌に「楽がしたくば心を知りやれ楽は心の生まれつき」というのがあります。このように楽な心を持ちながらわざわざ苦しんでうろたえることを示すのにいい例えの話があります。

ある独り者がよく寝ているとき、隣が火事になりました。近所はやれそれと騒ぎたつ。朋友が馬燈灯を提げて様子を見に来たところ、門の戸が締まっている。「南無三、八兵衛は飲み過ぎて寝ていると見える。焼き殺してはならない」と、戸を蹴破って家の中へ入る。その物音に八兵衛、ふっと目を覚まし、うろたえて赤裸で寝処から飛んで出てくる。友だちは持った燈灯を八兵衛の鼻の先へつきつけ、「隣が火事だ、見舞いに来た」と言うと八兵衛が喜び、「それはよく来てくれた。ところでその燈灯を貸してくれ」と友達の燈灯を借りて手に提げて、裸で庭へ下りたり裏へ出たり、また表へかけ出したり、しきりにうろうろとして騒いでいる。友達は合点がゆかず、「八兵衛、何を捜しているのだ」というと、八兵衛は平気な顔で「行燈が消えているので火打箱を探しているのさ」と言ったというのです。

これはみなさまがたにもよく似た話です。

結構な燈灯の明かりを自分の手に持ちながら火打箱を探しているのは、やはり闇がりの心もちです。あきらかな本心を御互いに持って生まれて楽はどのようにでも出来るのに、わざわざ苦しんで一生暮らすのはこの八兵衛の御連中です。

この暗い心から物の大小軽重がわからない様になり、大切な心のゆがみは捨てておいて、指が屈んでいるのを苦に病んで療治する。そこで孟子も御叱りなされて「これを類を知らずという」と仰せられたのでした。この続きはなお明晩御話しいたしましょう。

まとめ

京都にある石庭で有名な「龍安寺」というお寺には、「吾唯足知」という文字の書かれた「つくばい」（手洗い用の水桶）があるということです。

時計回りに「吾唯足知」を読むと、「吾《われ》唯《ただ》足《たるを》知《しる》」と読めることに気が付きます。

「知足のものは、貧しといえども富めり、不知足のものは、富めりといえども貧し」という仏教の教えでもあり、円形を成しているところから完全体、つまり満足を表しているということです。

「吾唯足知」ということばは、今の私たちにはとても大切なことばだと私は思います。

物と情報にあふれた現代こそ、必要なことばではないかと思います。

私たちの「欲」はどこまでいってもきりがありません。

　ところで、「欲」によく似たことばに「願い」があります。

「這えば立て、立てば歩めの親心」ということばがあるように「願い」も次から次から出てくるものです。

ただ、「欲」と「願い」は違うものだと私は考えています。「向上心」は「願い」に近い方だと思うのです。

私たちは人間である以上、さらによりよいものを求めて努力し、進化発展してきましたし、それを否定するものではありません。

テストで前回は30点だったけれど、今回は60点になった。でもこれで満足せず、もっと上の点数がとれるように頑張ろうというのは「欲」ではないと思うのです。

仮に宝くじで百万円当たったとしましょう。でも隣の人が一千万円当たったらしい。それを聞いたら百万円当たってもうれしくないなんて思い始めたらそれこそ危険信号だと私は思うのです。これは「欲」です。百万円も当たっただけでもありがたいことなのに、それをありがたいとは思わずに不満ばかり言っていては救われないと思うのです。

今の自分を見つめなおし、自分の置かれている状況をしっかり把握したうえで、よりよい自分をめざして努力することが大切だと思うのです。

人間は向上心を持たないとだめだから、賛成しかねるという意見もありました。

でも、同じことを繰り返していますが、向上心を持つなというのではないのです。

「欲」と「向上心」は違います。そこを混同してはいけません。

鳩翁道話　三之上

どのようにすれば自分ファーストな考え方から抜け出せると思うか

解説

今回は植木を育てる人を例に話が始まります。植木を可愛がって育てる人はあっても自分の心を育てようとする人は少ない。それは最大の無分別であるというのです。では、植木の代わりに自分の心を可愛がればいいのかというと、それもまた問題があるといいます。というのも自分の心を可愛がることと育てることは別物で、可愛がると「自分ファースト」つまり自分中心の考えに陥るぞと鳩翁は言うのです。それは身贔屓身勝手になっていくというのです。

自分さえよければ他人はどうなってもいいという考えの例として貸しトイレの話を挙げています。ある人が花見客を相手に一回三文で貸しトイレを作って儲けている。それを見た隣の欲深な男は豪華なトイレを作り、一回八文という三倍近い料金を設定して始めたが、みんな三文のトイレに行ってしまってなかなか客が来ない。そこで、一日中隣のトイレに立てこもり、八文のトイレしかないようにしたという話です。人は助け合わねばならないのに、自分が儲けるためには人の邪魔をするという実に身勝手な考え方をしているのです。確かに一時は利益も上がったかもしれません。しかしトイレの本来の用とは無用のところにお金をかけ、それを料金上乗せしたのでは、これから先も流行るはずはありません。この男は明日も一日中トイレに立てこもるのでしょうか。いつかどこかで足をすくわれそうな気がしてなりません。

もう一つ身勝手なことの例として今度は女の話があります。財産を我が子に継がせたい、自分が気楽に暮らしたいと願うあまりに殺人まで犯そうとした女の話です。まさに鬼女なのですが、鬼女だからといって般若の面のような見た目が怖い人とは限らないのです。鳩翁は身勝手な考えを持つ者こそ心に鬼を住まわせる者と理解していたようです。自分さえよければそれでいいというのはまさしく心が鬼になったようなものだというのです。

現代も同じです。コロナ騒動によりマスクの買い占めが話題となりました。少しでも多く買いたいと、マスクの購入をめぐって喧嘩まで起きていたということです。さらには海外渡航が制限されている中で、こっそり海外旅行をして感染して帰ってきた人もいました。感染が分かっていながら公共交通機関で出歩いた人もいましたし、陽性反応が確認されたとたん行方をくらます人がいたとか検査を拒否した人もいたとかの報道もされていました。このように今でも自分さえよければいいやという人は後を絶ちません。

仲のよかった者が些細なことで喧嘩をしてしまうことがあります。その原因は何でしょうか。もしかしたら自分のわがままが原因かもしれません。もしかしたら自己中心的な考えが原因かもしれません。わがままと自己中とは似ていますが、違うところもあります。気になった人はネットなどで調べてみるのもいいでしょう。

誰でも自分を大切にする気持ちはあります。しかし、自分を大切にすることと自分ファーストな考えで生きることとは違います。

私たちは自分が自分ファーストな考えに陥っていないかを点検しなければならないと思います。では、もし万一自分ファーストな考えになっていたとしたら、どのようにすれば抜け出せると思いますか。そんなことを考えながらこの話を読んでみてください。

鳩翁道話　三之上　本文現代語訳

孟子曰く、「拱把の桐梓、人苟くも之を生ぜんと欲すれば皆之を養う所以の者を知る。身に至りて之を養う所以の者を知らず。豈に身を愛すること桐梓にしかざらんや。思わざるの甚だしきなり」

さてこれは前晩の続きであって、孟子がまた例えを使って御示しくださったものでございます。「拱」とは左右の指をもって囲んだ部分を「拱」といい、「把」とは片手で握ることを「把」と言います。「桐」とはきりの木、「梓」とはあずさの木です。つまり「拱把の桐梓」とはわずか一握りや二握りの細い小さい樹木でも、これを育てようと思いますと、これに肥料を与え、大切に育てる事を知らない人はありません。だから「人苟くも之を生ぜんと欲すれば皆之を養う所以の者を知る」と仰せられました。

さて、ここが大切な所です。樹木を育てる事は養いがなければならないという事を知っている人でも、自分の身を養うことは知りません。これはどうしたものでしょうか。心を養うことを知らなければ明けても暮れても思いつく事は銭が欲しい、金が欲しい、よいものが着たい、うまいものが食いたいと得手勝手な事ばかり思い付いて、我が身が倒れる事も我が身の害になる事もかまわず無分別なことばかりします。

これを植木を育てる事は知っていても、我が身を養う事を知らないので「身に至りて之を養う所以の者を知らず」とおっしゃったのです。なんと人は賢いようでも、また愚かな所があるものです。

つまり我が身を可愛がるようで実は可愛がっておらず、そのくせ植木を可愛がる事は知っているのはなんと無分別なことではないかというわけで、だからこそ「豈に身を愛することと桐梓にしかざらんや。思わざるの甚だしきなり」と御叱りなされたのです。

「身を養う」と書いてありますが、必ずしも身の事ばかりではありません。要は心の養いなのです。身心一双と言って、心を養う事を知らなければ身を養うことが出来ません。心を捨てておいて身ばかり養おうとするのは、いわゆる身贔屓、身勝手という私心私欲のかたまりになります。その私心私欲で身を養おうとしますと、かえって身を損なうのです。ここの境目がとても難しい所なのです。心を捨ててしまっては何もする事がありません。心を捨ててする事があったら、それはみんな身贔屓、身勝手なことなのです。

古歌に「つくづくと思えば悲しいつまでか身に使わるる心なるらむ」というのがあります。

なるほど心が主人となって身体を家来として使う時は皆道にかないます。しかし身体を主人として心を使うのは心を捨てるということです。心が身体に使われますと、必ず道にはずれてみんな身贔屓、身勝手になります。この道理はよくわきまえていてもやっぱり身贔屓、身勝手がやめられず、身体に心の使われているのは残念だと詠んだ歌です。

ちょうど身贔屓、身勝手をする人の本心を表した話があります。とても尾籠な話ですけれど眠気覚ましに聞いてもらわねばなりません。

これは都の話ですが、桜の花の頃になりま

すと、嵐山・御室の桜狩りとして、京中の貴賤の者が皆花見にまいります。その中には大家の奥様あるいは娘御または遊女町の芸子女郎などが衣装に花を飾り、ここを晴れと見物に参ります。嵐山までは京を離れて一里半ばかり。いくら美しく飾り立てた娘御でも出ものの腫もの所嫌わずという例えの通り、途中で便所へ行きたい事があります。といっても流石に野中で尻もまくられず、通り筋の見苦しい百姓家へ駆けこんで「すみませんが手水場をちょっとお貸しくださいませ」と、赤い顔して断りを言い、裏口の便所へ行くとなんとも汚い菰だれのトイレ。これには京の女中方が毎年大いに困っておりました。

人間は賢いもので、ある通り筋の小百姓がこの事を考え出して、貸しトイレという事を始めました。それは門口に便所を作り、側に手水鉢をすえ、墨で貸し雪隠一度三文と書き付けた看板を懸けました。これはとても面白い趣向でとても重宝な事なので、花見の頃は大層流行ります。さらにこれは両得の趣向で、女性方は赤い顔して挨拶して汚い目をしなくても三文払えば挨拶なしに我が家のトイレへ入るような顔つきをして用が足せます。また雪隠の貸し元は三文の貸し代を取るだけではなく、あとへ肥料となる糞尿が残りますからこれもとても勝手がよろしい。全く貸座敷から思いついた発想と見えて、このごろぐっと金回りがよくなりました。

ある人の道歌に「よい中も近ごろ疎くなりにけり隣に蔵を立てしより後」というのがありますが、この歌のように、とにかく人の金儲けが羨しくてまたねたましくて、何が何でも自分の田へ水を引きたいというような身贔屓、身勝手な強欲者がその村におりました。あるとき女房を呼んで相談することには、「八兵衛が近頃貸し雪隠でずいぶんと銭儲けをしておる。おれもこの春は貸し雪隠をこしらえて八兵衛の金儲けをたたきおとしてやろうと思うが、どうだろうか」と言うと、女房はなかなか納得せず、「それはあなた、よくない分別ですよ。たとえこちらも貸し雪隠をこしらえたとしても、八兵衛殿は老舗で古く、お得意もたんとあることでしょう。こちらは新店です。流行らないときは貧乏の上ぬりです。だからそれはやめになさるのがいいですよ」と言えば、「いやいや、それはお前が何も知らないからそんなことを言うのだ。このたび俺が思い付いた雪隠は八兵衛のような汚い雪隠ではない。今、京の町では茶の湯が流行ると聞いたから、茶室風の雪隠を立てるつもりだ。まず四本柱はただの丸太では汚いから北山の入節を使い、天井は蒲天井にして、蛭釘を打って釣釜の鎖をぶらさげて、きばり縄の代わりに用いるのだ。なんとすばらしいことか。窓は下地窓、踏み板は欅の如鱗杢、金隠しは薩摩の杉、穴のぐるりは蠟色ぶち、壁は中塗りの切かえし、戸は檜の長へぎ、白竹おさえ、屋根は杉皮、青竹おさえのわらび縄、大和葺きにこしらえ、沓ぬぎはくらま石、傍らに青竹まじりの四つ目垣、橋杭の手水鉢に、かかりの松はしょろしょろとした女松をあしらい、千家でも遠州でも有楽でも逸見でも何でもかんでも取りこめるこしらえ。おそらくはこいつを出したら、八兵衛の雪隠はへたばるに違いはない。八兵衛のいならべると、「それは奇麗でよかろうが、貸し代はいくら取るつもりですか」「しれた事、一度が八文よ」「いやいやそれは高すぎる。茶方でも水方でもどちらにしてもトイレは汚い所、三文でも安い方がヤッパリ流行りそうな事だから、必ずそれはやめてくださいね」と言えば、「何をぬかすやら、女さかしうて牛売られぬというとおりだな。細工はりゅうりゅう仕上げを見おれ」とその亭主は無理にお金を工面して、とうとうこの春に間にあう様に立派な雪隠をこしらえました。もちろん看板は医者殿かお坊様を頼んだと見えて、唐様で「貸し雪隠一度八文」と書いて出した。

しかしよくしたものです。銭が高いと、いくら奇麗でも借り手がない。猫の子ものぞいて見ない。そこで女房がぼやき出し、「だからやめてくださいと言ったのに、たくさんの銭金を入れて、この始末はどうするのですか」と、畳を叩いてわめいたところ、亭主は落ち着いた顔つきをして、「何もやかましくいう事はない。明日おれが得意まわりをして来ると、借り手は沢山出来る。お前も早く起きて弁当箱に飯をつめておけ。一遍かけ廻ってくると門前市をなす事疑いなし」と、のんきなことを言い散らしてその夜は寝る。女房は納得がゆかないけれど、朝早く起き、飯を炊き、弁当をつめると、親父はいつもより朝寝して四つ時分（十時頃）に目を覚まし、茶づけを食うと身支度をして、ぱっち尻からげ。頼んでおいた弁当を首筋へくくり付け、小遣銭を懐へ入れ、出かけに、「おい、嬶よ、得意まわりをしてくるといっぱい借り人があるだろうから、もし糞がいっぱいになったらしばらく休みの札をかけて隣の次郎兵衛に頼んで一荷も二荷も汲み取ってもらえ」と言い捨てて出てゆく。ますます女房は不思議がって、どうして得意まわりが出来るのだろうか。京の町を何村の何兵衛の所で貸し雪隠、貸し雪隠と野菜や大根を売るように触れ歩くのかしらと、考えているうちに銭筒へ八文銭を投げ込んで、一人雪隠へ入った人がある。この人が出ると入れかわり立ちかわり引きもきらず借り人が出てくる。嘸はびっくりし、貸し代を取り損なわないようにと目の玉をきょろつかして雪隠の脇で張り番をしていると、段々糞がいっぱいになってくる。そこで札をかけて一荷肥えを汲み上げる。また追々に借り人がある。とうとう日暮れまでに雪隠の貸し代で八貫文を売り上げ、糞尿を五回汲み出した。そこで嘸がひとり歓び、「ひょっとしてうちの親父は文殊菩薩の再来かしら、それにしても得意まわりはどうしてやった事なのやら。このように流行るというのはありがたい事ではあるけれど」と酒を買って待っていると、亭主がのろりと戻って来て、「どうだ、借り人はあったか」という。「あったどころか、貸し代が八貫。糞が五荷。御前様はどのようにして得意まわりをしなさったのか。京の町を壱軒壱軒、説明書を持って頼みにはいらっしゃったのか」と問えば、亭主は、「何をぬかしおるやら。俺が得意まわりというは、今朝家を出てすぐに三文出して八兵衛の雪隠へ入り、内から掛金をかけて一日中、隣の雪隠をふさいでいたのだ。人が戸を開けかかると内からエヘンと咳ばらいをすると、漏れそうになっているから、俺の所の雪隠へかけ込みおるのよ。ああ、今日はいっぱい咳ばらいして声が枯れた。この永い日を一日しゃがんでいたので持病の疝気がおこった」と、腰をなでて言われたという。

なんと面白い話でしょう。これがこれ小人凡夫の本心の開帳です。自分が金銀を儲けたいのも人が金銀を儲けたいのも同じ事なので、少しは思いやりもありそうなものですが、我と人とは別々のものだと考えて、自分の勝手さえよければ人はこけても倒れてもかまわない、ここが大事と我が身勝手をいたしますのは、皆我が身を養おうと思うからなのです。

これが大まちがいと申すもので、人と我はおろか万物と我と一体です。この道理がわからないから人と我の隔をなし、巡り巡りて我が身の害になるという事を知らない。ひどいものです。我が身勝手を思い付くと、むさい事も穢い事もうち忘れて、春の日の永いのに一日中雪隠の中でひきがえるの様に目ばかりぱちぱちしていて臭いと思わない。まだある、昼時分になると首筋にくくりつけた弁当を取り出して雪隠の中で弁当を食べます。これが女房や子どもに見せられた姿か。このように言うのは、雪隠の事だけではありません。腹の中にあるむさい穢い店卸しを例えてお話し申しあげているのです。

ある人の道歌に「我が心鏡に映るものならばさこそ姿の醜くかるらめ」というのがあります。

しかしこのような人は日本の地にはいません。だいたい唐や天竺にはあると聞いています。ですから「身に至りて之を養う所以の者を知らず。豈に身を愛すること桐梓にしかざらんや。思わざるの甚だしきなり」と孟子が仰せられましたのも無理はありません。我が身を愛する愛すると思って、かえって損ないます。これについて恐ろしい話があります。ついでに御聞きくださいませ。

これは東国の事ですが、裕福に暮らします百姓がありまして、夫婦の中に娘が一人、そのほかは召使いの下男下女が五、六人。その娘が十三歳になりました。母親が風邪気味で寝込んだと思うと、わずか一カ月ほどで相果てました。跡は爺親と娘。親類や村内から後妻をもらえと勧めますが、その亭主は考えて、後妻を迎えて継子と継母の仲が睦まじくゆかないときは自分も苦労し、娘もまたかわいそうだ。何とかこのままで娘の成人を待とうとしました。しかし、よほど辛抱はしていたけれども何分娘の年端もゆかず、家中の取締りをしてくれる者がないと奉公人も育ちにくいということで、仕方なくあれこれと聞きあわせたところ、幸い近村に適当な人があって、すぐにこの人を迎えとり、家内中の世話をしてもらいました。その後妻はとても親切に娘を養育する。娘もまた母さま母さまと言って慕います。そこで爺親も大いに安堵し、月日を送りますうちに、その後妻が懐妊をして、ほどなく一人の男子を産みました。爺親は喜びの中にもまた気にかかる事も出来て、後妻が産みの子を可愛がって先妻の娘を憎むようになったならばしても難渋な事だと、案じわずらっていましたが、案じるより産むがやすしというように、実子が出来てからもますます継子娘を可愛がる。なかなか分け隔ては感じられません。これで爺親も大いに喜び、親子四人で睦まじく暮らしているうちに娘は十七歳になり、男子は三歳になりました。

ある夜の寝物語に亭主が言うことには、

「お前が来てくれた時はまだ娘は十三。何のわきまえも無かったが、早や十七になったので、今は牛にも馬にも踏まれる気遣いはない。そこで思うのだが、どうぞよい聟を迎えてこの家を譲り、こちら夫婦はその小児をつれて新宅でも構え、心安く世を送ろうと思うが、お前はどう思うかな」と言いました。そこで女房が「それは何よりありがたい事。私も早く隠居して家事の世話から離れたい。どうぞ早く聟をもらいなされ」と機嫌よく承知しました。亭主は大いに安心して、それから一カ月ほどして用事があって泊を伴って他所へ出かけました。

その夜はいつもの通り継母も娘も召使いもそれぞれが夜なべ仕事をして、寝る時分からはいつもの事のように、下男も下女もどこへやらこそこそと出てゆく。母親は小児に添え乳して寝る。娘も部屋へ入って寝る。夜はしんしんとふけわたって、午前四時前と思う頃、継母が寝所からそっと抜け出て、そこらにあるたすきを取って娘の部屋へしのび込み、よく寝入っている娘の首へそのたすきをまきつけ、力にまかせて絞め殺そうとしました。思いがけない事なので娘は驚き、とっさに左右の手をかけて絞めさせまいとする。母親は乗っかかって絞め殺そうとする。行燈は消えて真っ暗、母親も声をたてず、娘も驚いて声も出ず。まるで狼が食いあう様に闇の中で上になり下になりしてつかみ合いましたが、とうとう母親が娘の髪をつかんで裏の方へ引きずって出る。隣の家は遠い田舎の事、たまたまその夜は真の闇。半町ばかり引きずって出て、側にある野中の井戸へ娘を投げ込もうとする。娘が井戸へはまるまいとして母親に取りつくのを踏み倒し、ぐっとつかんで井戸の中へ難なく放り込み、後をも見ずして母親は家に帰り、そこら中を片付け、何気ない顔で小児に添え乳をしてまた寝入ったのは恐ろしい継母のふるまい。

ある知識人の歌に「奥山の杉のむらだちともすればおのが身よりぞ火を出しける」というのがあります。

考えてごらんなさい。四年このかた仲のよかった継子と継母。たちまち手の裏を返すように毒悪な継母の仕方。この恐ろしい心はどこから来たのでしょうか。うろたえるとそれぞれみなさんの腹の中にもこのような鬼が住んでいないとも限りません。ときどきは立ち返って腹の中を吟味しませんと意外と鬼の玉子がへばり付いているかもしれません。油断は一切なりません。この継母が嫁入りしてくる時に先方へ行って、継子娘を憎んで絞め殺そうという考えをして嫁入りして来るものではない。なのにどういう処からこの心が出てきたのでしょうか。四年の辛抱。たった一夜の寝物語に娘に聟を迎えて、家を譲ろうといった亭主の一言でこの恐ろしい心になったのです。なぜなら、亭主の生きている間はたとえ新宅を構えても聟や嫁が大事にもするだろう。しかしもし亭主が死んだら嫁は先妻の子だし、聟は最近入ってきた人である。我が身は後妻のことでもあり、小さい者はあるし、きっと聟や娘に追い回されて悔しい日を送るだろう。かといって聟を取る事は止めましょうと言えば、継子娘を憎むようで、亭主への聞こえも悪い。どうか我が産みの子に後を取らせ、亭主がいなくとも、かまど将軍で威張っていて、思う通りに暮らしたいと悪念が湧き起こって、なんとかして継子娘を人知れず失いたいとこの三十日、夜も昼も寝ても覚めてもその考えが忘れられず、ついに恐ろしい志になって今娘を殺したのでした。

これは全く己が身の贔屓より贔屓の引き倒しというものになって、飛んで火に入る夏の虫、自分の身から火を出したのです。これこそ身を愛するの間違い、可愛いのとんぼがえり。結局亭主の一言を悪く耳に留めたからこのような大騒動となったのです。

鬼貫の発句に「やとわれて鬼になったる祭りかな」というのがあります。

亭主の一言がきっかけで四年の辛抱は水の泡。心にもなく鬼になったる祭りかな。なんと怖いものではありませんか。これみな身贔屓、身勝手からなのです。御用心なさいませ。どうかした拍子に一念化生の鬼女となります。鬼女だからといって、口は耳までさけ、髪を手にからまいて鞭をふり上げ、うろこ形や紋盡しの衣装をきて、足拍子を踏んでいるものではありません。可愛らしい口もとをして、継子や嫁を噛みこなす安達が原の黒塚は、京にも田舎にもときどきあるように思います。はなはだ怖い情けない事でございます。どうぞ心の鬼の出ませんように御吟味なさって下さいませ。

まとめ

今回は、自分ファーストな考え方から抜け出すにはどうすればよいかということで考えてみました。

みなさんからもいろいろと有意義な意見が寄せられました。

「人は誰でも自分ファーストな考え方になるのは仕方がないことだ」「自分の人生を自分が主人公として生きているのだから当然のことだ」という意見も多くありました。

「そもそも抜け出す必要はあるのか」ということさえ思えてきてしまいますよね。

もちろん、これらの意見を否定するつもりは全くありません。

ボランティアだって、本来は自分の余裕を他の人に分け与えるところから始まるのであって、よほどの聖人でないかぎり、自分のすべてを投げ出して人のためにささげなければならないとなったら、長続きしないでしょうし、される方もそのことを知ったらいい気がしないでしょうからね。

ただ、だからといって、人をだましたり陥れたりしてまで自分のためだけを考えて行動するのはどうなのでしょうか。

なんだかきれいごとを言っているように聞こえるかもしれませんが、自分が騙されたり、陥れられたりした立場だったらどう思うのでしょうか。仕方ない、それが生きるということだ、商売とはそういうものだと割り切って腹を立てずにいることができるものなのでしょうか。一日中立てこもられたことを知った八兵衛は笑っていられるでしょうか。

私は自分ファーストではなく、winwinの関係にならねばならないと考えています。

ではどうすればそうなるのでしょうか。

みなさんからもいろいろと提案がありました。

■少しだけ相手の立場に立って考えようとする
■周りの人の言うことを聞く耳を持とうとする
■客観的に自分を見ようとする
■人を褒めてみる
■知足の精神を学ぶ
■自分を大切にすることと自分を優先することは違うことを知る
■一度痛い目に遭う
■「人の振り見て我が振り直せ」のことわざに従おう

などの意見がありました。確かにどれも納得するものばかりです。

一つ言えることは、みなさんがこうしたことを考えたことが大切だということです。そもそも自分ファーストな考え方から抜け出すにはということを考えること自体がすでに抜け出せているのです。そうでなければ、そんなことを考えることすらしませんからね。

人を変えるのはなかなか大変です。でも自分を変えるのは自分の心ひとつで可能なのですから、考えてみる行動が素晴らしいのです。

これまでにあなたが「譲り合いの精神」を感じた時はどんな時か

解説

今回は継母に井戸に投げ込まれたけれど助かった娘の話の続きからです。

ようやく助け出された娘は本当のことを話しません。もちろん犯人は継母であったことは知っています。しかし親に孝行を尽くすのが人の道であると固く信じているので、誰に聞かれても「わかりません」としか言いません。

継母は自分ファーストな考えから邪心を起こし、ついには殺人未遂までやってしまったのです。この状態を鳩翁はまるで心の中に黒竈（毒蛇）がいるようなものだと表現しています。この黒竈（毒蛇）は普段は「理性」に抑えられて心の奥底で眠っているのです。しかしいつ何がきっかけでむっくりと起きてくるかはわかりません。強い心でいつでも抑えておかなければならないのです。この娘の場合は孝行の思いが強い心、金剛不壊の心となったのでしょう。学問をしてこうしなければならないからとかこうしなければ損だからという理由でやるのではない。つまりは「まごころ」だというのです。まごころは漢字で書くと真の心と書きます。何をもって真とするのかというと、「我なしの心」だというのです。

ではどうすれば我なしの心つまりは自分ファーストな考えから抜け出せるのかということになるのですが、これについては前回考えました。

その一つに「譲り合いの精神」を持つというのがあります。

みなさんはどんな時に「譲り合いの精神」を見かけますか。多くの方はバスや電車の座席を譲ったり、トイレで順番を譲ったりするのを見かけるのではないかと思います。

前々回に引き続き、今回も禅語の言葉を一つ紹介します。今回は「赤心片々《せきしんへんぺん》」という言葉です。「赤心」とは赤ちゃんのような純粋な心のこと、「片々」とは隅々にまで行きわたることを言います。つまり赤ちゃんのような純粋な心で満ち溢れていること、見返りなどを求めない気持ちのことを言うのです。

純粋に人のことを思いやる人は見返りを求めているでしょうか。私などはつい見返りを求めている自分に気がつき、どきっとする時があります。

この娘も誰かに褒めてもらいたくて継母のことを言わなかったのでしょうか。

私たちは誰かに感謝されたくて席を譲るのでしょうか。

違うはずです。

でも、いつのまにか「～してやったのに……」という自分を中心にした物の見方・考え方をしてしまってはいないでしょうか。

今回はそんな自分を見つめなおしてみたいと思います。

鳩翁道話　三之下　本文現代語訳

「年を経てうき世の橋を見かえればさてもあやうく渡りつるかな」

何しろ人間は一生の間には火事にも遭い、大地震にも出遭い、雷・大風・洪水・飢饉そのほか思いがけない災難を被る人もあるもので、なかなか最後まで何もなく年をとることができないものです。幸いにそんな目に遭わない御方はありがたいことだと思ってください。五十年三十年と過去を振り返ってみれば、うき世の橋をなんともきわどく渡っていたなぁ、よくぞ命があったものだと思うものなのです。

さて、あの娘は罪なくして継母の手にかかり、井戸の中へ投げこまれたので、とても助かる道はない。しかしここがありがたいものです。悪い事をしないおかげで不思議なことにこの娘は命が助かりました。そのわけは初め井戸へ投げ込まれたとき、幸いなことに逆さまに落ち入りませんでした。足から井戸の底へ落ちとどまり、そのまま浮くと、すぐに井戸側へ手をかけて、水を呑まないように用心し、上がろうともがきましたが、なかなか上ることができず、声を限りに「助けて」と叫びました。たまたま夜明け前に隣家の人が早く起き出て、田を見まわりに出かけた所、どこからか女の声がする。不思議に思って、声のする方を探しますと、井戸の底からです。さては井戸はまりと心得、苦労しつつ引き上げてみると、顔見知りである隣の家の娘。どうしてここにと問う間もなく、その娘は引き上げられるとそのまま気絶いたしました。

それから大騒ぎになり、近所へ知らせ、家へも知らせました。継母はびっくりしたが、息が絶えていると聞いて、少しは落ち着き、何くわぬ顔で、「夜前から見えず、亭主は留守ですので、忍び男の方へでも参ったのかと心配していましたが、これは思いもよらぬ事になりました」と、人前で作って泣き泣き言えば、近所の人も気の毒がり、家へ死骸を担ぎ込み、医者よ、鍼立てよとたち騒ぎ、親類も追々寄って来る、亭主の方へも飛脚を立てる。気つけ薬を飲ませるなど色々して、身体を温めますと、あの娘が息を吹き返しました。さては人心地が付いたかと、みなみな寄って介抱をするうち、だんだん気が確かになりましたので、親類や隣家の人が喜びました。台所で継母は茶の用意をしながら、蘇生したと聞いて胸を冷やし、もう駆けだそうか、井戸へ飛びこもうか。どうしたらよかろうと、胸は早鐘を撞くようになる。悪の報いは早いものです。

ある人のうたに「世の中をめぐり車のわが上に積み重ねたるはての苦しさ」とありますように、また「天網恢々疎にして洩らさず」というように天の網は至極緩やかなようですが、なかなか漏らすものではありません。因果は歴然としているので用心をしなければなりません。

さて親類中はその娘を中に取りまき、「どういう訳で井戸の中へ落ちいったのだ」と口々に問うと、娘はため息をついて、「昨夜はいつも通り夜なべをしてそのうち寝入りましたが、何かしらず、怖い夢を見まして、これはと思って目が覚めたところ井戸の中へ落ちておりました。それから助けてくださいと言った事は覚えていますが、またそのあとはどうなったのか覚えていません」と言うと、親類中が「その怖い夢はどのような夢であったのか。その訳を言え」と言う。しかし娘は「ただ怖い夢でございました」とばかり。継母とどうしたと少しも言わず、ただ怖い夢だとのみ言っておりました。そこで親類中もわけがわからず、「おおかた狐狸のしわざだろう。とにかく怪我はなくてよかった」と言って家々に帰りました。母親も娘が訳を言わないのを幸いとして、「どんな夢を見たのですか。きっと怖かったであろう」と、これも表向きの口上ばかり。そのうちに爺親も戻りまして、これも訳が知れないので狐狸のしわざということにして何事なくこの一件が収まりましたが、ただ継母は明けても暮れても底ぎみ悪く覚えます。しかし娘は敢えて顔色にも出しません。なんと孝心な娘ではございませんか。

古歌に「深山木のその梢とは見えざりし桜は花に現れにけり」というのがありますが、人の心は恥ずかしいものです。事のないときは善も悪も同じように見えますが、いざ何かあるとそれぞれの平生の志が所作の上に現れて、芥子ほども隠せません。この娘もこの一件がなかったら、ただそこら辺の田舎娘。継母の毒悪にかかったから、日頃の孝行の志が自然と現れまして、苦しいけれども親の名を出しませんのは「深山木のその梢とは見えざりし桜は花に現れにけり」ということで、なんと健気な志ではありませんか。また日頃の志がよくない方へ志すものは、これまた事の上に現れる。釈迦の遺教経にも黒竃といっていますのは毒蛇のことです。これはそれぞれの腹の中の例えです。この毒蛇はいつもは寝ているのですが、何か事があると頭をあげて騒ぎ出します。犬は仲よく遊んでいるときに肴の頭を一つ投げてやると、俄かに牙をむいていがみ合います。この継母も丁度これと同じ事で、娘に聟を取るという一言に黒竈が頭をあげてこの騒ぎを引き出しました。これは日頃気質を隠しておりますけれども、事にあたって毒蛇が跳ね回るのでございます。ですからお互いに普段から腹の中を綺麗に掃除して、もし黒竈がいたら早く退治して御仕舞いなさい。そうしないと時々頭を出します。遊所・生洲・芝居・浄瑠璃・鼈甲の櫛笄・緋がのこのわげくくり・茶わん茶均・花見遊山、何で頭を出すかもしれない怖い毒蛇なのです。

さてあの娘はこれほどの苦しい目に遭っても、少しも表に出しません。継母はそもそもこれが知れては身の上の一大事。だからおくびにも出さず、爺親は何にも知らず、親類は訳が分からず、どうしても知れるはずがありませんが、怖いものです、「隠れたるより露わるるなし」というわけで、誰が言うともなく村中でうすうすと評判が立ち、あの娘が井戸へはまったのは継母のしわざだと、ここでは言い、かしこでは言う。これがついに番人の耳に入り、次第に御役人様の御聞きに入って、継母がすぐに逮捕されました。

壬生忠見の歌に「恋すてふ我名はまだきたちにけり人しれずこそ思ひそめしか」というのがありますが、「人しれずこそ」とは自分独りだけが知る所で、腹の中の事です。いまだ色にも出さず詞にもなお言わないけれども、はや世間の人が我が名を言い立てると詠んだ恋歌でございます。なるほど怖いものです。いくら人の知らぬ腹の中の事でも隠れていられるものではない。たとえば肝の臓に病があると目が悪くなる。腎の臓に病があると耳が遠くなる。腹の中の病が顔へはっきりと出ます。これだから隠せません。これについて面白い話がございます。

ある家に田舎出身の丁稚がございました。九年甫を親類へ持ってゆけと言い付けられて有馬篭を提げて門を出ましたが、道々の思案に、「九ねんぼというものは田舎ではきかぬ名だ。どのようなものかな」と蓋を取ってのぞいて見れば、まったく見た事も無いうまそうな物。数を数えてみれば九つある。「さてはこれで九ねんぼというのだな」と早合点して、一つ取って袂へ隠し、残りを持って先方へ行き、使いの口上を述べて「この八ねんぼを御目にかけます」と申しましたので、取次の女中がびっくりして、「何をいう。これは九ねんぼでしょう」と言う。丁稚もさてはバレたと、袂から一つ取り出し、「実は一ねんぼを隠しました」と赤い顔をされた。これは誰も調べたのではありませんが、バレる道理がある。これだからめったなことでは物は隠せないのです。

さてその継母が御調べに合いまして、すっかり白状いたしました。全く我が産みの子に家を継がせようという心から先妻の娘を絞め殺そうとした始末、井戸へうち込んだ事など残らず取り調べに対して一々申しました。

そこでさっそくあの娘を御呼び出し、その始末を御尋ねになりましたが、娘は何も申しませず、ただ「その夜は怖い夢を見ましたと思っただけで、井戸へ入ったのも井戸から上ったのもすべて覚えていません」と言う。御役人様方が、「それではすまぬ。まさしく継母が絞め殺そうといたし、また井戸へ投げこんだのではないか」とお尋ねなさる。「いいえ、そのような事は決してございません。母は常に私を可愛がってくれまして、とてもそのような恐ろしい事ができそうな事ではございません」と言う。そこで御役人様がおっしゃるには、「継母がすでに白状に及んだので今さら隠しても仕方ない事。本当のことを申せ」と脅したりなだめたりしていろいろとお尋ねなさる。しかし一向に存じませんとばかり。「きっとそれはあなた方が怖い顔をしているので、恐れて母がそのように申したのでしょう。一切私は知りません」と言う。何度お尋ねなされても「ただ夢です」とばかり言っている。

本当は娘の言うことは偽りに相違ないけれども、子は父の為に隠すという真実の孝心。親を思う誠から偽って言うことなのですから、御役人様方も何ともしようがない。たとえ水火の責めをもってお尋ねなさっても、また千万石の大金でその心をお引きなさっても、がんとして動かない孝行の心は実に珍しくありがたいものです。これを仏法では金剛不壊の心と申します。思案や分別では、問われても言うまいなどと決めた心も、責苦に驚き、金銀に目がくらむと必ず動くものです。しかし親を思う誠の心は考えでもなく、知恵でもなく、自然と生まれ付いた仁義礼智の心です。これぱかりは動かすことはできません。そこでついに御評定が決着して、これほどの大騒ぎでも罪が軽くて済みました。まず継母はお叱りの上、所払いになりました。また娘はこれもお叱りにて「普段ぼんやりとしているから、このような騒ぎにもなる。これからは十分に心得よ」と、お叱りにて済みました。

ここが御上の御仁政のありがたい所です。この娘は世に類いまれな孝子ですので本来なら御褒美をやりたいところですが、この娘が孝行者になると、母親の罪を重くしなければならない、それで御褒美に替えて、娘をお叱りなさったのです。実にありがたいことです。このとき御立合いの御役人様方が娘をお叱りの際、御落涙なされぬ者はなかったと、とある御歴々様からお聞きしました。なんとありがたく恐ろしい話ではございませんか。これでしっかりと御理解なさいませ。

身贔屓、身勝手というものは我が身のためによい事だと皆思っておりますが、かりそめにも身贔屓、身勝手をしてなりません。この一件を見ても、身贔屓、身勝手はまったく役に立たないものです。なぜなら、この継母が娘を殺そうとする行為は皆我が身の勝手を思い、我が身の贔屓をして実子に後を継がせ、継子を殺してかまど将軍になって、我儘をしようという身贔屓や身勝手でしたが、その通りうまくはゆかないものです。それどころかかえってこの身勝手から我が産みの子に添う事もできず、奪おうと思った家にも住めないようになり、村払いになってたちまち天竺浪人となりました。

こんな不了簡な女が親里へ戻ったところで親たちが「よく戻った」と言えるわけがない。世間への外聞または聟の手前、敷居すらも踏ませは致しますまい。また一家親類とて継子を殺そうとした女をかくまう事は出来ません。親類や親子と義絶するのはしれた事です。たった一つの了簡違い。我が身の贔屓勝手からたちまち広い世界も狭くなり、天に身をかがめ地にぬき足をして、五尺の身体の置き所がないようになりました。

ある人の道歌に「世の中を四尺五寸となしにけり五尺のからだ置所なし」というのがそれです。

なんとこれが身の贔屓した結果なのです。身の勝手です。つまりは贔屓の引き倒しというものです。皆これ身を亡ぼすゆえんのものです。

また娘は身贔屓、身勝手を少しも致しません。その証拠は絞め殺されても、井戸へ打ちこまれても、少しも継母を恨まず、とにかく継母の難儀にならないようにと年端もゆかないのに「夢です」という一言。取りつきようのない言葉です。これが思案から出たのでもなく、また学問して勘弁の上で言ったのでもない。ただ親を大事と思うばかりで、我が身のことは少しもかまわない。これが本当の我なしと申すものです。

この我なしというものはありがたいもので、身の勝手をしませんから、かえって身の勝手になります。願わずして家の相続が出来、御上より世間にも孝行な者だと誉められ、する事なす事勝手のよい事ばかりになる。真実の身贔屓、身勝手をなされたければ、我なしに御なりなさいませ。我なしといって体が消えて仕舞うのではない。おれがという心がなくなるのでございます。

ただこの我なしにはなかなかなりにくい事で、皆御幼少の頃から出家をしたり、学問をなさったり、孳々として御勤めなされるのは、この我なしになりたい一心からなのです。

幸いに先師石田先生、手嶋先生は相続いてこの我なしになる仕様を御伝授くださいました。もっともこのように言うと何やら箱伝授のようにも聞こえ、また石田・手嶋の両先生が御作為なさった道のように聞こえますが、全くそうではありません。ひとえに尭舜の道に遡って、少しも私の分別を交えず、聖賢の教えをやわらげ、人は無我が生まれつきだということをお示しくださったから、我々どものような文盲なものでもいささか道の傍らをわきまえ、その無我が生まれ付きだということを会得してみれば、おれがおれがという事はさすがに恥ずかしくて頭も出せません。

どうぞこの我なしになる道に御進みください。この我なしにならないと、我が身を愛すると思っていても、身を害し、家を亡ぼします。そこで孟子も「豈に身を愛すること桐梓にしかざらんや。思わざるの甚だしきなり」と御叱りなされたのです。

この続きはなお明晩お話し申しましょう。

まとめ

人間、譲られて嫌な気持ちになることは少ないように思います。なぜなら、譲るという行為は「善意」がベースになっているからなのではないでしょうか。善意のない譲り合いは悪意か偽善のどちらかなのでしょう。私たちは譲られてはじめて人に譲ることの思いを知ることができるのだということが、そして内容の大小はあれど、みんなその尊さを知っていることがみなさんのレポートからひしひしと伝わってきました。

「鶴の恩返し、人の恩送り」ということばを聞いたことがあるでしょうか。

「鶴の恩返し」は有名な民話ですからほとんどの人が知っていることだろうと思います。ただ、鶴は助けてくれたその人にのみ恩返しをします。しかし、人はそうではないのです。

人は受けた恩はその人にだけでなく、次の世代に返すことができるからなのです。

学校の先生がそのいい例です。子どものころ、そのまた先生にいろいろと教えていただき大きくなっていきますが、学んだことの恩は教えてくれた先生本人にではなく、次の世代の子どもたちにその学びを伝えることで恩を返しているといえるのです。

譲り合う気持ちも同じではないでしょうか。

電車やスーパーのレジで譲られた人は、譲ってくれた人はもちろん、他の人にも譲ろうという気持ちになっています。そしてその思いは広がっていくのでしょう。

この譲り合いの精神は自分ファーストな考え方の人にはできないでしょう。

鳩翁の言う「おれがおれが」という人にはできないことなのです。

人に感謝し、節度をもって接することができないと理解すらできないことでしょう。

今回意見を書いていただいたみなさんもなんらかの体験をして理解していただいていました。

つまり人に感謝し、節度をもって接することができる人であることの証明がなされたと私は思いました。

鳩翁がそれを聞けばきっと「よしよし」とほめてくれることでしょう。

「自分が変われば相手も変わる」という考え方をあなたはどう思うか

解説

今回は天の明命とは何かということから始まります。天の明命とはだれもが持っている素直な心のことであり、その明命を顧みるとは、自分の心に無理をさせていないか、言い換えれば身贔屓や身勝手はしていないかと自分で自分に問いかけることをいうと説明されています。

でも誰にでも油断はあります。油断はまるで霧雨のようなもので、霧雨の中にいると気づかないうちに濡れてしまっているように、油断は気づかないうちに心が緩み、自己中心的な考えに陥ってしまうことを言います。

そうなると、自分は正しい、自分は間違っていないという思いになり、話に出てくる寝小便小僧のように、自分が二階から落ちて下の馬小屋に行ったのに、馬が二階に上がってきたと大騒ぎすることになります。

自分は間違いないという思い込みは、誰が見てもおかしいものでもそれに気が付きません。

ある談義僧は駕籠の底が抜けたためではありますが、縄で駕籠を縛って乗りました。当時駕籠を縄で縛るのは死人を運ぶ時や罪人を輸送するとき、または精神に異常をきたして暴れるのを防ぐための方法でした。ですから間違われても当然なのですが、間違われて腹を立てています。自分が間違っているのに、人がわかってくれないと腹を立てるのは筋違いですが、自分中心だとそのことに気が付かないのです。

次に、人間として我慢や辛抱をするためには、強い信念や覚悟が必要だと鳩翁は力説しています。その一例として、嫁入りした娘の話がありました。昔、女性は「女三界に家無し」ということわざがあったように、どんなことがあっても我慢するようにと躾られて嫁入りをしたそうです。この娘は育ての親に感謝の念と自分の覚悟一つでどんな家でもやっていけるので、何があっても戻らないという強い決意を手紙に書いたというのです。

そしてこのような覚悟がないと務まらないというわけで、いいかげんな気持ちで結婚話を受ける娘の話と比較させて覚悟の大切さを強調していました。

さらに鳩翁はその強い覚悟はどういうところから出てくるのかということについて難しい家の養子の話を出し、自分を変えていくことの必要性を述べました。

自分を変えるためには二つのポイントがあります。

一つは考え方です。自分を変えるのですから当然自分が折れる。つまり相手のためにしてやっているという考え方ではなくて、自分がさせてもらっているという考え方になることです。

もう一つは行動です。いくら頭の中で考え方を変えても行動に表さなければ意味はありません。意識と行動の両面から変わってはじめて自分を変えることができるのではないでしょうか。

こんな言葉があります。

自分が変われば相手も変わる
心が変われば態度も変わる
態度が変われば行動も変わる
行動が変われば習慣も変わる
習慣が変われば人格が変わる
人格が変われば運命が変わる
運命が変われば人生が変わる

この考え方を積極的と取るか、消極的と取るかは人によって違うでしょう。

しかし何かを変えるには「まず隗から始めよ」というわけで、自分から変革していけばいいのではないかと思いますし、現代の道徳にも「寛容の心をもって謙虚に」と書かれています。

今日はこのことについて考えていきましょう。

続鳩翁道話　一之上　本文現代語訳

「太甲に曰く、この天の明命を顧る」というのは、『大学』の伝にして、『書経』太甲の篇を引いて、明徳を明らかにするための仕様をお示しなされたものです。

まずこの天の明命というのは、お互いに持ち合わせた本心の事です。この本心は手前勝手にこしらえたものではなく、天から受け得ましたもので、仁義礼智信の徳をそなえ、親に向かえば孝、主人に向かえば忠、兄弟仲よく、夫婦はむつまじく、朋友には真実の交わり、何ひとつ不自由な事なく、物に応じて自在なので、明徳とも言います。つまり本心の尊号でございます。

例えば人に仁義があるのは天に日月があるようなものです。もし天にお日さまやお月さまがなかったら、世界は暗闇、人もこれと同じ事で、仁義の良心を失ったら、親子夫婦のわきまえもなく、主従の区別もわからず、家内全員がその日暮らし、なんとつまらないではありませんか。だからこそ「明命を顧る」と言って、常に本心に目をつけて、無理はしていないか、無理は言っていないか、身欲のために目がくらんでいないかと、吟味することを顧みるというのです。

古歌に「雨ならば宿も借るべき夕暮れに霧ぞいたく袖ぬらしける」というのがあります。この歌の意は、はじめから雨と知っていたら宿を借りて、濡れないよう用心をするけれど、夕霧なので目にも見えず、これぐらいの事はと許す心で油断しているうちに衣類を濡らしてしまったという後悔を詠んだ歌です。誰も悪いとわかって悪い事をする人はないけれども、明徳が暗いゆえ、いつのまにか身贔屓、身勝手に流れて、果ては申しわけも立たない大事になってしまう。ただ恐ろしいものは身贔屓、身勝手なのです。

昨年越前の国へ行きましたとき、ある人から聞いた物語です。近くに平泉寺村という所があり、その村に裕福に暮らす百姓があって、多くの召使いの中に十五、六歳になる小者がいました。尾籠な事ですが、その小者は冷え症で、毎夜寝小便をし、夜具も畳も濡れてしまうので主人は大変困り、いろいろ療治しても効果なく、万策尽きたところで、一つの方法を考え出しました。それは、家の内に馬部屋があって、馬を二匹飼っていましたが、その馬部屋の二階は、丸竹を編んで簀子にしてあります。そこでこの小者をこの簀子の上に寝させました。これは一挙両得の計でした。そのわけは越前で農家に飼い置く馬は、雑役といってみんな牝馬です。秋になるとその馬に稲をつけたり、肥やしをつけたりしますが、それ以外はただ馬部屋に繋ぎ置いて、肥やしを踏ませるのです。あの小便たれの小者を簀子の上に寝させると、やはり夜中に度々寝小便をする。すると簀子の間から小用は滝のように流れて、少しも問題はありません。それどこか馬の小便と人の小便と合わせて丁度よい肥やしになるのです。

ただ気の毒なのは馬です。夜中によく寝入ったところへ折々の大夕立、馬だから小言を言わないからよかったのです。ところがその竹簀子はいつの時代にこしらえたものやら、竹はことごとく虫が入っており、そこへ夜毎に小用で腐らしたものだから、次第に腐り、ある夜その簀子が抜けました。小者は、昼の仕事にくたびれて、二階から落ちたこともしりません。迷惑なのは二匹の馬です。何心なく並んで寝ている真中へ、思いがけず人が落ちてきたものだから、馬は驚き、右左へ立ち退きましたが、小者は何も知らず、ただグウグウと寝ている。馬部屋の中には、藁を多く敷いてある上、馬の小便でよい具合に湿りがあるので、布団の上へ落ちたのと同じでです。ですから目が覚めません。奇特なのは馬です。腹も立てず、また踏みもせず、後ろ足で、馬部屋の板をどんどんと蹴って家内の人を起こし、よく寝ている小者の顔のあたりにフウフウと鼻嵐吹いてその小者を起こしました。

小者はふと目を覚ましました。燈火はなくて真暗がり、しかもしきりに馬が自分の顔に息を吹くので、肝をつぶして大声をあげ、「もし旦那様、馬が二階に上がりました」と、わめいたという事です。

なんと身贔屓、身勝手のすさまじいものではありませんか。自分が二階から落ちたことは、棚へ上げて、馬が二階へ上がったとは、よくもうろたえたものです。しかしながらこのような事は得てある事です。おのれが本心の曇りは、夢にも知らず、ただ人が悪い、これがすまないと、我が身を顧みず、やたらと大声をあげてわめく人は、この小用たれの仲間内です。

ある人の道歌に、「あざみぐさその身の針を知らずして花と思いし今日の今まで」というのがあります。お互いに立ち返って、腹の内を吟味しないと、おれがよい、おれが賢いで、一生を無駄にしてしまいます。だから明徳を明らかにするのが一番であって、とかく本心をくらまさない用心をしなければ、私心私欲、身贔屓、身勝手がこげついて、この世から火宅の苦しみを味わい、聟をいじり、嫁を憎み、また夫を恨み、姑をそしるような大間違いが出来て、後には相手になる人もないようになってしまうのです。

たとえば糞汲む杓の柄の抜けたようなもので、触れば汚れる、かといってそのままにしておけば臭く、なんとも仕方のない廃れものになります。よく考えてごらんなさい。長い物は長く見える、短いものは短く見える。お互いに長短を見違えはいたしません。それだから人が我を悪く言うのは、必ず見違えのない事だと心得て、我が身を顧みるのが近道なのです。これで思い出した話があります。

ある山の田舎家から、京の町へ談義僧を招待することになりました。ちょうどその日は雨が降って、道も悪かったので駕籠を用意して迎えに来ました。和尚もすぐに用意して、駕篭に乗り、京を離れて、三、四里ばかりと思った所で、どうした事か、駕籠の底が抜けました。気の毒に和尚は袈裟も衣も泥まみれになりました。迎えの人足も気の毒がり、そこらを駆け回って縄ぎれを多く拾い集めて駕篭をくくりつけ、和尚に「再び御乗りください」と言いました。和尚は気味が悪いけれど、雨は強いし、袈裟衣は汚れる、昼中に歩くのも外聞が悪いので、不承不承に駕籠に乗り、「これ駕籠の衆、もう底は抜けはすまいか」と言いました。「いえいえご心配はございません」と言うので乗り移ると、かき上げた拍子に、また底がメキメキという。和尚は大いに肝を潰し、「これではなかなか安心ができません。御苦労ですが合羽の上から今一度、丈夫に縄をかけてください」と言いました。人足ももっともだと思い、また縄ぎれを拾い集め、合羽の上から堅横十文字にかけて、これで過ちはないだろうと道を急ぐうち、ある村を通りかかりました。

たまたまこの村で法談があったとみえて、参詣の老若の者が道場の帰りがけにこの駕籠を見付け、肩衣をかけた親仁が、傍らの乳母や女房に言うには、「なんとみなさん、今日の御勧化はありがたい事ではございませんか。このように無常迅速の世の中、生者必滅、会者定離のことわり、いつ何どき如来様のお迎いがあろうやらしれないのが人の身の上です。あの駕籠をごらんなさい。どうやら京へ奉公に往った人が死んだと見えて、死骸を在所へ連れて帰るものと見える。さてもはかないものではございませんか」という声を、駕籠に乗った和尚が聞きつけ、「さては私を死人と心得たのか、いまいましい」と思い、わざと駕籠の中でエヘンと咳ばらいすると、その老人はこの咳ばらいに驚き、急に側へ飛びのき、小声になって、「死人かと思ったら、どうやら科人のようだ、めったに側へ寄るまいぞ」と言う。和尚はいよいよ腹を立て、ついにたまりかねて駕籠の中で地団駄を踏み、大声あげて、「科人ではない」と言いました。老人はその声にまたびっくりして、「さては罪人ではなくて、どうやら気違いだったか」と言いました。これが面白い話です。何しろ駕籠を外から縄がらみにしたものだから、誰が見ても死人です。それなのに中から物を言えば科人と思うのも当然で、また気違いだというのも外からこじつけていうのではない。皆この方にその姿、その模様があるからなのです。これでよくご理解ください。良いものを悪いとは人は言わないものですから、何事も顧みるのが肝心なのです。

ある人の道歌に、「世の中はなにもいわずにいよすだれそのよしあしは人に見えすく」というのがあります。はじめに覚悟すれば、なりにくい辛抱もなるものです。だからこそ『中庸』に「言前に定まる時はつまづかず、事前に定まる時はくるしまず」と書いてあって、とかく最初の覚悟が大切です。

たとえば人の身に火をのせておくのはがまんがならない事ですが、灸治療とわかれば小児でも辛抱する。これがはじめの覚悟です。

我が友何某の娘、年十七歳、性格がおとなしく育ちましたが、今年の秋にとある方へ嫁に行くことになり、婚姻も調い、里帰りも済んで、夫の家に帰ったあと、父親が何げなく自分が常に持っている煙草入れの中を見ると、小さい紙にこまごまと書きたものがある。不思議に思い、取り上げて見ると、娘の字で、夫の家に帰るときに書き置いた手紙でした。その文には、「御礼を申し上げたいことはいっぱいあり、下手な手紙を差し上げます。これまで本当に長い間、御養育いただいた恩は舟車にも積みがたいほど多く、その上いろいろと御心配をかけました事、ありがたく思っております。とはいっても過去には戻れませんので、これからは両親からいただいたこの身を何とぞ傷つけないように大切にいたしたく思います。まことにいついつまでも、おそばに居たいと思う気持ちは限りない事ですけれども、女子の道ですので、教えを守りたいと思います。もとより私は、結婚した以上、生まれた子として自分の家へ帰りますので、少しも行きたくないとは思わず、勇んで参りますので、私の事は何事もお案じくださらないよう願います。お体を御大事にご自愛くださいますよう、お祈り申し上げます。このように申し上げましたら、少しは御心も休まるだろうと思うと、うれしく思います。このような事を申して、さぞ御笑い草と、恥ずかしく思いますが、何とぞご心配くださらないようにいたしたくと考えた末のことと、何事も御許しください。なおこれからもよろしくと申し上げたくて、いろいろと申しました。めでたくかしこ。菊月今日　御父母さま御もとへ。かえすがえす御兄様、御姉様方もいついつまでも御変わりなく、御世話様になりました、くれぐれも御願い申し上げます。めでたくかしこ」と書いてあったそうです。このあとのことは知りませんが、まずこの文からすると、よく女の道を思い定めた様子です。きっとこの覚悟ならば、舅姑にもよくつかえ、生涯夫の家を守って、どのような辛抱もできそうに見えます。悪くすると、親の慈悲があまって、拵えをして嫁入りをさせはしたものの、先方の様子を見て辛抱がしにくいなら、何どきでも戻っておいでと、甘い口上に覚悟を決めて嫁入りする娘御は、なんと頼りないものではないですか。これはすべて明徳が暗いからなのです。あちらへは嫁入りし、こちらへは嫁入りし、あれにしようか、これにしようかと、舅姑を選り嫌いし、また亭主をより取りにしあるき、離縁状を普通の手紙をもらうように思い、杖をつく年齢まで嫁入先を求めて一生を終わるのは、恥ずかしい事ではありませんか。自分さえ堪忍すればどのような家であっても尻がすわるのにと思うからです。

ある人の歌に、「雨に伏し風になびけるなよ竹は世々に久しきためしならずや」というのがあります。

これは堪忍のすがたを詠んだ歌です。なるほどよく考えてみますと、わずかに五寸まわり、尺廻りの竹が、五間七間と立ち延びて、しかも末では枝葉が繁り、その上に雪を持ち、あるいは雨に打たれ、または風に吹かれて倒れてしまわないのは、天理自然の妙用、草木情なしといえども、倒れない用心はちゃんとしてあります。

先年洛中大地震のとき、多くは竹薮へ逃げ込みました。これは竹は根がらみが強いから、大地もめったに割れはすまいとの考えからで、もっともな事です。この根がらみの強いのが、竹の倒れない理由です。これだから、人も専ら本に力をいれなければならないのです。

では本とはなんでしょう、そう本心の事です。専ら力を入れるとは、時々刻々に本心を失っていないかと、顧みることです。万行一心、これより大きな本はない。

農業する人の話によると、瓜を作るのに際して、風が吹く年は小蔓が多く張るとの事、また唐黍を作るに際しては、風のある年は自然と土際より上に多くの根が張るという、これは皆風に遭っても倒れないための用心、いざというとき、大地をつかんで辛抱する身がまえといっても過言ではない。植物でさえこれなのに人は万物の霊長として、僅かな辛抱が出来かねて、身の倒れるのをも厭わないというのは、なんとも面目次第もないことです。この辛抱で思い出した、おかしい話があります。

とある所に十六、七歳の娘を持つ人がいましたが、背丈も伸びたので親たちも心がせいていました。自分の娘にあちこちから縁談が来ました。ある時母が、娘を呼んで言うことに、「方々から嫁にもらいに来るけれども、これぞと思う縁もなかったが、先日二軒から言って来た縁談は相談してもよかろうと思う。一軒は金持ちだけど、聟殿が不細工です。また一軒の婿殿は品もよく、良い人柄だけれども、貧乏だということです。それでも二軒とも、聟殿の気性は真面目だという事だから、何よりありがたい。この上はどちらへでも、御前の気に入った方へ嫁入りさせようと思う。どちらか返事をしなさい、ははあ、恥ずかしいのか。それならよい事がある。金持ちの方へゆきたいのなら右の肩を脱ぎなさい、顔のよい聟殿の方へ行きたいのなら左の肩を脱いで見せなさい。その間、私はこちらを向いているからね」と、母御が後ろを向いていると、娘は心得て、肩を脱いだ様子。そこで母親が「もうよいか、どれどれ」と振りかえってみれば、娘は両肩をすっぽりと脱いでいたという。

なんと面白い話ではございませんか。この娘が左右の肩を一度に脱いだのは、昼は金持ちの所へゆき、夜はよい聟の方へゆくつもりと見えます。さても油断のならない娘御です。このような覚悟を持って嫁入りしたら、なかなか辛抱が出来るものではない。しかしこのような娘御は、日本にはありません。これはみな天竺（インド）の事です。だから五百羅漢像も皆肩を脱いでいると、ある物知りが言われた。どなたもよくお聞きなさいませ。

古歌に、「春の夜の闇はあやなし梅の花色こそ見えね香や隠るる」というのがありますが、こわいものです。隠しても隠せないもので、心の曇りが時としては見えます。だからこそこの「天の明命を顧みる」というわけで、気をつけて心の掃除をしなければなりません。

さてこの掃除を、うまくした人がある。ついでにお話し申しましょう。上京辺りに、呉服一般の販売を商売にしている老人夫婦がございました。ただ、家を継ぐ男女の子もなく、その身は次第に年は寄る、親類縁者からあれこれ養子をもらったが、どうした事かみんな長続きせず、ある者は三十日、ある者は五十日、または七十日、長いので百日ぐらい、およそ養子が二十人ほどきたが、一人として辛抱をする者はない。なんと難儀なものではないですか。このような偏屈親父や鉄槌婆様が異国にはあるものです。

六十や七十になる者が、二十歳の者が言う通りにしないといって小言ばかり言って日を送っていると一生養子は育ちません。それぞれ自分の若いときを顧みて、思いやりがないと人の子は育たないものです。一生金の番をして、末期の水の一杯も汲んでくれる者もないような身の上になり行くのは、菰かぶりではなく蒲団かぶりの乞食をするようなものだと町内で噂されていました。

ところが蓼食う虫も好き好きとやらで、ある所の息子殿がこの噂を聞いて、その家へ養子にゆきたいと思い付いた。例えの節に、「小糠三合持ったら養子にゆくな」と世間では言いますが、人の家を継ぐというのは格別の大功です。なぜなら絶えた家を継ぎ、廃れた家を建て直すのは聖人の教えであって、即ち天地生々の道理だからです。この息子殿もここに目をつけたのか、それとも辛抱のしにくい家と聞いて、自分なら辛抱して名を隣町に知られようと思ったからか、何にしろありがたい志です。

さて縁を求めて申し入れたところが、早速に事が調い、引き移って五七日経ってみれば、なるほど今まで辛抱の仕手がない筈です、なかなか難しい両親の気質。どうかこうかと思い煩ううちに二、三カ月も経ちましたが、どうも我慢ができなくなった。爺親が偏屈をやめるか、婆様がしゃべり止むかしないと、もう一日も辛抱がならない。今日は仲人の所へ往こうか、明日は親里へ往って相談しようかと、煙草盆を引きよせて煙管相手に思案の最中、たまたま爺親が新しい障子を買い求めたので大工殿を頼み、建て合わせをしてもらっている。大工殿がこてこてと建て合わせをしているのを見れば、障子の上を削っては鴨居にはめてみ、下を削っては敷居へはめてみして、ついに障子の上下を削り削りて、さらに障子を弓のようにたわめて柱のゆがみに合わせ、こっとりと敷居鴨居にはめ、引いてみれば自由になるようにこしらえた。

息子殿は、この仕事を見るとも見ないとも思わず、ただうっとりとながめていたが、思わず持った煙管を取りおとし、横手をポンと打って大いに驚かれたが、それ以降考えが変わって、辛抱がしやすくなり、とうとうこの家を相続して、懇ろに両親を介抱し、末期を見とどけ、家名相続をしたという事です。

これがありがたい目のつけ所です。という

のは敷居や鴨居は初めから家についてある道具であり、障子は外から新たに入ってくる道具です。具合よくはまらないのは初めよりわかっています。ですが障子がはまらないといって、家の鴨居を削り、敷居を削って、障子をはめる大工殿はない。はまらないときには、新しく入れ込む障子の上下を削って、敷居鴨居に合わせてはめる。人の家を相続するのも、またこれと同じ事で、二親は家の敷居や鴨居、養子は外から入り込む障子です。爺親の偏屈をやめるか、母親のしゃべりが止まないと相続が出来ないというのは、敷居や鴨居を削って、障子をそのまま建て合わそうとする無分別と同じです。そんな大工殿は一人もない。はまらないときには障子の養子息子のおれがおれがという無分別を削って、家の両親の敷居鴨居に合わさなければ工合よくはまるものではないと、はじめてこの息子殿が気がついたと見えました。

ここが大事なところです。これは全く養子ばかりの事ではない。嫁御でも、聟様でも、奉公人衆でも、この話の意味をよく飲み込み、親に向かい、主人に向かい、夫に向かえば必ず当然の道理を得て、今までのつらい、悲しい、いまいましいというのが立ちどころに融け去って、大安楽を得ること疑いありません。

これが明徳の明らかな験なのです。

まとめ

「自分が変われば相手も変わる」ということばについて考えてみましょう。これは実際に社会ではよくあることで、一種の処世術として用いられることが多いようです。

嫌だな、苦手だなと思ってこれまで接していたけれど、態度を改めて接してみると相手もきちんと接してくれてこれまでの偏見がなくなったとか、夫婦でよくケンカしていたけれど、自分から折れたら喧嘩しなくなったとかという話をよく聞きます。

一方、自分が変わらねばと思って変わってみたけれど、相手がつけあがって、より一層嫌になったということもありそうです。

そんなこともあるでしょう。でも、ここで大切なことは、何のために自分が変わるのか、ということです。

相手を変えるために自分を変えるというのでは、見返りを求めて行動することと同じです。こんなにも自分は変わってやったのに、ちゃんとしてやっているのに、相手はちっとも変わらない。それどころかよけいに図に乗ってひどくなったじゃないか。これでは自分が変わっても何の得にもならないではないかと思うことは、自分の方から変わってやったら、相手はその見返りとして変わってくれると期待していることにほかならないのです。

たしかに、たいていの人は誠意が通じればわかってくれます。

しかし、中には通じない人がいるのもこれまた事実です。

自分に対して敵意をむき出しにしている人、優越感に浸りたくてたまらない人、いろいろな人がいます。

もちろん、降りかかる火の粉は払わねばなりません。しかし火の粉が届かない位置に移動すればあとは勝手にやらせておけばいいと思っています。

すべてがすべて相手が変わるなんてことはまずありえません。期待する方が間違っています。ただ、その相手に付き合って嫌な自分になる必要はないので、さっさと抜けてしまえばいいのではないかと思っています。

自分を変えることは「負け」を意味するのではありません。視点を変える、次元を超えることを表しています。鳩翁のことばを借りれば「おれがおれが」という考え方から脱却することなのでしょう。自分が何のために変わろうとするのか、その目的を見失ってはいけないのでしょう。

そんな中でおもしろい発想の意見がありました。

自分が変われば、付き合う相手の種類も変わるという考え方です。

ちょうどフォークダンスで次々と相手が変わっていくイメージです。

たしかにそれは言えるかもしれませんね。自分の趣味や好みが変われば、対象とする相手の層も変わるでしょうからね。

でもそれは自分自身の生き方に対する考え方ではないので、この場合の意味とは少し違うようです。

ただ、私は考えたことのない発想でしたので、とても興味深く思いました。

自分を変えるのは、自分の生き方を見直すためであって、相手を変えるためではない。

では、何のために自分の生き方を見直すのかというと、自分を中心とした身贔屓・身勝手な生き方をしていないかと点検するためであり、点検することによって心が穏やかになり、副産物として相手も変わることがあるということなのでしょう。

自分のことは棚に上げて人に変われというのは無理です。傲慢です。かといって、何でもかんでも自分が折れて、自分のプライドもなくしてしまうのもあってはならないことです。自分を劣等視し、つまらないもののように扱うことは、自分を変えることではありません。

相手と同じ土俵の上に立って相手にふりまわされるのではなく、一つ上の次元から相手を見ることができるようにすることが自分にとって一番いいというわけなのですね。

続鳩翁道話　一之下

もしもあなたの「ますかがみ」が曇るとしたら、何が原因で曇るのか、そしてそれを防ぐためにどうしているか

解説

今回は土の食べ方というちょっと変わった話から始まります。これは飢饉のときの耐え忍び方の一例として出されています。ここで鳩翁が言いたかったことは土を食べよということではなく、土を食べなくていい今の世で贅沢をしたり身勝手なことをしているとよくないぞと諫めているのです。人には大金持ちもいれば貧乏人もいます。花も同じです。大きな花もあれば小さな花もあります。しかし花は自分が小さいからと言って咲かないなんてことはありません。身贔屓や身勝手なことはしないのです。人間だけが身贔屓身勝手な考えを持ち、腐らせてしまうと鳩翁は言います。

このように身贔屓身勝手は恐ろしいものですが、それを捨てる一つの方法として、強い志を持つ、強い信念を持つことをすすめています。そしてその例として「おとせ」という乳母の話をしています。まだまだ若くて美しいのに自分のことよりも子どものことを第一に考え、子どもが実直に育つことのみを生きがいとし、そのことは生涯ブレませんでした。

ブレないもう一つの例として源義仲のことにも触れています。義仲は戦のさなかでも、世話になった人にだけは弓を向けるなと命令したということです。命がかかっていても恩義を貫き通したかったのでしょう。

人は自分の姿を自分ではとらえにくいものです。そのことを説明するのに、鏡を知らない人々の話を出して説明しようとしています。男は鏡に映った自分の姿を見て自分の父親だと思いました。妻は鏡に映った自分の姿を見て愛人だと思いました。仲裁に入った尼さんは鏡に映った自分の姿を見て改心したと思いました。誰一人として自分の姿だとは気づいていません。みんな自分の立場でしか見ていないからそうなってしまうのです。そして自分のことは棚に上げて、親、兄弟、主人などの不平不満ばかり言っているのです。鏡に映っている、文句を言っている自分を見ないと気が付かないのでしょうか。ただし、その鏡自体が曇っていてはそのことに気づくことはないのでしょう。

人はみんな心の中に「ますかがみ」を持っています。「ますかがみ」とはありのままにはっきりと映し出す鏡のことであり、正しい心を映し出す鏡であるとされています。

武庫川女子大学の校歌にも出てきます。ただ、この鏡には、放っておくと曇りが付きやすいという欠点があります。ですから絶えず拭き取っていかなければならないのです。

心の鏡が曇る原因はいろいろあります。これまでに取り上げてきた身贔屓身勝手、世間体、自分の弱さなどいろいろなことで曇ってしまうというのです。

幸いこの「おとせ」は曇らせずに済みましたが、私たちも曇らせないためにはどうすればいいのでしょう。そのためには曇る主な原因を自分自身把握しておく必要があるように思います。原因がわかればどう拭き取ればよいのかもわかってくるからです。

そこでもしもあなたの心の「ますかがみ」が曇るとしたら、何が原因で曇るのか、そしてそれを防ぐためにどうしているか。人間一般の話ではなく、あなたの場合を振り返ってみましょう。

続鳩翁道話　一之下　本文現代語訳

「山川の末に流るる栃殻も実を捨ててこそ浮かむ瀬もあれ」

すべて田舎では、米麦に乏しく、米麦以外のものを食する中に、栃の実を餅団子にして食する所が多くあります。

その製法は、まず栃の殻を取って実だけを袋にいれて、谷川に浸しおき、よく苦みを取り去って餅団子にするのですが、さきほどの歌の意味することは、栃の実は谷川に落ちれば沈むが、実を取って殻を捨てれば浮かんで流れる。つまり、人もおれがという身贔屓、身勝手を捨てれば浮かびあがるという意味にかけて詠んだ歌だと思われます。面白い事です。このことについてついでにお話しします。

天保癸巳の年、米穀の価が高く、遠国では飢渇に及ぶ人も多くあるということを聞きました。とある偉い方が気の毒なことだと思われて、救荒一助と題して、松の皮、藁、土を食べる方法を御試しなさって、板に彫って本にして広く諸人に施されたというありがたい事がありました。しかし百年が経ち、自然とその製法が失われるのではないかと思いましたので恐れをも顧みず、今その方法を御披露いたします。松の皮、藁などがなくて、不自由な地もあるでしょうが、土を食べる事ができれば、どんな饑饉にも尽きることがないので、実に未曾有の良法でございます。どなたもよくお覚えなさいませ。

救荒一助の文の土粥の製法。これはとある官医の家法です。

一、土はどこの土でもいいが、砂石が少な

く、土めの細かいものを選び、土一升に水四升入れ、桶の中にてよくかきまぜ、上水を取り換える事数回、また水を四升入れ、よくかきまぜ、別の桶に入れ、底に残る砂石を取り去り、また水を四升入れ、前のごとくかきまぜ、水に浸しおく事、三日の間、一日に三遍ずつかきまぜ、すまし、上水を換えます。葛の粉やわらびの粉を水飛する方法と同じです。右のように製法した土へ、水を二升入れ、煮て薄き粥のようにして食う。その中へ菜や大根などを切りこみ、同じく煮て食うもよし。一日に三合より五合まで食べるとよい。誠にこの法を用いたら五穀を食べなくても飢えず、身体強く健やかになるということだ。

と右の通り、製法の仕様をお記しなさいました。ありがたいお教えですので、お取次をいたします。

しかしこれがそうそう役に立つようでは困りますが、田を耕しても飢饉は待ってくれないという言葉の通り油断がなりません。しかし米を積んで飢饉を待つより、人の道を勤めて飢饉を回避することが肝要でしょう。栄耀栄華が過ぎて天地神明の恨みを買って困窮に陥ることもありますので、とかく身贔屓、身勝手を捨てて家業を大切に勤めていれば、我が身相応の栄えに合わないという事はありません。

たとえば草木が花咲き実るのは人の栄えるのと同じ事です。同じように花が咲き、実る草木にも大小のありますのは人の貧富窮達の差があるのと同じ事です。また、庭に生えた千草までも花が咲かないという事はありません。花が咲かないのは、その人の身贔屓、身勝手が止まないからです。「身を捨ててこそ浮かむ瀬もあれ」と詠んだ歌は面白い事ではありませんか。これについてありがたい話があります。よくお聞きくださいませ。

勢州亀山領、鈴鹿郡川崎村という所に江戸屋何某と申しまして、金持ちの百姓がございました。主人は養子で妻は家つきの娘です。その母と三人だけで、そのほかは召使いの人がいるだけでした。女房が一人の男子を産みました。名を橋彌と言います。この子が三ツの年、次に女子が生まれたので橋彌には乳母を取って養育をさせました。これは今から十八年前の寅年の事でした。

さてその生まれた女の子はその後近村へ養子にやりましたが、また引き続いて女子が生まれ、これも他へやりましたが先方で病死してしまいました。そんなわけで打ち続いての出産の費用が掛かり、さらに主人の心得方もよくなくて次第に借金も出来てきて、午年の頃には当然のように貧乏になりましたので、家中の諸道具は言うまでもなく田畑までも売り払いましても、なお借金は残り、女房は貧乏を苦にして申年の六月に病死してしまいました。その後はさんざんなことになり、村人へも申しわけが立たず、主人も養母もついに他国へ夜逃げをしてしまいました。残った者は乳母と橋彌とばかりでした。

この乳母は名をおとせと言い、心のしっかりした人でございましたが、この江戸屋へ奉公に出まして三年ほどは給金も貰いましたけれど、それ以降は貧乏なので給金も出ず、乳母の親里からはいとまを取って帰ってこいと言いますけれど、ちっとも帰りませんでした。そのわけはこの家は次第に貧乏になり、特に主人といい養母といい、お金に対する心得がよくないので、いずれ遠からず家名が断絶すると見極めましたので、余計に橋彌を不便に思いまして親里へは帰りがたく、ついに自分の衣類を悉く売りはらい、お金に換えて親里へ送金し、自分は生涯身をかため、養い子をもりたてて江戸屋の家を再び建て直そうという志を立て、親里から縁を切ってもらい、それ以来川崎村の人となりました。

それほどの大願なので、所詮人の力の及ばぬ所、こんな時こそ神仏の力を借りようとおとせは海山越えて百里の道をただ一人、讃州象頭山金比羅大権現へはだし参りをなさいました。

さて神前では主人の家を再興する志を告げ、三ツの願立てをなさいました。その三つとは、村中で若い女子が一人住居をするにあたり、心弱くてはならず、また人に疑われないため、まず第一に化粧をせず、第二に髪に油を使わず、第三に元結を丈長にして髪を束ねる事をするまいと固く心に誓って、国元へ無事に帰られました。

なんとあり難い忠義ではございませんか。この人、生まれは同国桑名領、員弁郡五反田村の百姓長七という人の娘です。年は三十、顔立ちは美人で、また盛りを過ぎた年というでもなし、忠義の為に身をかまわず主人の家を再興しようという志、よく考えてごらんなさい。なかなか真似のできそうな事ではない。

昔の人の語に、「志ある者は成る」といって、どれほどの大事でも志さえ立ちますと成就しないという事はありません。たとえば川の中にじっと立って、太公望のように魚を釣っている人がある、あんなことはなかなか主人の命令や親の言い付けで出来ることではない。腰まで水に浸かって、冷えることも、腹痛が起こることも、罪も報いも忘れ果てて、日がな一日竿を持って立ち通しに立ち、どれだけ魚が取れることかと思えば、一、二寸の雑魚が十四ほど。これはいいかげんな気持ちや偽善行為で出来るものではない、ただ魚を釣りたいという気持ちだけでこのことが出来たものなのです。また、これはこの日急に思いついた志ではない。普段仕事をするときも商いをするときも、ただ魚を釣る事ばかり思っている。この寝ても覚めても忘れないのが志というものです。古人も「念々ここにあって忘れざるを志という」と仰せられた。どのみちいいことも悪いことも人は志の起こらないという事はない。どうせ同じ志を起こすならばこのお乳母殿のように忠孝に志を立てると、我が心に恥ずかしい事はない。だからあれは出来ない、これも出来ないというのでは、志が立つわけがないのです。

孟子曰く、「志は気の帥なり」と。こわいものです。人は気によって動く。志が砕けると、気は腐ってしまう。その気が腐ると、箸一本持つのも物憂く、返事するのも嫌になり、頬をふくらせ、いつもいつも居睡ってばかりいる様な腰抜けになるのは、みな志が砕けているのです。御用心なさいませ。

志が立てば気は引きたち、女の身でも百里の道をはだし参りが出来ます。まして畳の上で親兄に仕え、主人に仕え、家業出精が出来ないというのは六尺のふんどしの手前面目ないことです。ただしこれは男の事ばかりではございません。夫に仕え、姑に仕え、家中の取り締まりが出来ない女性は鏡に映せない筈です。少しお考えなさいませ。鏡というとおかしい話がある。

昔、鏡を知らない国の人が都へ上り、ふと鏡屋の店先を見れば何やら光る物がある。不思議そうに差しのぞいて、急に大声をあげ、「やれ親父様、お懐かしい」と言って、鏡を取ろうとする。鏡屋の亭主は肝を潰し、「これはどうなさるのか」「いや、どうもしません。これは私の親父様です」「とんでもない。それはこちらの売り物だ」「なに、売り物か。売り物ならば買いましょう」とお金を払い、その鏡を宿屋へ持ち帰り、物言って呼びかけても返事をしない。「これは娑婆と冥途の隔てがあるので、お声が聞こえないようだ。ともかく死別して三年目に御目にかかるというのは、ありがたい事だ」と、自分の姿とも知らず悦んで国元へ持って帰り、密かに二階の長持へ隠して置き、何かと二階へ上がる。

あるとき女房は用事があって二階の長持の蓋を開けて見ればなにやら光るものがある。取り出して見れば、二十五、六の女がそこにいる。女房もまたびっくりし、二階から飛んで下り、亭主の胸ぐらをつかまえて、泣くやらわめくやら、悋気喧嘩がはじまった。

そこで隣の妙琳がそのさわぎを聞きつけて、やめなさいと言うとますます喧嘩に花が咲く。妙琳もしかたなく「そんなら私が二階へ往って、それが男か女か見届けてきましょう」と、二階へかけ上がって鏡を一目見たが、こいつもまたびっくりして、二階から大声をあげて、「あまりあなた方が悋気喧嘩をなさるから、気の毒に、二階の女中は尼になられました」と言われた。

この話は狂言にもなっていますが、なんと面白い趣向ではないですか。とっくりと噛みしめてごらんなさい。嫁姑の角づきあい、親類の仲たがい、兄弟喧嘩、夫婦喧嘩、村方町内の不附合い、親子や主従関係がぎくしゃくしたときはこの話の仲間うちが多いのです。

ある人の道歌に「よしあしの映る鏡の影法師よくよく見れば我すがたなり」というのがあります。とかく我が身を顧みることが、学問の目的です。我が身に立ち返りさえできれば、忠孝は務めよいものです。

さて、例のおとせは無事に村へ帰り、月日を送りますうち、やはりおとせが推量したとおり、主人も老母も散り散りになりましたので、いよいよ志を強くしまして、橋彌を守り育てました。

もっとも村へ厄介をかけた江戸屋の事なので、その家名を再興する事は普通なら村へ対し出来ない事ですが、かねて村の頼母子へかけておいた銀子が幸いに宝くじにあたり、その五両と銀十匁を村へ詫代としてさし出して、家名相続の義を願い出ました。村役人中たちはみんなその志を喜び、いろいろと世話をしてくれました。

家屋敷は売り払いましたので、身を置く所はありませんでしたが、主人が他国へ逃げていく前に、屋敷の隅に形ばかりの小屋を拵えていましたので、そこに引きうつり、人の田地四反を預かりまして、子守りをしながら田をすき、草をとり、肥を荷ない、虫を払い、人の手を借りずしての艱難辛苦、それはもう言いようもありません。夜は夜なべの内職をして時の移るのもしらず、朝は暗いうちから起きて、東の空が白む頃まで草履や草鞋を作り、その隙には織りつむぎ・縫針などをして、ただこの児の手足の伸びるのを楽しみに年月を送るうち、早くも橋彌は十歳になりました。しかもおとなしく成長し、常に乳母の側で手仕事を助けます。よくしたものです、誰も教えないけれども、乳母と言わずにかかさまと呼びますのは、ひとえに乳母の真実、橋彌に徹する所があると自然とこうなりました。

さておとせの親里には、産み落としていた実子の文五郎という小児、これも十歳あまりの子がおりましたので、この児をも川崎村へ呼び寄せ、橋彌とともに一年ほど手習いをさせて、その後人に頼んで松坂へ遣り、それから江戸へ奉公に遣わしました。これは実の子を手元で育てますと、どうしても主である子を疎略にする心が起こるかもしれないと思ったため、百里の外へ産みの子を追いやり、主人の子を育てたのです。ありがたい志、まことによい手本でございます。十八年の間、朝夕の食物も我が身は黍稗のようなものに糠をまぜて食べ、橋彌には普通の米を食べさせ、子は母と呼んでも自分は主従の心得を失わないのは男も及ばない志です。

この誠意が天に届きまして橋彌が十八歳のとき、元の屋敷地を買い戻し、大きな家を新たに建て、そのうえ馬をも飼い、さらに小者一人を召し使い、田地は一町四反を作り、そればかりではなく、先に家出した老母をも養う様になりました。

この話を丁稚衆も、手代衆も、女子衆も、居眠らずによく聞いておいてください。

昔、木曽殿という大将があって、北国において平家と戦ったとき、味方の兵へ申し付けて、「もし敵方に斎藤別当実盛と名乗るものがあったら、絶対に弓を引くな、軍を返して攻め口を緩めよ」と指図されました。これは義仲がまだ幼い赤子であったとき、わけあって平実盛に七日間養われた事がありました。そこでこの恩を思いだし、勝ち誇った軍を返して、実盛へ敵対しない志を見せたのですが、なんと養われた恩は重いものではありませんか。

七日間はさて置き、三日間食わずにいても命がない。ましてや五年十年、あるいは半季一年、主人の養いを受けてその恩を思わず、うかうかとして身勝手を働くのは、もったいない事ではありませんか。昔田舎にいた時の事をよく思い出して見るとよい。着物は黒木綿の紋付、裾は若松に鶴の模様、きちんと彩色したものをこのうえもない晴着だと思い、棒のような鼻汁を垂れて、ゆりご雑炊で腹をふくらし、馬屋肥えを負って歩いた事を忘れてしまって、こんな米は食われないだの、鍋焼きでなければ飯は食えないだの、廣ざんとめは型にはまりすぎてみっともないだのと、よくまぁ口が腫れない事です。

これはすべておれがおれがという妄念のかたまりです。そしてさっぱりと主人の恩を忘れ果ててしまい、おれがこの家にいてやらなければ足のすりこ木になる程使い歩きしてやる者はあるまい、おれが商いをしてやらなければ旦那があのような楽は出来まい、わしがご飯を炊いてやらなければ家中がみな空きっ腹をかかえて飢えるであろうと、我も我もと鼻をのばしていては、家中みんなが自己中になってしまう。これで思い出した話がある。

とある所の手代殿が、商いにゆくと言って

旦那へうそをつき、取り巻きたちを大勢つれて東山へ花見に出かけました。ところが道で店の隠居に思いがけなく出会ってしまいました。手代殿がびっくりし、挨拶にこまり、「これはお久しうお目にかかりません」と言い捨てて、そそくさと逃げて戻った。隠居もあまりの事に興さめ、返答もせず、にがりきって家へ帰られた。

さて夜になって、その手代を呼びつけ、「お前は今日は商いに行ったと聞いていたが、最前のざまは何じゃ。その上、三百六十日鼻つき合わしている俺に久しうお目にかかりませんとはなんとした挨拶じゃ」と怒られて、手代殿が「はい、あのようなところで御目にかかりましたのは、実に私にとっては百年目でございましたので」と言われた。

いい加減にしていると、この百年目が一年のうちに二、三度ずつ廻ってくる。御用心なさいませ。例のお乳母殿のように、主人の家は取り立てるほどでなくても、幼児をもり立てるほどでなくても、せめて十年の年季をつつがなく勤め、親や請人を引き出させないように勤めたいものです。

ある人の道歌に、「人の子も学べあしたに雀子のちうとゆうべに鼠子もなく」とありますが、忠孝は天下の大本です、どうぞうわさ話にでも忠孝の話はするようにしたいものです。おとせは、自分を捨てて忠節を守った行いなので、遂には御領主様の御聞きに達し、去る酉年に御褒美として御米を多くいただいたうえに、折に触れてお褒めの言葉もたびたびいただいたと聞いています。あの「実(身)を捨ててこそ浮かむ瀬もあれ」という歌の意味が思いだされてありがたい事ではございませんか。

なおまた川崎村の役人衆の話に、橋彌が近ごろ馬を求めて使いましたところ、とてもよい馬なので、「さては博労殿がよい馬を世話してくれたのだな、礼を申さなければならない」と言い、銀二匁を博労方へ持参し、厚く礼を言いました。博労も大いに驚き、「ほとんど世間の人は、よい馬を値段を安く買いとると、買い得をしたと心得たり、また間違いで誤ってこちらが安く売った時はしらん顔をして、心では得をしたと心得たりするもので、馬の売り買いのことであとから礼にくる人はない。数十年博労を商売としたが、このようにあとから礼をする事は珍しい事だ」と、博労が人々へ話したということでした。

また橋彌は耕作の合間には、馬を引いて若松浦という三里ばかりの所へ米を馬の背につけて通う事がありました。乳母殿は必ずその日は馬の飼葉を一日分持たせ、さらにそのほかに大きなにぎり飯を三つこしらえて、これを橋彌に持たせて言うことには、「馬の沓をうち替えるときににぎり飯を必ず一つ食べさせ、また若松に着いて荷を下ろしたときも一つ食べさせ、帰る途中にのこる一つを食べさせよ」と言いました。このことだけでなく、小屋住居で難儀しているときでも、物をあわれむ心があって、「こんなに貧乏な時だから人にものを施す事はできないが、せめてもの志だから」と、自分の食料の黍稗を、毎朝少しずつ小鳥に施されたということです。

古歌に、「山鳥のほろほろとなく声きけば父かとぞ思い母かとぞ思う」というのがあります。これは行基菩薩のお歌と申し伝えています。一切衆生を救おうという、大慈悲心よりお詠みなされた歌なので、解説するのも恐れ多いことですが、父かとぞ思い母かとぞ思うというのは、格別にありがたく思われる箇所です。このお乳母殿の慈悲心が禽獣に及んだかどうかは存じませんが、みなし子をもりたてて主人の家を再興して、その父母を思う忠孝の志のありがたさは、行基菩薩の昔にもそうそうはあるまいと存じます。

『孝経』にも、「身を立て、道を行い、名を後世に揚ぐる」とありますが、お互いにこのお乳母殿を見習いたいものです。

さて実子の文五郎もこれまたおとなしく奉公いたして、去年江戸表より初登りということで仲間とともに松坂に来まして、それから母を訪ねて川崎村へ来ました。しばらく逗留してまた松坂に帰る時に、伊勢の両宮へ参詣をするという事なので、橋彌をも共に拝礼させようとその用意をして、お乳母が橋彌に言うことには、「文五郎は御主人にお願いして奉公に出した以上、良いことも悪いことも私には関係のないことですから何も言いませんが、あなたは格別に大切の身なので、道中では浮かれずに、飯もり女などを相手にする事はなりませんよ。もし性病にでもなり、身に疵のつく事があったら、父御の家を継いだとしても、恥を雪ぐということはできません。返す返すも身を清浄にして参詣なさい。この乳母はついてはゆかないけれど、あなたが身持ちの悪いことを道中でなさると、私は家ですぐにわかるのですよ。そのことを決して忘れず、謹んで参宮をなさい」と、懇ろに注意をされたという事を橋彌本人から聞きました。

古歌に、「たらちねの親のまもりとあいそ

うる心ばかりはせきなとどめそ」というのがあります。この歌の真意に通じるものがあり、一層ありがたく思います。この心で橋彌を育てたのですから、その人柄はおとなしく、柔和で言葉少なく、普通なら若い人は男も女も一晩中遊びまわりますが、橋彌に限っては一夜も他所へ遊びに出ませんでした。これは全くおとせが厳しく教え育てましたから、篤実に生い立ったのです。

おとせが厳粛な所があるので、かえって陰で譏る人もときどきあるように聞きますが、それは全く誠の道を知らないからなのです。すべてこの話は昔の事でもなく、また唐土や天竺の事でもない。現在ただ今の事で、しかも私が親しくしている橋彌本人にも聞き、また関係者からも聞いた事です。

これをお話し申し上げたのは、どうかお互いにこの志を手本として、それぞれの腹の中を省み、恥ずかしくない様に本心を磨きたいと考えたからです。

ある人の歌に、「みな人のもとの心は増鏡磨かばなどか曇りはつべき」というのがあります。

ではなお明日の晩お話し申しましょう。

まとめ

昔から鏡は神聖なものとして扱われてきました。なにしろ左右逆転の鏡像とはいえ、ありのままに映すのですから、不思議に感じたのも当然でしょう。

日本においても天皇家に伝わる三種の神器と呼ばれるものの一つは八咫鏡《やたのかがみ》であるとされています。鏡といっても今のような鏡ではなく、青銅鏡であったと推測されますが、それでも当時の人たちにしてみればすごいものだったのでしょう。

青銅鏡は権威の象徴として使われ、日本の各地からも発見されています。その多くは「三角縁神獣鏡」と呼ばれるもので、表面には神獣が描かれていることからも、鏡がいかに神聖なものであったかがわかります。

西洋においても鏡はありのままを映すものとして考えられていたようで、「白雪姫」の話を思いつく人も多いことでしょう。悪いお妃は鏡に向かってこの世で一番きれいな人は誰かと問いかけます。鏡はありのままを映すものですからお妃に忖度しません。本当のことを述べてしまい、あの悲劇が始まったのでした。

本当の自分を映し出す鏡は、曇っていては正確なものが映し出せません。古の人は「ますかがみ（真澄鏡）」というものの存在を信じ、求めてきました。

人間一人ひとりの心の中に「ますかがみ」があります。そしてそこには本当の自分が映っていると考えられてきました。

心の鏡である「ますかがみ」は普通の湯気や塵埃では曇りません。

では、もしその「ますかがみ」が曇るとしたら、それはどんなことが原因となるのでしょうか。

たとえば、自己中心的な考え・世間体・嫉妬心・自己肯定感の低さ（コンプレックス）・自信のなさ・心の弱さ・邪な心・焦り・マイナス思考・人間関係の不安・仕事・損得勘定・他人の顔色・虚栄心・嘘をついたことの自責・人を責めてしまう攻撃性・他人からの言葉・自分への不信感などなど数え上げればきりがないほど多くの曇る原因が挙げられます。

確かにどれもよくわかりますし、経験したことも多いです。

私たちの心は絶えず揺れ動いています。見るもの、聞くもの、その他すべて私たちを取り巻くものに私たちの心は敏感に反応しています。

もちろん反応しなければならないわけで、反応しなければただぼーっと生きていることになります。それではどこからか叱る声が聞こえてきそうですね。

こうしたさまざまな曇りの原因に私たちはついついとらわれがちです。

ただ、ここが肝心です。とらわれがちなのは当然として、とらわれてしまうのか、それとも客観的に見ることができるかによって、生き方が全く違ってくるからです。

鎌倉時代の随筆『徒然草』に双六の名人の話（第百十段）が出てきます。おおまかなあらすじを紹介しますと、双六の名人にある人が「どうやったら勝てるのか」と聞いたところ、名人は「勝とうとして打ってはならない。負けまいとして打つべきだ。どの手を打てば早く負けるだろうと考えて、その手を使わずに、少しでも遅く負けるようなやり方をすべきだ」と答えたというものです。屁理屈のようにも聞こえますが、とても大切な教えのように思います。

心の曇りも同じことのように思うからです。「ますかがみ」を曇らせないようにしようとしてもいろいろなことが原因で曇ってしまうものなのです。では、どうすれば曇ってしまうのかを知れば、その対処法もわかり、曇りはつかないか、ついてもすぐに取れるはずです。

自分の心が曇る原因を、自分がしっかり把握しておけばいいのです。

雨の日の自動車の運転もそうです。フロントガラスに雨の日なのだから当然雨滴がつきます。でも、ワイパーを動かしてその都度拭き取れば、結果はいつもクリアです。雨滴がつかないようにと努力するより簡単で効果的です。

私たちも自分の心が曇る原因を把握し、曇りかけたらその都度点検して心のワイパーをかけて拭き取ればいいだけの事なのです。

曇る原因はもうある程度把握できたことでしょうし、その対処法も誰よりも自分がわかっているはずですものね。

続鳩翁道話　二之上

あなたの「座右の銘」は何か

解説

今回は古代中国、殷の時代の湯王の話から始まります。湯王はよい政治を行うため気を緩めることのないように顔を洗う洗面器に戒めの言葉を刻み、毎日顔を洗うたびに読み返して自分に言い聞かせていたということです。

そこまでしないとだめなのでしょうか。実は掃除と一緒で、毎日やらないとすぐに埃が付くぞというのです。ただし形だけ掃除していてもだめです。ある隠居は今でいう潔癖症に近いほどの掃除好きですが、残念なことに心の掃除はできていなかったというのです。

人はそれぞれであり、みんな個性を持っています。鳩翁は気短な夫と気長な妻を例に挙げて、みんないろいろちがっているからうまくいくのだと主張しています。有名な金子みすゞさんの「私と小鳥と鈴と」の詩のように、みんなちがってみんないいのです。合唱だってそうですね。二部合唱は違うパートがあるからこそ美しいハーモニーが生まれるのです。それぞれの違いをそれぞれが補い合っているからうまくいくのです。

補い合うということの例として目と耳と足の不自由な人々が補い合って危機を脱出するとい

う話もあります。しかし一方で別の意味で、目が不自由な人（良いことを見習わない人）、耳が不自由な人（人の忠告を聞かない人）、足が不自由な人（仕事嫌いで怠ける人）がいると嶋翁が嘆いています。彼らは「心の洗濯」ができていない人なのだそうです。心の洗濯をしっかりしておかないと、自分だけが賢くて他の人が馬鹿に見えてしまうというのです。

その心の洗濯は「教育」によって行われ、その結果、必要以上の欲を出さず、自分中心の考え方からも抜け出せるというのです。

この欲望が時に人を惑わせます。金平糖欲しさに壺から手が抜けなくなった老人の話がありました。一度つかんだものは放すまいと思い、結局壺を割るはめになりました。壺が割れて金平糖を握りしめた手が出たとき、普通ならどんなに恥ずかしかっただろうかと思ってしまいますが、欲望にとらわれた老人は心の洗濯ができていないわけですから恥ずかしさを感じなかったかもしれませんね。

また提灯を持った盲人の話もありました。提灯を持ったからといって安心していてはいけないのであり、灯がついていてこそ提灯の役割をするのですが、灯がついていると信じ込んで文句を言った人は灯が消えていると分かった時どんな思いがしたのでしょうね。

本心を見失い、身勝手な心を本心だと思い込んで自分を見つめ直せないのはだめなのです。自分を見つめ直すためにも湯王のように努力する必要がありそうです。私たちも日々座右の銘をもって生きています。

そこで質問です。あなたの座右の銘はどんなことばでしょうか。心のよりどころとなった言葉を紹介し、自分の思いを見つめ直してみましょう。

続鳩翁道話　二之上　本文現代語訳

湯の盤の銘に曰く、「まことに日に新たにせば、日々に新たにして又日に新たなり」

これは『大学』の一節であり、心を新たにする事を御示しなされたものです。

まず湯の盤の銘とは、昔中国に、殷の湯王とおっしゃる聖王がいらっしゃいました。初めは小国の君主でしたが、御徳をいっぱい積んで、ついには天子と御なりなされ、殷の世六百年の基をお開きあそばされました。これほどの明君ですが、なお御慎みのために常に御身を清めるための盥に、自らを戒める詞を御記しなされたものを、湯の盤の銘と申します。「まことに日に新たにせば、日々に新たにして又日に新たなり」とは、昨夜も申しました通り、人は天から受け得た固有の本心といって、明らかな徳が生まれ付いていますけれども、利欲のためにくらむ事がある。たとえば人の身は初めは綺麗で潔くても、汚れ仕事をすれば汚れる。しかし行水をして洗い磨けば、もとのように綺麗になる。これを怠れば、また汚れる。だから毎日洗い清めて汚れを取り去ればいつも身は綺麗でいられる。本心も同じで一たび利欲にくらんでも、自ら省みて、今日も慎み、明日も慎み、毎日恐れ慎みて、本心を洗い磨けば、その徳は自ずから明らかになって、大きく言えば国天下をも治め、小さく言えば家内をも治めます。この道理を御発見なさって、盥にお記しなされ、しかも大切なことだから、「まことに日に新たにせば、日々に新たにして又日に新たなり」と、お書きなさったのです。

これは殷の湯王が天の明命を顧みなさった

実事でございます。聖人の御身でさえ、このように日々お慎みなされるというのに、私たちが何とも思わず、ただうかうかと瓢箪が川を流れていくのを見るようにどこへ行くというあてもなく、あちらではコツリ、こちらではコツリと、鼻を打っても、頭を打っても恥ずかしいとも思わず、そのくせ家内では叱りまわして無理無体に家内を治めようとするのは、なんとつまらないことではありませんか。

まず人を治めようと思えば、自分の本心を明らかにしないではとても治まるものではない。また、たまたま本心を明らかにした様に思われる事があっても、またそのあとはまた放っておく。よく考えてごらんなさい。埃払いで朝、障子の桟を払えば、埃はなくなり、その日一日はまず綺麗ですが、翌日になって見ればまた桟に埃がたまっている。それをそのまま放っておいて、今日も明日も払わずにおいて見るといい。十日ほど経つと一歩ほど埃がたまります。人の心もまたこれと同じ事で、たまたま一日慎んでもそのあとを放っておけばいつか真っ黒に汚れることは障子の埃を見て御推察なさいませ。かりに毎朝埃を払っても、適当に掃除をすると、かえって隅々に埃は余計にたまる。ですから掃除をするなら丁寧になさいませ。

ただこのように申したからといって心の掃除をせずに、障子の塵ばかりを払っていると、かえって大間違いになります。これで思い出した話があります。

先年播州へ下りました節、ある人から聞いた話です。この近所に茶人があって、このたび小さな茶室を建てました。かき込天井に突き上げ窓、宗匠の好みですごく立派に出来あがりました。そして畳屋が畳を入れ、表具屋が腰張りするやら、障子張るやら、完成すると、そのあとは下女一人と小者を一人、これは茶事専用に仕える奉公人として、この者どもにしっかりと掃除をさせました。掃除が出来ると主人が点検をしに来ました。綺麗な所を綺麗にしたので、中分はないのですけれど、主人はなかなか合点せず、袂から虫眼鏡を出して、障子の桟の隅々をのぞきまわり、「このような掃除の仕ようでどうして客が迎えられるものか。おれの居間にある掃除道具を取ってこい。どうやらおれが見本を見せなければ埒があくまい」と、たいそう叱りなさる。小者は心得て、一つの箱を取ってくる。主人はその中から掃除道具をとり出される。見れば竹を細く削った魚串のようなものが一本と絹雑巾が一つ、それから寒竹の小さな火吹き竹が一本入っている。なんと珍しい道具立てではありませんか。

さてどうするのかと見ていれば、魚串の先に絹雑巾を巻き、障子の横桟一本ずつを丁寧に拭き、隅々はあの寒竹の火吹き竹でフッフッと吹く。なんとも気の毒なものです。

掃除を仕終わって、これで気が済んだと、控え煙草盆を取り寄せ、席のまん中に座り、そこらを睨みまわしている。時刻は四ツ半すぎ（午前十時半）、東向きの席なので突き上げ窓からそこへ日が差し込みました。

すると何を思われたのか、急に小者を呼んで「横町の桶屋へ行って、一番大きな盥を取ってこい」と言う。小者は畏って大盥を重そうに持って帰ってくると、「こりゃこりゃそこらに置くな、井戸の側へ持って行って、切藁で内も外も底まわりもきっちりと洗って、綺麗な水を一杯汲み込み、長七と手舁きで、この軒の上へそっと持ってこい」と言う。小者が心得て、その通りにして持ってくると、「これ、さつや、おれの居間に新しい朝鮮うちわがある。取ってきておくれ」と言うので、下女がうちわを持ってくると、主人はすぐに諸肌を脱いで、神妙な顔つきで、そのうちわを引っさげて、盥の水へざんぶりと突っ込み、雫の垂れるのを提げながら、日の差し込む所へ濡れうちわをさし出し、上へあげたり下へおろしたり、招くようにしている。何をするのかと思えば、突き上げ窓から差し込む日影に一面に細かい埃が見える、これが気にかかるから、その埃をとるというわけなのです。

なんと珍しい掃除好きではありませんか。これみな心の掃除をせず、気随気ままが増長して味噌汁がてっぺんへ上ると、このような精神状態になります。こんな心で家内を治めようとしても、一つも自分の思うようになりません。女房の気が長くてどうにもならない、旦那殿の気が短くてどうしようもない、手代が怠け者でどうにもならない、旦那はぼんやりとしていてどうにもならないと、小言八百が絶える隙がない。でもよく考えてごらんなさい。その通りになったら、どのような事になるでしょうか。小の月の大晦日生まれ、気の短い、いらついた亭主はなにかというと「御前のように面長な生まれ付きでは、このせち辛い時節に所帯が持てるものか」と妻を叱り、寝所から慌てて、「なぜ釜の下を焚き付けないのだ、何をさせてもグズグズと、まるで牛糞に火が付いたようでゆっくりとして、埒のあかない奴だ」と、一日中小言を言う。さらにもしこの亭主のように女房も気が短く、息子も嫁も短気なもので、手代も丁稚もせわしなく、飯たき女までいらついて、亭主と同じ様であったなら、どんなものでしょう。夜は夜半から門の戸を引きあけ、夜中に畳たたいて掃除するやら、飯を炊くやら、家中の者が走り廻って、気がせくままにしていると、飯はこげつく、茶釜はこげつく、土瓶はうち割る、油壺はひっくり返す、何の事はない、一年中煤はき暮らしますが、これでよいものでしょうか。よく考えてごらんなさい。

かといって女房は女房で気の長い生まれつき。師走でも、正月の三つもあるような顔付きをして、「うちの旦那殿の様に、気が短くては、命も何もあったもんではない。これでは辛抱がなりません」と小言を言う。もし女房が思うように亭主も子も奉公人も揃って気が長かったら、今度はなかなか箸を持って飯は食べられません。昼前に丁稚どのが、小便がしたさに戸を開けると、お内儀が寝所からすっぽんのように首を突き出し、「もうそろそろ家内の者を起こしましょうかね」と言えば、旦那殿が寝言半分に「昼にもならないうちに起きて、どうするんだね」と言われる。下女はとぼけた顔で、「昼飯は夕飯と一緒に炊きましょうか」と言う。これではさっぱりです。

すべて人の気質には、色々とあるものです。その色々とあるので、ちょうどうまく家が治まるのです。たとえば大工殿が家を建てるのに材木の長いものばかりでも、また太いものばかりでも家は建ちません。人の家の内もそれと同じで、気の短いのも、長いのも、偏屈も理屈者も皆必要なのです。

しかし、一つ締め括りがないと、その色々で、かえって治まらない。今ここに娘の子が四、五人寄って、三味線の連弾きをするとして、同じ調子で同じ歌を同じように弾いているとすると、やかましいばかりで面白くもないものです。やはり半分はカンで弾き、もう半分はオツで弾くと音が違って面白いわけです。

さらになお琴が入り、胡弓が入り、太鼓やつづみ、笛やすりがね等、色々な音が混じるほど、いよいよ囃子は面白くなるものです。

ただし二上りか三下りか、調子が一つ決まっていないと、これまたやかましいだけで、まったくよくない。だから聖人は音楽を通して、金石絲竹革木匏土の八音をもって、教えてくださるのです。ありがたい事ではございませんか。大工が家を建てるためには、曲尺というきまりがあり、琴三味線の連れ弾きは、調子というきまりがある。人の内にも親大事というきまりがあると、あとは何もかも工合よく治まるものなのです。

昔、中国に目の不自由な人と耳の不自由な人と足の不自由な人の三人がいつも集まって酒を飲んで楽しみ、目の不自由な人が歌えば、足の不自由な人が拍子をとり、耳の不自由な人が立って舞っていました。

あるとき例の三人が酒盛りをしている最中に近所で火事があって、人が多く騒ぎ、「火事だ、火事だ」と叫べば、目の不自由な人が一番に聞き付け、逃げようとしましたが方角がわからず、足の不自由な人は火の手の迫る方向は見付けたけれど腰が抜けて立つ事ができず、気の毒なことに耳の不自由な人は火事の方に尻をむけていたので逃げようともしませんでした。このように三人とも大変な身となりました。

このときある人が駆け付けて、まず目の不自由な人に腰抜けを負わせて立たせ、耳の不自由な人に目の不自由な人の手引きをさせ、腰抜けは背中から耳の不自由な人に方角を指さして見せる。すると耳の不自由な人は火事とわかって目の不自由な人の手を引いて走り出す。目の不自由な人は方角はわからないけれども、足は達者なので、足の不自由な人を背負って耳の不自由な人に手を引かれて走ったので危険から逃れたという、ある先生の話でございます。

これはとても面白い事です。気が合わないで家中が治まらないのは、この三人が火事にあったようなものです。御用心なさいませ。

というのも、よい事は見習わないというある意味目の不自由な人、主親の意見は耳に入らないという耳の不自由な人、仕事嫌いの腰抜けなどが、悪くすれば世間にはあるものです。それでもやっぱり、おれがおれがという意識で家内の者を叱りまわし、こんなに心を砕いても、家内がぜんぜん治まらないという。治まらない筈です。主人も家来も、女房も子も、親大切という調子が定まらないから面白くゆかないのは知れたことです。これは全く本人の心が暗いから身が治まらないのです。そして身が治まらないから家内が治まらない。とかく心の洗濯が大事なのです。

衣類の洗濯を放っておきますと、盥の中にぼうふらがわきます。同じように心の洗濯を放っておきますと、家の内にいろいろな虫がわいて、旦那殿も奥様も丁稚も下女も、ポンポンと言って跳ね廻る。まず第一に、世界の人が馬鹿に見え、我一人だけが賢く思えてくる。自分の気に入った人は善人のように思い、気に入らない人は悪人のように見え、自分を誉める者は軽薄とは思いながらも、何となく心よく、自分を悪く言う者は当然とは知りながらも、忌み嫌い、人の能あることを妬み、人の出世を憎み、人を困らせ、自分を高尚に見せ、表ではもっともなことを言い散らしておきながら蔭では身勝手を働くなど、これすべて心の洗濯の絶え間から出た虫なのです。滅多に油断してはなりません。

「尭舜は性のままにし、湯武はこれに反る」と孟子も仰せられて、尭舜のような聖人は、生まれながらにして知り、安心して政治を行いなさるから、別に特に慎まなくてもその身そのまま聖人となります。

湯王にいたっては、日に新たに日々に新たにして、慎みに慎みを重ね、間断なくして終に生まれつきの明徳に立ち返って、聖人とおなりなされた。ですから『書経』にその徳を誉めて、「諌めに従て逆らわず、人にゆるして備わらん事を求めず、身を修めるに及ばざるが如くす」と、書いてあるのを見れば、ひとえに明命を顧みて、日に新たにするの徳をお積みなされたに違いはない。

ましてや我々どもが教えにもよらず、慎みもせず、気随気ままに生活していたら、ろくなものにならない筈です。このような難作者になるのは、つまりは幼少時代からの癖付きなのです。障子を破らさないと癇癪持ちになるの、叱ったら癇癪を起こすからと、気ままにさせていた癖が付いて、成人となった後、人の意見も聞かず、人が思う様にならないといっては癇癪を起こし、我一人だけ賢がって、この上もない偉いもののように心得、ついに本心をたどん玉に仕替える事は、手品よりも早い。厳家の子は厳を知らずといって、幼少より厳しい家に育った子は、厳しいという事は知らないものです。気儘な者を急に心を入れ替えさせようとすると、精神的に不安定となり物蔭へすっこんで泣いてばかりいる様になる。これはすべて「その親愛する所において辟す」といって、可愛い可愛いとばかりいって育てた誤りなのです。人の子は教えなくても人の子になると思っているのは、大間違いなのです。

たとえば米や麦を蒔けば、米や麦が出来るのには違いはないけれども、そのためには肥やしを入れ、草をとり、さまざまに手入れをしなければ、実がつかない。人の子もこれと同じ事で、産みっ放しにして教えもせず、ほったらかしで育て上げておいて、人らしい人にならないと小言を言うのは、無理というものではありませんか。

このような大病人は本復がしにくい。急に勉強は出来ず、本を読むことは嫌いだとしたら、どうやって心の療治をしたらいいのでしょうか。幸いなことに先師石田先生がお広めなされた心学は、無学文盲でも出来る学問です。一度本心を見つけますと、生まれ付きに無理のない事を知ります。この無理のない心を手本にして、物事をいたしますと、自分にふさわしい働きが出来て、人並みの人になります。ですからどうぞ御修行をなさってください。

ただしこのように申すからといって文字は

いらないというのではありません。行って余力あるときは、以て文を学ぶとも言いますので、時間のある方はできるだけ書物をお読みなさるのが宜しい。

しかしそれぞれ親に仕え、主に仕え、日々の用に追いまわされて、人に損をかけまいと思えば、なかなか書物を読んでいる暇がない。かといって学ばずにはいられないので格別無理をしないようにと思いますから、私と同じように暇のないお方へ心学をお勧めいたします。教えは時を知るのが第一です。寒中に種を蒔いても、物は生えません。これは時節が違うからです。人参は結構いい薬ですが二階から落ちて目が回ったときには役に立ちません。毎日が忙しい町人方には、心学はよい教えです。

とはいえ困った事に、心にはなかなか離しにくいものがあって、志が立ちにくい。これについておもしろい話がある。眠気ざましにお聞きください。

ある町内で婚礼の振る舞いがございました。そこで町役家持ちの人々が一堂に坐につきますと、さまざまな馳走が出る。ある年寄りで、酒と聞いては笹の露にも酔う程の下戸の者がおりました。坐中を廻る酒宴の間、退屈そうにしていると、亭主が気の毒に思い、「お年寄様は御酒は召しあがらず、御退屈でございましょう。ちとお菓子なりとも御取りください」と、南京の古染付の壺に大粒の金米糖を入れて、年寄りの前へ持ってくる。みんなも「これはよいお心付きです、遠慮せずお菓子を召しあがるといいですよ」と、勧めるので、年寄りも悪い気はしない。「それでは頂戴いたしましょう」と、壺を膝へ引き上げ、手首を突っ込んだとき少し窮屈に思われたが、無理に手を差し入れて、つまみ出そうとしましたが、今度は手首がつまって抜けません。どうかして抜けるかといろいろにこじ廻してみても、引っぱってみても抜けず、まごまごしていると、側にいた人が見つけて「どうなさいましたか」と言うので「いや、手が少しつまりまして、思うように抜けません」と、真顔になって言う。「それは気の毒、私が壺を持っていますから、無理やりにでも手をお引きなさい」と、一人が向こうへ廻って壺をつかまえ、後ろへ引くと、年寄りは手を前へ引く。互いにえいやと引きあう様子は、景清と箕尾谷がしころ曳をするようだと、坐中が一同にどっと笑いましたが、年寄りは笑わず、それどころか泣き顔になって、「どうも手が痛くて抜けません」と言う。

さあそれから大騒ぎになり、医者殿を呼んでこい、難波骨接ぎではだめかと、大騒ぎで酒宴の興も醒め果てました。その時、五人組の一人が進み出て、「いずれもお騒ぎなさるな。私はこんなことを聞いた事がある。むかし司馬温公という人が幼いとき、大勢の子どもたちと大きな壺のそばで遊んでいましたが、一人の子どもが誤ってその壺の中にはまりました。大勢の子どもはこれを見て逃げ帰ってしまいましたが、司馬温公一人は帰らず、傍に落ちていた手ごろな石を取って、その壺へ投げつけました。すると壺は割れて、はまった子どもは幸い命を取り留めましたと、ある人が話していました。今、このお年寄りの御難渋はこの話によく似ている。こうなれば我等が司馬温公となって、たとえその古染付の壺が失礼ながらどれほど高価な品でも、お年寄りの腕には代えられません」と、仰々しく煙管を引っさげ、向こうへまわる。年寄りは気の毒そうに壺をかぶった手を突き出すと、男はただ一発で壺を打ち砕いた。座敷中に金米糖がちらかって、雪を降らしたようになったので、「やれやれお年寄り、お助かりなさいましたね」と言って、その手を見れば、抜けないのも当然で、その手には金米糖をいっぱいつかんでいたということです。

なんとおかしい話ではありませんか。つかんだものを放しさえすれば、自由自在に手は抜けたものを、一度つかんだら首がちぎれても離すまいと、堅意地な根性が出て、そのため自由自在の大安楽が出来ないのです。このようにいうと銭金の事ばかりのようですけれど、つかむものはこればかりではない、器量のよいのをつかみ、賢いのをつかみ、負け惜しみをつかみ、家柄をつかみ、身代のよいのをつかんで離すまいと、とらわれ続け、教えを聞く事もせず、楽をする事もせず、慎みもできず、どうしようもないと鬱々した気分を抑えたり、顔をしかめたり、酒を飲んで紛らわせたりするのはなんとも気の毒なものです。壺を割ってしまってからでは何をいっても仕方ないことです。身代の壺を割らないうちに、御用心するのが第一でございます。それでもわが本心の明らかな明徳は曇ってはいない、洗濯するには及ばないと、思う人があるものです。

これを例えて申しますと、私のような目の不自由な人が一人旅をして心易い宿屋に泊まり、「明日の朝は七つ立ち（午前四時頃の出発）をさせてください」と頼む。亭主も心得て、朝早く出発させるとき、目の不自由な人が旅の支度をととのえ、杖を持って出ようとする。その時亭主が言うには、「まだ夜は暗いので、提灯をお持ちなさい。お貸しいたしましょう」「何をおっしゃいますやら、目の不自由な人が提灯を持って何の役に立ちますか」「いえいえ、あなたには必要ではないでしょうけれど、暗がりをとぼとぼと御出なさると、道行く人があなたにぶつかりま す。だから提灯をお持ちなさいと申したのです」「なるほど、そうですな。私はぶつからないけれど、暗いと目の見える人でもぶつかってくる。そういうことならお貸しください」と、提灯をさげて道を五、六町ほど行ったところで、向こうから来る人がその目の不自由な人にどんとぶつかってきました。そこで大いに腹をたてて、「俺にぶつかるとは、おまえは目が見えないのか」と言うと、向こうの人も腹を立て、「俺の目は不自由ではない。そういうお前が見えてないのか」と言う。「いやいや、確かに俺は目が不自由だが、人には突き当たらない。お前の目が見えないのに違いない」と言うと、向こうの人もいよいよ腹を立て、「俺が見えていないという証拠は何か証拠でもあって言うのか」と言うので、「おお、証拠ならある。お前が見えていない証拠は、この俺の持っている提灯がお前の目には見えていないからだ」と言って、ぐっと差し出した提灯の火は宿屋を出た門口でとっくに消えてしまっていました。これに気付かないとはなんと気の毒なことではございませんか。火もついていない真っ暗な提灯をさげて、これで大丈夫と思っているのは、本心を見失って、身勝手な心を本心だ本心だと思い、洗濯しようとも、慎もうとも思わない人によく似たものでございます。
どうぞお互いに火は消えていないかと、日々に点検したいものでございます。

まとめ

人にはそれぞれの人生があります。一卵性双生児であっても生まれてからの人生はそれぞれ違います。

そして人はその自分の人生においてさまざまなことを体験し、さまざまなことを思います。そんな中で自分の進むべき道を示してくれるような、迷ったときに一筋の光となるような言葉に出会い、それをよりどころにさらに進んでいけるようなことがあります。

私も還暦を過ぎて数年になりますが、これまでいろいろなことがありました。20代は20代の悩みや楽しみ、30代は30代の悩みや楽しみがあり、孔子ではないのでいくつになっても迷うこともありました。

しかし、私には私の生き方を勇気づける言葉を持っていました。

「人生は　焦らず　懼れず」

というものです。私はこの言葉に何度勇気づけられたかわかりません。でもおかげでなんとかここまで来ることができましたし、これからもやっていこうという気持ちになれます。

当然、人にはそれぞれの人生があり、それぞれの体験と出会いがあり、心に響く言葉、自分を勇気づける言葉、自分の生き方を指し示す言葉は違うことでしょう。

そこで今回はみなさんに自分の座右の銘とでもいうべき言葉を書いていただきました。

書き写しながら、本当にどれもこれも深い思いを持ったありがたい言葉であると感じました。ベスト3などとランキングをつけられるものではありません。それぞれがみなさんの体験から生まれてきた価値ある言葉だからです。

こうした言葉は別に毎日思い出して点検する必要はありません。しかし、もしも道に迷ったり、不安になったりした時にこそ灯台のような役割をする言葉です。大切にしてくださいね。

以下に寄せられた珠玉の言葉を紹介します。（50音順）

- ▪諦めずに最後までやり遂げる
- ▪明日は明日の風が吹く
- ▪ありがとう
- ▪石食って育ったんやろな
- ▪一期一会
- ▪いつも笑顔、いつも感謝
- ▪今でもべつにお前のことをおこってはいないんだ
- ▪馬には乗ってみよ　人には添うてみよ
- ▪売れているものが良いものなら、世界一のラーメンはカップラーメンだ
- ▪永遠に生きるつもりで夢を見、今日死ぬつもりで生きよ

■置かれた場所で咲きなさい
■起こることには意味がある
■おはようございます
■思いやり
■艱難汝を玉にす
■頑張り過ぎず頑張る
■逆風は、振り返れば追い風になる
■継続すること
■継続は力なり
■ケセラセラ　なるようになる
■喧嘩両成敗
■幸福の秘訣は、こういうことだ。あなたの興味をできるかぎり幅広くせよ。
■心のコップを上向きに
■心の月を磨く
■思考に気をつけなさい、それはいつか言葉になるから。言葉に気をつけなさい、それはいつか行動になるから。行動に気をつけなさい、それはいつか習慣になるから。習慣に気をつけなさい、それはいつか性格になるから。性格に気をつけなさい、それはいつか運命になるから。

■親しき中にも礼儀あり

■失敗は成功のもと

■自分がされて嫌なことは他人にもしない

■自分中心ではなく、相手の気持ちを考えて行動する

■自分にとらわれない

■自分の心の中に生まれた素直な言葉である

■自分のことより相手のことを

■自分の時間は「ワクワクすること」で埋め尽くす

■自分の弱さから目をそらすヤツがするのがうさ晴らし、弱さを見つめる人間がするのが立て直し

■習慣は第二の天性なり

■生涯慵立身　騰騰任天真

■初志貫徹

■初心忘るべからず

■人生楽しんだもの勝ち

■人生無駄なことなど何もない

■水滴石を穿つ
■少ない悪人のために、多くの良い人を見捨てるわけにはいかない
■救わないと救えないの違いは、見捨てないこと
■誠実
■センスは磨くもの、才能は開花させるもの
■千里の道も一歩から
■他人の芸を見て、あいつは下手だなと思ったら、そいつは自分と同じくらい。同じぐらいだなと思ったら、かなり上。うまいなあと感じたら、とてつもなく先に行っているもんだ。
■他の誰かの正解は僕の答えじゃない
■誰かを助けるのに理由がいるかい？
■知足
■どうして自分を責めるんですか？　他人がちゃんと必要な時に責めてくれるんだからいいじゃないですか
■努力しても成功するとは限らないけど、成功した人は皆努力している
■努力は必ず報われる
■努力は報われる

■どんな自分だっていい、僕は僕で僕なんだ。間違っちゃいない
■情けは人の為ならず
■成せばなる。成さねばならぬ。何事も
■為せば成る、為さねば成らぬ何事も、成らぬは人の為さぬなりけり
■七転び八起き
■成るようになる
■逃げる方が後から苦しくなる
■人間万事塞翁が馬
■念ずれば、花開く
■反省早く、後悔短く
■日が昇る前の夜明けが一番暗い
■人にしたことは、巡り巡って自分に返ってくる
■人はどんな場所でも幸せを見つけることはできる
■人は必要な時に必要な人と出会う
■百里を行くものは九十を半ばとす
■不撓不屈
■覆水盆に返らず

■不自由を常と思えば不足なし
■Fluctuat nec mergitur.　揺蕩えども沈まず
■ポジティブに考えてみること
■毎日をその日の収穫高でなく、まいた種で判断しなさい
■負けてたまるか
■無欲は怠惰の基である
■目標に向かって頑張る
■やらぬ後悔よりやって後悔
■〝揺るぎない意思〟とか〝崇高な動機〟なんて無くていい。成り行きで始めたものが少しずつ大事なものになっていったりする
■許す
■Life Is Too Short（人生は待つには短すぎる）
■楽が身に余る
■両親に感謝し大切にして下さい

続鳩翁道話　二之下

あなたの心の番人は何だと考えているか

解説

今回は関所の話から始まります。関所といってもピンとこない人もいるかもしれません。今でいう検問所、空港の出入国審査所のようなものがありました。当然、悪い者はこの関所を通れません。その関所が私たちの心の中にもあるというのです。

見る（視覚）・聞く（聴覚）・におう（嗅覚）・食べる（味覚）・さわる（触覚）という五つの感覚を五感といいます。その五感に「意識」を足せば、六つの感覚、六識というものになります。さらに善悪の分別という「心識」を足せば七識となり、もう一つ「無意識」を足せば八識となって、万物はこれで成り立つと考えられていました。

関所の役人たちはいつでも対応できるように身を引き締めています。それと同じように心の番人もいつでも善悪の分別が付くように常に引き締めておかねばならないというわけです。

この心の番人こそが理性であり、誘惑に負けない強い心だというのです。

私たちは普段、理性を働かせてしていいことと悪いことを判断しています。しかし、もしもピンチになったとき、本当に理性が働くという自信はありますか。トイレットペーパーがなくなるというデマが飛び交ったとき、人々の理性は正常だったでしょうか。

私たち自身、頭ではわかっていても、いざというときにはわがままになってしまうことはないのでしょうか。

貧乏な大根売りがある武士の家から金盥を盗もうとしました、普段なら盗みはいけないことだと分かっているのですが背に腹は代えられないと、つい出来心を起こしてしまいました。しかし、まるで観音様のご利益で処刑寸前の刀が粉々に砕けたように、すんでのところで自身の悪い心も砕け、自分の過ちに気づいたのでした。この気づくことを鳩翁は「心の洗濯」と表現しています。

私たちはよいことと悪いことははっきりとわかって生きているつもりです。ですが、ともすれば心の目は曇りがちで、曇ってしまうとまともに見えないようになってしまいます。

鳩翁はそれを説明するのに、犬の目を入れた医者の話をしています。左の目を紛失した医者が近くにいた犬の目を代わりに入れたところ、右目では汚物は汚く見えるのに、左目には好ましく見えたというのです。右目では忠孝はよいこととわかるのに左目では嫌なものに見えるということを表した例え話です。曇ってしまうと正しいものが正しく見えないので、なにより心の洗濯をすることが肝心だというのです。

曇ってしまうというのは心の番人が悪い者を通してしまったからだと鳩翁は言います。

心の洗濯をすることで心の番人が元気を取り戻し、善と悪を見分けられるようになるというのです。

今、私たちの心の中には悪いことや怠けようとする心の侵入を防ぐ番人がいますが、その番人は人によって違います。道徳心、世間体、恥、自責の念、理性、向上心、プライドなどいろいろありそうです。

そこで、今回は私たちの心の番人は何だと考えているかということについて考えてみたいと思います。

続鳩翁道話　二之下　本文現代語訳

「何事ものりをこえゆく世の人の心にかたき関もりもがな」

昔は国々に関を作って警備の人をつけ、通行する人を確認し、問題のない人は通し、問題のある人はその人を留め置いて都に連絡する所がありました。いわゆる美濃の国には不破の関、摂津の国には須磨の関、あるいは逢坂または木幡などがそれです。この歌の意味は、人が常に畏れ敬むという心を持ち、私欲に溺れるのを防ぐ事は、まるで関所を警備して旅人を留め置くかのようですので、その基準を知りたいものだと言っています。もがなというのは、願いのことばです。そうでなければ私欲が常に本心を覆い隠して、人の道に遠ざかることが多いだろうと、うち嘆く様子を歌ったものなのです。関守の例えは、とても有難いことです。なぜならこれが明徳を明らかにするための手段であり、日新の工夫だからです。私たちが人の道を失うのは、ただおれがおれがという身贔屓、身勝手から起こるのです。しかもこの身は、父母の縁によって生まれたとは言いながら、つまるところ天地水火の塊です。仏教では地水火風の塊だと申して、これを四大といいます。この四大が結んで、形をなせば、六根を作り出します。六根とは、眼と耳と鼻と口と身と意ということの六つのことです。これをまた六識ともいいます。さらに第七を心識といい、第八を阿頼耶識ともまた含蔵識ともいいます。この第七の心識が一切の善悪邪正を弁別し、第八識は一切の道理を含んで、それでいて特にする事もなく、ただ何ともないものなのです。以上これらを八識といいます。識とは知るという事です。

さてその六識に対するものは、色と声と香りと味と触れることと法とであり、これを六塵といいます。およそ世界にあるありとあらゆるものは、この六つのほかに漏れるものはありません。もっともこの事を委しく申しますと、生薬屋の店卸しをするようで、チンプンカンプンになって分からなくなりますから、ここでは止めておきます。委しい事は物知りな識者にお尋ねください。私たちには説明の必要はないのですが、ただ孟子は「いわゆる耳目の官は思わずして物に覆わる」とおっしゃっていて、目は見ることが役、耳は聞くことが役、しかし見るだけで、何の色ともしらず、ただ見るのみ、聞いても何の音かはしらず、ただ聞くのみであって、これをそのように分別するのが意識なのです。ですが悪い方へ傾きやすいのが心ですので、第七の心にしっかり敬畏する所があれば、人の道がつとまるのです。つまり心は大切な関所というわけです。ここで油断をして、うかうかすると、どんな悪事を思いつくことやら。とても怖いことです。

恐れ多い例えですが、東海道には今切箱根、木曽街道には福島横川と、すべて諸国の御関所において、明六ツ（午前六時）の御太鼓が鳴ると、関所の御門が開きます。このとき御役人様方は一同に御列座なさっています。明六ツの太鼓を聞いてから、お上下を着るのではありません。夜半でも八ツ（午前二時）でも何時でも厳重に御番をなさるから、夜中何時に御用物が通っても、少しも差し支えがございません。人の心もまったくその通りで、寝ても覚めても、立つにも座るにも畏れ慎むという心が番をしていれば、燈篭鬢や三味線太鼓、鍋焼き、すっぽん、どじょう汁といった贅沢品はうかうかとは通さないはずです。しかし、誰しも用心はするのですが、いつでも通ってしまったあとで後悔するものです。これはちょうど明六ツの太鼓を聞いて門を開けると、旅人が通りかかる、ちょっと待ってくれ、上下を着なければならないからと言っているその隙に、よいものも悪いものも通り抜けてしまうようなものです。だからこそ心の番人がいいかげんだと、どんな大変なことが起こるやらしれないのです。そこで「明命を顧みる」と言うわけです。

このことについて恐ろしい話がございます。所は江戸の神田辺と聞きましたが、名は何とやら申して、とても貧乏な暮らし方、夫婦と子供三人、亭主というのは三十四、五、女房は二十八、九、家は九尺二間の裏店、鼠の巣のような住居。商売は特に取り定めた事はなく、ただ明けても暮れても一合酒と夫婦喧嘩、小博奕が商売同然。朝は朝寝し、夜は夜ふかし、針を蔵に積んでもたまらないのと同じような暮らしですから、とうとう貧乏になって、仕方なく青物売りに出かけ、四、五百文の銭で親子五人がその日暮らしをしていました。朝、五百文で卸しで大根を買い、その日一日江戸中を大根大根と泣き歩いて、暮方に七百文ほどにし、家へ帰ると、それを米に換え、酒に換え、醤油に換え、油に換え、薪に換え、子どもの鼻薬迄を二百文の銭でやりくりし、残った五百文は明日の商売の元手にする。だから一日休むと、一日食わずにいなければなりませんでした。そんな小ぜわしない身代なのに、雨が降るといっては半日休んで博奕を打ち、頭痛がするといっては昼から帰って夫婦喧嘩をする、だから親子五人が食わずにいる事もよくあると聞きました。こんな話はお子たちもよく聞いておくと宜しい。小さいときに、父様や母様のおっしゃる事を聞かなかった報いで、成人してからこのように罰があたって難儀な暮らしをしなければならないのです。ですからしっかり御両親のおっしゃることを聞かなければなりませんよ。

さてその大根売りがいつものように、一かかえの大根を持って、朝早くから売り歩いたのですが、どうした事か、その日は一本の大根も売れません。日差しをみればはや昼すぎ、腹の時計は三時を過ぎているというのに、財布の中にはまだ一文の銭もありません。「これは困った、この大根が暮方までに七百文の銭にならないと、たちまち明日は釜の中に蜘蛛の巣が張る。どうしたらよかろう」と、悩みながらいつのまにか両国橋をわたり、本庄の屋敷町を大根、大根と売り歩いていました。

その時あるお屋敷の表長屋の窓の内から、「これ、大根屋」と呼ぶ声がしました。「やれうれしいぞ、まずは商売ができる」と、呼ぶ所を見れば、表御門から右へ三ツ目の格子のある窓の中から呼んだのでした。そこで大根屋が表御門から荷物を担ぎこんで御長屋へまわって見ると、門から三軒目の高塀の家で、門には何某と表札が書いてある。荷物を持ち込んでみると、縁先の障子を開け、旦那殿が今散髪をしたばかりとみえて、鏡立てに向かって自分で髪を結いながら、「その大根はいくらか」と言う。「百文で三本でございます」と言うと、「それは高い、二十四文ずつにしておけ」と言われる。売りたいのは売りたいけれど、それでは損する事なので、「どうぞ三本百文でお買いなさってください。今朝から江戸中を泣き歩いて、まだ一本も売れていません。何が何でも売って帰らなければならない大根なのです、割引は一切いたしません」と言いました。するとそのお侍が頭を横に振り、「それでも高い、まけてくれないのなら買うのはやめにしよう。すまないが持って帰れ」と言い捨てて、縁先の障子をバタンと閉めました。

大根屋もいろいろと言ってみても、お侍は相手にしません。そこで仕方なく、「はて困った。もう日暮れには時間もない。何とか四、五百の銭を持って帰らないと親子五人は明日の命がつなげない。なんとしたものであろう」と、手を組んで思案をしていると縁先の銅盥にふっと目が付きました。

ここからが大事な聞き所です。心の関所が油断なく番をしていたら、銅盥に目はいかないはずです。子曰く、「君子固に窮す、小人窮すればここに濫す」と。これは『論語』「衛の霊公の編」に孔子が陳蔡の間に囲まれ、食べるものもなく門人もことごとく弱っていき、立つこともできない状態となりました。弟子の子路という人がとてもこのことを憤って孔子に「君子もまた窮する事ありや」と問いました。この意図は、「我が師は天に従って道を行っている。なのにどうしてこんなに困窮するのか」と問われたものでした。そのとき孔子の御返答は、「君子困窮すというのは人の貧富窮達であり、これはみな天命なのだ。君子といっても困窮するときはその困窮を耐え忍ぶのが天命に従うということなのだ。困窮のときに困窮しないでいようと騒ぎ廻るのは、天命に逆らっているのであって、誠というものではない。だから困窮するときに困窮するのは、当然の事なのだ」とおっしゃったのです。

しかし小人は困窮の時になると、無理に困窮しないようにともがくから、しまいには悪心が起こって、ふと銅盥に目が行くようになってしまうのです。ここを指して、「小人窮すればここに濫す」と、孔子は仰せられたのです。

これは大根売りの事ばかりではない、我々どもの身の上にもこれに似た事があるものです。親類の無心、仕方のない損、あるいは病難、あるいは貧乏と、その時が廻って来たら、どう思っても遁れられるものではないのです。だからこそ『中庸』に、「君子その位に素して行う」と書いてあるのであって、その意味ではありがたい天命の貧乏、ありがたい親類の無心、ありがたい損、ありがたい病難と思って、大切に天命を守っていると、物にはすべて来たるときと去るときとあるもので、ずっと貧乏し通しにするものでもない。きっと自然と抜け出す道が出来るものなのです。

これによい例えがございます。天竺（インド）で猟師が猿を取るときは、とりもちを丸めて猿の前に投げ出します。すると猿は腹を立て、そのとりもちを片手でつかむと、指がくっついて離れません。驚いて左の手でそのとりもちを取り除こうとすると、左の手もまたくっつく。ますますあわてて、右の足をかけてとろうとすれば、また右の足もくっつく。ますますうろたえて左の足でとろうとすれば、これもくっつく。たった一つのとりもちに、四ツの手足がことごとくくっついて離れず、ちょうど括り猿のようになりますと、猟師が手足の間へ棒を通して担いで帰るというのです。これは身を遁れようとするから、括り猿になるのです。はじめ右の手でつかんだとき、騒がずにじっと辛抱していると、自然に手のぬくもりでとりもちは垂れて、自然と危うい目を遁れることができるのに、その辛抱が出来ないからうろたえ騒いで、ついには命を失うのです。なんと気の毒な括り猿ではありませんか。とかく辛抱が大事なのです。うろたえてはいけません。うろたえると銅盥が欲しくなります。

そこであの大根売りが縁先でしたことは、障子は閉めてある、あたりに見る人はなし、その銅盥を水の入ったまま、大根二、三把の下へそっと隠してしまったのです。怖いものです。すると今まで広かった世界が立ちどころに狭くなって、五尺の体をどこにも置く事がならなくなりました。荷物をかつぎ出して門口を出ようとしたとき、また障子の内から、「これ、大根屋」と呼びかけられました。何気ない顔で、「まかりません」というと、「いやいや、値はねぎるまい、その大根を買おう」と言いながら、障子をさらりと開けました。大根屋はびっくりしましたが、なんとかして逃げて帰ろうと思い、「何束ほど要りますか、ばら売りは出来ませんが」と言う。「いやいや、ばらでは買わないさ。その大根をみな買おう。すべてこの縁先へ並べてくれ」と言う。

さあ、大根屋も一生懸命です、障子が閉まっているうちなら、銅盥を出すこともできたでしょうが、今さら銅盥を出すわけにもいかず、かといって売らないわけにもいかず、逃げてゆくといって商売の荷物を捨てて帰るわけにもいかず、千百万の後悔も今となっては間に合わず、うろうろとしていると、お侍が大根屋の顔をじっと見て、「お前はずいぶんとうろたえて居るぞ。まず銅盥から出して、大根の数を数えて見よ」と言いました。

大根屋は全身に冷汗を流して、もう切られるか、ぶたれるかと、わなわなと震えながら、銅盥を恥ずかしそうにそっと出して、土に手をつき、「旦那様、真平御免なされてくださいませ。何をかくしましょう、先刻も申しましたとおり、今朝からまだ一文の商いもいたしませず、このまま帰りますと、明日は親子五人が食べる事ができません。悲しい貧の盗み根性、面目次第もございません。七つを頭に子どもが三人、どうぞ親子五人の命をお助けくださいませ」と、青ざめた顔色で土に頭をすり付けて詫言をしました。

このお侍は思いの外、気だてのよい人で、少しも立腹した様子も見せず、「いやいや、詫びなくてもよい。まず大根の数を数えてみよ」と言われる。そこで恐る恐る大根を縁先へ積み上げたところ、二十三把ありました。そのお侍はすぐに七百六十四文の銭を取り出し、大根売りを呼んで、「さあ、その方がいう通りに二十三把で七百六十四文、ついでにその銅盥を添えて遣わす。貧の盗みとは言いながら、お前の根性は余程汚れているようだ。この銅盥は顔や手足を洗う道具だけれど、ただ顔や手足を洗うばかりではあるまい。心を洗うこともできそうだ。無礼は咎めぬ。この銅盥をやるから、持って帰ってしっかりと反省して、心の垢を洗い落とせ」と、言い捨てて障子を閉めて家へ入りました。大根屋は夢を見たようにありがたいやら恥ずかしいやらで、礼も言わず、銅盥と銭を荷の中へ入れて、早々にその屋敷を逃げるようにして出ました。

するとはじめて生きかえったような気がしましたが、恥ずかしいと思う心が腹のうちに横たわって鬱々としながら家に帰りました。ここからが経文に説いてある観音の御利生、刀刃断々壊の功徳の段です。いつもなら小歌を歌いながら門口を入ると、荷物かごを投げ捨てて、財布を提げ、庭に立ったまま、まず翌日の手配りを始め、百は米に換え、二十四文を薪に換え、十六文は油に換えてと、子どもの鼻薬から今夜の寝酒の肴までいれると残る所もなく、いばり顔で手配する所なのですが、今日は何と思ったことか、いつになく門口をそっと入り、しおしおと上り口に腰をかけて、草鞋の紐を解こうともせず、ものも言わずにさしうつむいている。

女房は櫛巻頭に乳呑子を懐へねじこみ、埃払いを持たせたら、まるで三宝荒神ともいうべき勢いで、一調子張り上げて、「売りあげの銭をも見せず、化けそこなった狐殿のようにうつむいてばかり。居眠っているのか、または食らい酔うて戻ったのか、どうしようもない倒博奕ね」と、御託宣を上げてみても一言も返答しません。

そこで女房は合点がゆかず、荷の中を見れば、売上げの銭もそのまま、さらには見なれぬ銅盥があるので、「これはあんた、どこから持って帰ってきたのよ。我が家には不似合な銅盥、あんたの顔つきといい、この銅盥といいい、何かわけがありそうね」と、次々と問いつめる。

すると亭主は面目なげに今日の始末を一部始終話し、さてさてその方に対して面目ないと話し、やっと現実に戻ってきました。これがこれありがたいものです。あの御侍が「心を洗え」と御意見の一言が、大根売りの腹に横たわったのは、孟子のいわゆる「羞悪の心は義の端なり」と仰せられたことによるものなのです。この恥ずかしいと思うことは、本心の発見であり、恥をさえ忘れなければ、人の身は立つもの、悪くすると恥をかいても恥ずかしいとも思わない人は、心が汚れ切っていて、例えば鏡が曇って姿が映らないようなものです。しかし幸いにこの大根売りは、よいお侍に出会ってありがたい御意見をいただいたので、人としての本心に立ち戻ることができました。これを観音の御利生といいます。もしこのときに銅盥を盗みおおせていたら、段々盗みに面白みが付いて、初めは恐ろしいと思っていたのが、後には快く思うようになる。

古歌に、「鳴子をば己が羽風に驚きて心と騒ぐ村すずめかな」というのがありますが、これは盗人も初めは、自分の足音にさえ驚いていたのに、後には石で戸を叩き割って入るようになるのは、初め鳴子に驚いていた村雀が後には鳴子に馴れて止まるようになるのと同じ事です。これは「習性となる」といって、いい加減に目を覚まさないと、一生すたりものになるのです。この大根売りも後には大盗人になり、首の座に直るようになったかもしれないのですが、あのお侍の御意見の声が耳に入り、立ち戻りが出来ましたので、首を切られる気遣いはありません。

これで見れば、まるでお侍は観音様です。則ち刀刃断々壊の功徳でございます。洛東の清水寺の御宝前に掛けられた絵馬を見ますと、罪人が縛られて首の座に直って首をさしのべており、その後に太刀取りが太刀を振り上げていますが、その上の方に観音様のお姿が現れて光明を放ちますと、太刀取りの太刀が段々に折れていく所が書いてあります。どなたも御存じでございましょうが、これが刀刃断々壊の功徳を書きあらわしたもので、すべて心の事なのです。心さえ正しければ、刃向かう剣はないものです。従って、仁者に敵なしとも申します。そこでこの大根売りもこれから後夫婦で心を合わせ、本心に従い、夜昼働き、ついに三年目には相応の八百屋になって、あの銅盥をお侍に戻し、厚く御礼を述べて、この御屋敷の御出入の八百屋になりました。これが「旧染の汚れを洗濯した」ということなのです。

洗濯するといえば、こんな話があります。

とある片田舎に急に失明した人があって、大いに苦しみ、あちこちの医者殿に見てもらったところが、内傷眼で治らないと言われました。なんとかしたいと案じ煩いましたところ、幸い近国に華陀流の療治をする人があって、頭を開いて頭痛の虫を取るだの、目の玉をくりぬいて洗濯するだのと、いろいろと評判なので、その病人は早速訪ねてゆき、療治を頼みました。医者殿は心易く請け合い、「これは目の玉をくり出して洗濯すると、たちまちに見えるようになる」と、すぐに治療にかかり、難なく目の玉をぬき出して、焼酎で洗い、つるし柿を干すように二つの眼の玉を竿にかけて干しておかれました。

ところが気の毒な事ができました。というのも屋根にいる烏がこれを見付けて、目の玉を一ツくわえて逃げたのです。その羽音に驚き、医者殿が見付けて肝を潰し、「これは困った事になった。目の玉を紛失しては病人へ言い訳が立たない。どうしたらよかろうか」と考えていらっしゃったが、工夫もあればあるものです。側に寝ている犬の子を見付けて、「これはいいものがある。この犬の目の玉を借用して病人を治してやろう」と思いつき、たちまち犬の子を股にはさんで苦もなく犬の目をぬき出しました。犬こそいい迷惑です、キャンキャン鳴いて舞い歩きましたが、医者殿は知らん顔で、これも焼酎で洗い、よく乾かして烏の残した人の目と一対にして、すぐに病人の目の穴へはめました。

すると不思議なことに目が見え出したので、病人は大いに喜びました。犬の目が交じっているとも知らず、きょろきょろとしてうれしがっていましたので、医者殿はおかしさを隠しつつ、「どうです、見え方は変わった事はないですか」と言うと、患者は「いいえ、何にも変わった事はございません」と言う。医者殿がさらに、「何か変わった事がありそうなものですが、よく気を付けて見てごらんなさい」と言うと、「なるほど、そうおっしゃると、少し変わった事がございます」と言う。「そうでしょう、そうでしょう、どう変わりましたか」「はい、ただ今トイレへ行きまして、下をのぞいたとき、右の目では汚く見えたのに、左の目では何とやら好もしく思いました」と言われました。好もしいはずです。左の目は犬の目ですからね。これがみなさんによく似た話なのです。

というのも、忠孝はよい事と思っていますが、またどうかすると面倒になる。しっかりとお考えなされて御覧なさい。いいかげんだと人も半分獣の仲間入りをしている事があるものです。盗むの殺すのというような大きな汚れはないでしょうけれども、それでも少々ずつの垢づきがないとも言えません。目の玉の洗濯より、心の洗濯が肝心なのです。

ある人の歌に「ふりにける奈良の都の習わしもあらたまりゆく君がまことに」というのがありますが、心の洗濯はしたいものです。

なお後は明晩お話しいたしましょう。

まとめ

心の番人がいないと私たちはついつい自分に甘く、これぐらいはいいだろうと気を許し、怠けてしまったり、悪いとはわかっていてもやってしまったりすることがあります。

では、心の番人とは一体何なのでしょうか。

もちろん、それは人によって違います。なぜならこれぐらいはいいという基準が人によって違うからです。

変な例ですが、芥川龍之介の『羅生門』では、下人は盗人になることは悪いことと分かっていても、悪い奴には悪いことをしてもいい、生きていくための悪は許されるという基準を持ったために老婆の着物をはぎ取り、夜の闇に消えていきました。

またこんな話を聞いたこともあります。ヨーロッパのいくつかの国では赤信号でも自動車が来ていないのを確認したら渡ってもよいという考えがあるそうです。自分を基準として、自分の命の責任は自分にあるという考え方からきているということです。日本では基準を社会道徳において、ルールを守ることを優先するという考え方ですので、自動車は来ていなくても渡ってはいけないという考えに立っています。

最近ユーチューバーで、わざと社会道徳に反することをして人目を引こうとする動画が見られます。自分さえよければいいという「おれがおれが」の代表者ですが、これは日本だからこそ人目を引くのかもしれませんね。

アメリカで差別問題から発展した暴動で、平気で商品を略奪したり、「みんなも盗れよ」と堂々と強奪を勧めたりするのはこうした基本的な考え方の違いもあるのかもしれません。

日本ではかつて五人組という制度があり、連帯責任という名目でお互いにお互いを監視させたりしていた時代もありました。今はそんなことはありませんが、悪いことをすればバチが当たる、お天道様が見ているという考え方に理解を示すのもこうした意識が私たちの心の底にあるからかもしれません。

世間体にとらわれてはいけない、と何度かこの授業でも取り上げました。しかし、だからといって全く気にしないのもいけません。そのバランスを自分の中でとり続けることが大切だというのはよくわかっていただけていると思います。

そうした世間体が自分の悪事への抑止力になっているのなら、それはいい方向に働いているのだから問題はありません。それが度が過ぎて何もできなくなってしまうとだめだというわけです。自分が正しいと信じる道を進むのに世間体は気にしなくてもよいというわけです。

ちょうど一方通行の道で心の番人が、正しい方向には何もせず、逆走していこうとすると止められるようなものです。

もちろんこうした心の番人は世間体ばかりではありません。友達、自制心、未来の自分、広い視野、良心、罪悪感、両親・家族、プライド、理性、モラル・道徳心、知識、推し、危機感・リスク、義務感、自責の念、想像力、使命感、美意識、後悔、経験、葛藤、正義感、時間、記憶、好きか嫌いか、メタ認知力などをみなさんから挙げていただきました。

ただこうした門番は意識するかしないかで大きく違ってきます。今回のように門番の存在をしっかりと意識することで、今まで以上に門番は元気づけられ、勇気づけられ、より一層あなたのために働いてくれることでしょう。

今、コロナの件で社会は混乱しています。陽性であるとわかって、それでも公共交通機関を使って移動したり、所在を隠そうとしたりする人が増えてきています。自暴自棄になっているのかもしれませんし、一人でも道連れにしてやろうなどと邪な心を抱いていたのかもしれません。

ただ一つ確実に言えることは、残念ながらその人たちの心の番人は働いていなかったということです。

私は何も江戸時代の道徳が素晴らしく、今もそれに従うべきだと言っているのではありません。

しかし、人として他人の事も考え、自分の事も考えて行動するためにも、心の番人にはしっかり働いてもらわねばならないと思っています。

『百姓の足、坊さんの足』から学ぶこと

解説

今、コロナのことで世界中が大混乱になっています。ニュースなどでは毎日数百人という数の陽性反応者が出たと報道されていますが、その中でも東京都の数は群を抜いて多いようです。それもそのはず、東京は一極集中といわれるように多くの人が集まっており、人口数も感染機会も突出しているからなのでしょう。それでも人々は東京から出ていくことはしません。もし不足があるならさっさと出ていくことでしょう。でも東京には仕事場もあり、大学も多くあります。夜の街もにぎやかなようです。みなさんは太田裕美の『木綿のハンカチーフ』という曲を知っているでしょうか。今から45年ほど前に流行った曲ですが、この曲に登場する男の子も都会に出て帰ってきませんでした。

東京に限らず、昔から人々は自由なところに集まり、どこにも行こうとしません。人々は無意識のうちに自然とほどよい状態を保とうとするのです。鳩翁はこれを「至善にとどまる」と表現しています。そして人の心もよく似ていると指摘しています。

どこが似ているかというと、良い状態であれば無意識のうちに良いことと悪いことを区別し

ていけるようになっていることだというのです。小僧の長吉の返事も無意識にわきまえたものとなっていて、目上から呼ばれたときは「はい」という声が出て、同僚から呼ばれたときは「おい」と返事をするように使い分けていますが、これは自然と無意識のうちに出たもの、赤ちゃんのしぐさと同じで意識して区別しているのではないというのです。私心のない「無心」で反応しているわけですが、前回でいう心の番人がしっかりとしていれば私心のない様子でいられるということを説明しています。

ではどうすれば無心に、私心のない状態になれるのでしょうか。変に意識すると本末転倒になりかねないと鳩翁は言います。ゴールをめざして走るときは実直に走ることだけに専念すればいいのであって、変に近道を探すとろくなことはありません。近道を好む人の話がありますが、本末転倒であって意味がありません。やはり近道はないのです。「学問に王道なし」といわれるようにコツコツと辛抱してやることが大切なのです。そうやっていけばいつかはきっと道が開けるはずです。

そしてなることはなるし、ならぬことはならぬと自然とわかってくるのです。

ただし注意しなければならないことがあります。近道はないとわかっていながらも近道を知らないうちに探していて、わかっていないのにわかったような気になってしまっていないかと点検する必要があるということです。

勉強しなさい、部屋を掃除しなさいと言われて「はいはい、今やろうとしていたのに言われてやる気がなくなった」とブツブツ言った経験はありませんか。やらなければならないことはわかっていてもその気にならず、本当はわかっていなかったということはよくあることです。

鳩翁は「極楽の木耳と極楽の数の子」という面白くまた恐ろしいたとえで説明しています。いいことをいっぱい聞いても実行しなかったら死んで耳だけが極楽へ行く。いいことをいっぱい口にしても実行しなかったら死んで唇だけが極楽へ行く。この耳たぶだけ、唇だけがいっぱい集まってきてまるで極楽の木耳と極楽の数の子に見えたというのです。

ではどうすればいいのでしょう。冒頭で触れた至善にとどまればいいのです。そしてそのためには人を敬い、慈しみ、誠実に接することが大切です。

それは私たちの心の持ち方ひとつですので頑張ろうというわけです。

同じことを繰り返して言いますが、いくら頑張ろうと思っても実際は頑張らなかったり、いくら頑張りますと口で言っても実行しなければ意味がないぞという教えが今回の内容です。

新美南吉という童話作家がいました。『ごんぎつね』の作者としても知られています。この新美南吉が『百姓の足、坊さんの足』という童話を書いています。お布施としていただいたお米を二人はこぼし、足で踏み散らしてしまいます。しばらくして百姓は足が痛み、自分の犯した過ちを反省しますが、坊さんは何事も起こりません。二人は同日に死んで極楽と地獄の分かれ道に差し掛かります。そして生前偉そうに言っていた坊さんは地獄へ、反省した百姓は極楽へと続く道を歩むことになるというお話です。

坊さんがなぜ地獄へ続く道を行かされたのかはもうわかるはずです。今回はこの話を通して鳩翁の言いたかったことを考えてみましょう。

続鳩翁道話　三之上　本文現代語訳

「詩に云う邦畿千里これ民の止まるところなり。」

これは『大学』の伝に「商頌玄鳥の篇」を引いて、経文至善に止まることの工夫を御示しなされたものです。

まず邦畿とは、たとえば山城、大和、河内、和泉、摂津を五畿内というようなもので、畿内は天子の御座所、千里とはその広いことをさした表現です。「これ民の止まる所」とは、唐も大和も天子のおわします所を都といって、土地は美しく豊穣で、四方への通路もよく、何一つ不自由な事なく、風俗も卑しくなく、何事につけて便利だから、人が多く集まり住む。「止まる」というのはその所へ移り住んで、外へ動かないという事です。つまりこの詩を引用して、人の本心はもともと明らかなものなので、これに従っている時は、主君に仕え、親に仕え、夫に仕え、目上に仕え、世間の人と交わることまでも力を入れずに自由自在なので、その状態でいなさいというご教示なのです。これを「至善に止まる」と言います。

さてこの至善は形の上で見ますと、孝悌忠信、礼義廉恥ですが、その意味を言おうとすれば、発話の不自由な人が見た夢を語るようなもので、人に対して語ることはできません。それなら何もないのかというと、ないわけではない、しいて言うなら、きょろりとしたようなものです。

またこのように言うと早合点をして、つまりは何も知らない、きょろさくを見るようなものかと思えば、先師堵庵先生の道歌に、「きょろりとはいかなるものか知らねども味噌をねぶれば味わいを知る」というわけで、たとえば長吉殿が昼寝をしている。男とも知らず、女とも知らず、また寝ているとも知らず、なにも考えていないところへ旦那殿が、「これ、長吉」とお呼びなさると、すぐに「はい」と返事が出る。今度はおさよ殿が「長吉どん」と呼ぶと、「おい」と返事が出る。この「はい」と「おい」とは何者が分別して返事を仕分けたのか、少し考えてごらんなさい。

「味噌を舐めれば味わいを知る」しかも知ると言えば、何か特別に知るらしいものがあるように聞こえますけれど、特別何も知るらしいものはありません。かといって「ない」と言えば、何もないのだと御理解なさるけれど、なかなかそんなものではありません。ですからあるともないとも分別はわかりません。ただきょろりとしていてこそ自然と対応できて用が勤まるのです。

今一つ例を挙げてみましょう。赤子が生まれ落ちたときはただ芋虫のようにもぞもぞと動くばかりです。目も見えなければ、きっと耳も聞こえないことでしょう。当然ものは言えず、ただホギャア、ホギャアと泣くばかり。このとき赤子には知恵らしいものも分別らしいものも何もありそうには見えません。なのに母親が乳房をふくませると赤子は舌でその乳房を巻いて乳を吸います。この乳首を舌で巻かねば、吸えないという事は誰が教えましたか。なんと奇妙なことではありませんか。

その赤子は何もしなくても大きくなります。三ツの年に誰かに知恵をもらったのでもなし、五ツの年から分別が出来たのでもない。ただ赤子が成人しただけなのです。ならば三十歳も赤子、五十歳も赤子、八十歳も赤子であり、〇歳の赤子と何も変わりはない。ただ赤子には私の心がない。至善ばかりです。

ところが大人には私の心があって、それだけが赤子と違います。ですから孟子も、「大人はその赤子の心を失わずにいるのが大切だ」と仰せられました。赤子の心とは私の心のない事を言うのです。私心がなければ至善ばかりで、我というものがない。我というものがなければ、ただ向かうままです。向かうままならば忠孝は自然と勤まる道理です。この我なしの境地を見つけよと、先師方が御世話をしてくださっているのです。

いろは歌にも「我をたてねば悪事は出来ぬ。知れよ心に我はない」と、堵庵先生も仰せられていますが、我なしの勤めは、勤めということを知らないわけです。もし勤めを知る事があれば、それは我ありというものです。おれは嫁だ、おれは姑だ、おれは旦那だ、おれは娘だ、おれは親を大事にしている、おれは奉公に精を出していると自覚するようでは、本物ではありません。例えば人はいつもなら額のことを忘れているけれど、額のことを考えるときは必ず頭痛がしたときです。歯のことをいつもは忘れているけれど、歯のことを考えるときは歯が痛んでいるのです。ですから何か意識すると、純粋な物ではないというわけです。もう一ツ例えて言いましょう。

娯楽の揚弓で言いますと、矢が的に当たればカチリと音がして矢が戻り、手応えがあります。しかし、これは的の真ん中に当たったのではないのです。「きり」といって的の真ん中には穴があります。これに当たると矢も戻らず、カチリという音もなく、手応えもありません。ここが至善の場です。これを「無我」と言います。カチリカチリと音のする間はまだ無我になっていないと思うといいでしょう。もしまた大間違いに間違えて、人の道を失いますと、する事なす事、矢が横の幕へ当たったようなもので、尻すぼみにごそごそと落ちてしまうだけです。埒もないものです。道は少しも離れてはいけません。道に当たれば、生まれるのも死ぬのも苦しむのも楽しむのも、無我でするので、知ったことではない。それだから大安楽なのです。ところが人の道を失いますと、生死苦楽、しっかりと自分に返ってきます。これはちょうど痛むから歯を意識し、痛むから額を意識するようなもので本末転倒です。このところをよく味わってごらんなさい。とかく道を大切にしなければなりません。「朝に道を聞いて、夕べに死すとも可なり」と、孔子がおっしゃったのは嘘ではありません。

こう申しましても賢いお人はなかなか御合点なさいません。聖人の道だの、仁義五常の道だのと、そんなまわりくどい遠い道では、今の時節に世渡りが出来るものか、とかく近道でなければならないと、滅多やたらと近道を好む人があるものです。しかしその近道はとんとあてにはなりません。この近道についておかしい話があります。

ある所に打算的な考えが好きな人がおりました。何事でも近道を好む人でした。あるとき一人旅をなされましたが、途中、尾籠な事ですが、急に大便がしたくなった。日差しを見れば午前十一時すぎ、もう少し歩いたら次の駅までゆくのだが、困ったものだ、大便をするのに時間がかかると、余程の時間を損しなければならない。なんとかして歩きながら用を足す方法はないかと色々と近道を考えても、小用と違って大用はそうはいきません。そうこうするうち、ますますしたくなってくる。仕方なく道端の野雪隠へ走り込み、便器にまたがりながら、これはつまらん、こう時間をとっていると、かなりの道が遅れる。何かいい方法はない事かと、考えを廻らしたところ、たちまち一ツの近道を思いつきました。それは、時は昼前、今ここで時間をとって、また向こうの宿場で昼食をとると、二重三重の休息になり、まして茶の銭もかかるから、いろいろと不経済だ。それよりこうしている時間に、懐中の弁当を食べると、茶の銭もいらず、二重休みもしないから、とてもよい近道ではないかと、静かに焼飯を取り出し、菰だれのすきまから菜種畑を遠見して、悠々と食べていました。

さて楽あれば苦ありで、気の毒な事が起こりました。山蜂の大きな奴が、その雪隠へ飛びこんで、大事な所を刺しおった。男はびっくりして蜂をはらう拍子に手にのせた皮包みの焼飯を思わず野壺へ取り落としたのでまたびっくりし、しばらく覗いていたが、横手を打って「これこそ近道だ」と言いました。

なんと面白い話ではありませんか。確かにこれほどの近道はない。焼飯を噛みこなして、喉を通し、腹を通して、それから下へ落とすのです。それをすぐに手の平から野壺へ落としたものですから、弓と弦ほど違う近道、これ以上の近道はない。

しかし、ここが大事な聞き所でございます。近道は近道ですけれど、喉を越さないと焼飯が栄養になりません。まわり遠いようでも、本街道でなければ近道は役に立ちません。金儲けの近道をして相場に手を出し、立身出世の近道をして賭け事に手を出し、婚礼の近道をして主親の家を放り出され、葬礼の近道をして心中、身投げ、首くくりするのは、みな気の短い人たちです。

短慮功をなさずの歌に「急がずば濡れざらましを旅人のあとより晴るる野路の村雨」というのがあります。しばらく見合わせて辛抱すると時節が到来するのに、それが待てない短気者が多い。「綿蠻たる黄鳥、丘隅にとどまる」といって、声面白くさえずる小鳥も身の大事はよく知って、高い所や木深い所の枝葉の繁った中に身をおいて安らかに遊んでいる。これはここだと弓や鉄砲も届かず、撃つ事ができないことを考えて止まるのです。ですから孔子もこの詩を御評価なさって、「止まるにおいて、そのとどまるところを知る。人をもって鳥にだも如かざるべけんや」と仰せられました。これは人が鳥に劣るという事ではありません。人として鳥にも劣るべきかと励まして志を起こさせ、無我の境地に留まらせようという、ありがたいお教えです。

すべて鳥にかぎらず、蜘蛛は大風が吹く前には巣をたたみ、狐は雨が降る前に穴をふさぐと言われており、未然にその災いを用心いたします。なのに人はただ利欲に目がくらんですぐに倒れることも知らず、あれが欲しい、これが済まないと、何事も自分の才覚で出来るもののように覚え、ならぬ事もなるように心得て、無理無体に苦しんでいます。ですがその実はあくび一つ、くしゃみ一つ、指一本動かす事も時節到来でなければ本真の事は出来ません。心学をするのは、何も新たな事を稽古するのではございません。なる事はなると知り、ならぬ事はならぬと知る。ですからとても安楽なのです。この安楽をしようと思えば、本心を知ることから始めます。本心を知れば無理は出来ません。もし本心を知って無理をする人があったら、それは本当の本心を知らないのです。このように申せば、私が無理せず、無理も言わないように聞こえますけれど、なかなかそうではありません。「箕売りは笠で干る」というように、かえって常に無理をいたしてしまいます。これについて今一つ話があります。

ちょうど私のようなものが死んで極楽へ参りました。観音勢至菩薩がお出迎えなされて、すぐに阿彌陀如来の御前へ連れてゆかれました。如来がおっしゃるには、「これからその方も極楽の仲間入りをするものだから、極楽の様子も見覚えておかねばならない。今日はまず見物をするとよい」と、観音様に案内を仰せ付けられました。

観世音は心得てその亡者を導き、そこここと極楽の様子を御見せなさる。いろいろな宝物や立派な建物に目を驚かし、天人の舞楽が耳に満ち、八功徳の池には蓮が花ざかり、迦陵頻伽のさえずる声は鶯よりもおもしろく、あちらこちらと見物するうち、一つの堂へ御案内なされた。

見れば質屋の蔵の中を見るように、四方に棚をつりまわして、夥しい数の木耳、数の子が積み上げてある。さては百味の飲食を調進する御台所かと思い、観音様に、「あの仰山な木耳は、仏達の食物にするのですか」と問いましたら、「いやいや、あれは木耳ではない」とおっしゃる。「それなら何でございますか」「あれは人が娑婆にいたとき、常に忠孝の話を聞いて、実にもと思い、また談義や説法を聞いてありがたいと思っても、実際の所作は悪いことばかりしている者が死ぬと、身体は無間地獄へ落ちて、耳だけが極楽まいりする。だからあれは耳だけが仏になったものなのだよ」と仰せられました。

そこでまたお尋ねしました。「耳の干物はわかりましたが、あの数の子は極楽には不似合な殺生なものだと思いますが、あれはどうしたことでございますか」と言うと、観世音がお叱りなされて、「とんでもない、極楽に生臭いものがあってたまるものか、あれは数の子ではない。娑婆にいるとき、口に忠孝を述べて人を教訓し、口では経論を説いて人を済度するくせに、自分自身は気髄気ままを働く、そんな奴が死ぬと、身体はたちまち地獄へゆくが、唇だけが極楽まいりする。つまりあれは唇の干物なのだ」と仰せられました。

なんと怖い話ではありませんか。私などは唇だけが極楽まいりする連中、そしてどうかすると、あなたがたは耳だけが極楽まいりするお仲間うちになりがちです。油断はなりません。感心上手の行い下手、口ばかりの龍がしらというわけで、実行力のないのには困ったものです。

尭舜の御代といえば、遊んでいても暮らしていけるように思い、延喜天暦の聖代といえば、ただ酒を飲んでいると思うのは、みな間違いです。聖人の御代ほど家業に精出し、正直にしなければ、生きていくことは出来ません。お互い今日のような結構な時代に生まれ合わせ、乱暴狼籍の患いもなく、山家の隅々、海の端々まで、何一つ不自由のないありがたい暮らしができるのは、御上様の御仁恵を蒙っているからで、せめてものお礼のために、それぞれが身の程を知り、その止まるべき所に止まり、大切に御法度を守って、少しも御苦労をかけないようにいたさねば罰が当たります。貸した物を返さないとか、何かつまらない事が出来ると、御上様が正解を御存じかのようにちょっとしたことで公事訴訟をするのは、もったいない事ではないですか。これは皆その止まるところに止まらないからです。

止まる所とは、主人は家来を憐れみ、家来は主人を敬い、子は親に孝、親は子を慈しみ、世間の人とは真実に交わる。これがお互いの止まり所です。もしこの場所を踏み外すと、何所まで落ちてゆくやら、罪人として処刑されるところまで落ちます。自分の不了簡には気がつかず、時節が悪いの、鬼門が祟るのと、雪隠を立て直したり、親のゆずりの家蔵を切りくだいたり、時節のせいにしてみたり、家蔵のせいにして、自分の責任を遁れようとしても、天罰は遁れられません。

もっとも家相も方角も構わないというのではありませんよ。それぞれ道理のある事ですけれど、所詮最後は自分の心の問題です。家の本は身、身の本は心です。その心がゆがんでいたら、人相がよくても、家相がよくても、方位がよくても、とても叶いません。体の内側の病は外側から膏薬を貼っても治りません。人相が悪いといってゆがんだ鼻を直せるものでもない。しかし心の立て直しさえすれば、恐い顔も柔和になり、下品の姿も上品になるのです。ただ大切なのは心の持ちようというわけです。

我が友の何某という人が、商売の空き時間に、お面を作っていました。

訪ねてきたある人が、「この頃は顔色もよくないが、なにか腹の立つ事はないか」と問われました。何某は納得がゆかず、「少しも腹を立てた覚えはありませんが」と言う。尋ねた人は不思議そうな顔をして帰られました。

その後半年ばかりして、何某はまたお面を作りました。すると以前訪ねた人が偶然また来合わせました。何某は前の事を思い出し、「この頃のわが顔色はどうですか」と問いましたら、その人は笑って、「とても柔和で、前に見た顔色とはずいぶんと違いますね」と言われました。

何某はこのときはじめて気づいたことに、「以前表情が恐ろしいと言われたときは、鬼の面を作っていました。この面を作るときは、必ず歯をくいしばり、眼をつりあげてなど、さまざまに工夫して作りますが、その気持ちが私の表情に表れ、恐ろしく見えたものと思います。今はおたふくの面を作っています。これは心にいつも愛敬を思って作るから、私の表情も自然と柔和に見えたものと思われます。それにしても心は大事なものですね」と、お話しなさいました。これでよくお考えなさいませ。

昔の人の言葉に、「一切の法は一心の異名なり」というのがあります。心を捨ててほかに取るものなどないのです。心を正しくし、家業に精を出して、家相も人相も見てもらうといいでしょう。

まとめ

ことわざに「言うはた易く、行うは難し」というのがあります。口で言うのは簡単だけれど、実際にやってみるのは難しいぞという意味のことわざです。

これと同じことで、頭でわかっていて、いくらいいことを言っていても行動が伴っていなければ意味がないというわけです。

世の中、すばらしいことを言う人はたくさんいます。そして私たちの心を奮い立たせてくれる言葉も山ほどあります。みなさんの座右の銘もその一つですね。

肝心なのはそうした言葉を知ることではなく、それを実行に移すことなのです。

口でいくらわかったようなことを言っていても、実際は何もできていないという人がいます。「口だけ男」「口だけ女」の妖怪を時々見かけることもあります。

新美南吉の童話『百姓の足、坊さんの足』にでてくる和尚さんのような人です。

鳩翁は口でいくらいいことやありがたいことを言っていてもやらなければ、唇だけ極楽に行き、耳でいくらいくらいい話を聞いてもやらなければ、耳たぶだけ極楽に行くと、想像しただけでもおぞましい様子を語っていました。あの和尚さんもあのあと唇だけ極楽に行くのかもしれません。

『百姓の足、坊さんの足』を読んで、やりきれない気持ちになった人も少なくないようでした。

死後の世界で差がついたとしても、現世ではお坊さんは尊敬されたまま死んだではないか、何も知らない人は和尚を褒めて供養するだろうから、要領のいい奴は最後まで要領がいいんだなという気持ちになるからなのでしょう。まるで、正直者が馬鹿を見るというような気持ちになるからなのでしょう。

このことについて鳩翁はこのあと別の段で述べているのですが、結論から言うと現世での心の過ごし方が大切なのだと言っています。

仮に人をだまして自分が優位に立ったとして、本当に一切の悔いもなくいられるのでしょうか。不当な方法で手に入れた大金は、本当に安心して使うことができるのでしょうか。裏口入学で入った大学で、本当に心から友達と笑いあえるのでしょうか。

普通の人間ならなかなかそれはできないはずです。一時はうれしくても、だましたこと、裏切ったことに対して後悔する気持ちが生まれてこないと言い切れるでしょうか。だましたり奪ったりしたお金で気持ちよく物が買えるものなのでしょうか。努力して入ってきた何も知らない友達と自分は同等だと思えるのでしょうか。たいていはいわゆる「良心の呵責」に耐えかねることになりそうなものです。もちろん細かいことを言えば、例外はあるかもしれません。良心の呵責なんて感じない人もいるかもしれません。でも古の人は「天網恢恢《てんもうかいかい》疎にして漏らさず」といって、その例外を戒めています。

さて、いいこと、わかったようなことを言う、言わない、実行する、実行しないという四つのパーツに分けてその組み合わせの順から行くと、有言実行↓不言実行↓不言不実↓有言不実という順になると考えています。

いいこと、わかったことを言いつつ実際に行動すれば一番ですが、次は口に出さずとも実行すること、そして次に実行はしていないけれど、その分口でもいいことやわかったようなことも言わないのがましであって、一番よくないのが、わかったようなことを言いながら実際にやらない奴ということになるわけです。

和尚さんは口で人にありがたい話をしつつも自分は実行していなかったわけですから最低のパターンですよね。百姓の菊次さんはわかったようなことは言いませんでしたが途中改心してがんばったので、不言実行のパターンに当たるのでしょう。

当然、私たちが目指すのは、有言実行のパターンです。私たちは自分がどう生きるかを頭ではわかっているのです。怠けてはいけない、物を粗末にしてはいけない、人には優しく、自分を甘やかしてはいけないなどとわかっているのです。そしてそのためにはどうすればいいのか、何をしなければならないのかもわかっているのです。

わからなくてできないのなら、不言不実でまだましです。しかしわかっていてやらないのでは、有言不実となって、和尚さんの仲間入りになってしまいます。

かくいう私もよくその仲間入りをしそうになってしまいます。でも今のところなんとか踏みとどまっているように自分では思っています。と思っているのは私だけかもしれませんがね。

続鳩翁道話　三之下

親孝行はなぜ必要なのか

解説

水鳥が湖水の上を優雅に泳いでいる姿を想像してみてください。進んだ後には水面にしばらくは波紋が残りますが、それはすぐに消えてしまいます。水鳥は目印もないのに、それでもきちんと自分の巣に帰ってくるのです。その様子を詠んだ歌が、「水鳥の行くも帰るも跡絶えてされども道は忘れざりけり」という歌なのです。

なぜ水鳥は巣に帰ることができるのでしょうか。それは鳥には帰巣本能というのがあり、何があっても本能として忘れることがないからだと言います。ツバメが何百キロという距離を渡りながらも自分の巣に帰ってくるのは本能としてその能力が備わっているからなのだそうです。

では人間の本能は何を忘れることがないのでしょうか。

それを鳩翁は「道」であり、自分のなすべきことを人の本能であると考えています。

人は本来良いことを求めるものであり、「至善」に戻ろうとするはずなのですが、それを邪魔するのが自分中心の考え方や世間体だというのです。

孟子は「性善説」を唱えました。誰かに褒められようとして良いことをするのではありません。そうすることが本能になっているからするというのです。

しかし現代社会を見てみるとどうでしょうか。「詐欺」「虐待」「殺人事件」など、到底本能とは思えないようなことがニュースなどで連日取り上げられています。

自分さえ良ければ、人を押しのけてでも、ということばかり考えていると、本能は隠れてしまうのでしょうか。地球上にいる動物達の中で一番本能に従っていないのは私たち人間でしょうね。だからこそ本能に従っている人間を見ると、奇妙にさえ見えてくるのではないでしょうか。

さて、この回に登場する次左衛門は親孝行をするという本能に忠実すぎるほど従った人です。親孝行な次左衛門の取った行動として七つほど挙げています。

①親が気づかいするから嫁をもらわない
②蓑笠を持たずに行けというからぬれても平気
③馬なんていないのに馬を買い替えるから金を渡せと言われて文句を言わずに渡す
④大金を親が古道具に使ったが文句を言わない
⑤まだ青い稲なのに刈れと言われて稲を刈る
⑥手の震える父に剃刀を渡して剃ってもらう
⑦親が歳を感じるので、子どもは自分の年齢を言わない

というような今ではちょっと首をかしげるようなことですが、この時代は親や主人に対して「忠孝」であることを何よりも良しとしていた時代ですから、自分さえ良ければ良しというのではなく、自分のことは二の次にして親の立場で考えることを第一として生きていくことを「人の道＝本能」としていたのです。

もちろんこれが親孝行だという決まったものはありません。人によって考え方も違うし、求めるものも違うからです。ですから次左衛門の行動は私にとっては理解できないものでも、親の意に逆らわないことがこの親子には親孝行な行動としてとらえることができたのでしょう。

それにしても③④⑤の行動は、老人ボケによるものでしょうが、私なら腹を立ててしまいそうです。本人は自分が何を言ったか忘れてしまって、今しかないので悪気はないのでしょう。許すしかないのですが、次左衛門はよくがんばりました。これからの日本ではこうした高齢者が増えていくことが予想され、大きな社会問題となっています。決して他人事ではありません。あなたならどうすると、次左衛門に問われているように思います。

ところで親孝行とはどんなことをすれば親孝行になるのでしょう。それこそ一言では言えません。親に何億もの豪邸を建ててやる人もいます。母の日にカーネーションの花束を贈る人もいます。カーネーションを一本だけラッピングして贈る人もいます。どちらもそれなりにうれしいものです。金額の大小に関わるものではありません。私にお金がないから負け惜しみを言っているのではありません。私も人の親となって今はしみじみそう思うのです。とにかく子どもには元気で幸せな生活を送ってほしい。そんな生活をしてくれていることが私への何よりの親孝行であり、私自身もまたそうあることが私の親への親孝行となっていることを確信するようになりました。

「親孝行　したいときには　親はなし」とよく言います。昔は人生五十年と言われ、平均寿命も短かったようですが、最近では長寿となり、親孝行できる期間も延びたようです。次左衛門のとった行動は「親に心配をかけさせない」ためのものでした。その意味では、今も昔も変わらないのではないでしょうか。

私は親を心配させていないだろうか。私は自分のなすべきことをきちんとしているだろうか。私は人として正しく生きているだろうか。そんなことを考えてしまいます。

鳩翁は自分を振り返るための鏡として、ある馬鹿な息子の話を示しています。

他人の親孝行の話を聞いて、親に無理を言って鶏を飼わせ、形だけ親孝行を取り繕うのですが、うまくいきませんでした。それもそのはず、その行為は自分のためのものだったからでした。仕事もせずしてお金が欲しいとか、遊んでいておいしいものが食べたいとか、博打に興じているくせに人から尊敬されたいとか言ってもやるべきことをやらずしてうまくいかないと文句を言う人たちを鳩翁は「無分別」な人たちと断じています。

やはり要は自分の生き方なのです。人の道に外れず、こつこつと地道に生きていく。その姿を見せることが今も昔も親孝行につながるのではないかと思うのです。

「情けは人の為ならず」ということわざは、他人のためにではなく、まわりまわって自分の為でもあるという意味ですが、親孝行も同じではないでしょうか。

親への行動を通して、今の自分の在り方、これからの自分の在り方を振り返る必要がありそうです。

続鳩翁道話　三之下　本文現代語訳

「水鳥のゆくもかえるも跡たえてされどもみちはわすれざりけり」

なんとありがたい歌ではありませんか。飯たきのおさんどんが目をこすりこすり、釜の前で火打ち石をカチカチと叩く。このとき何を考えているでしょうか。わしは大和の新口村で生まれ、薮際の次郎兵衛後家の娘だとは思わず、手で打つやら足で打つやらで、ちっとも何も考えていないはずです。それでもやるべきことは忘れないのです。だから見事に茶釜の下が燃えるのです。

また、旦那殿が神の棚の前でどんがめや鯉や鮒を呼ぶようにかしわ手をパチパチと叩く。このとき自分が金持ちであるという自覚があったか、自分が百貫目持ちやら、千貫目持ちやら、立っていたやら、すわっていたやら、いちいち覚えてはいないけれどもそれでもやるべきことは忘れていません。子孫長久、商売繁昌をと言う。何がそう言わせるのでしょうか。うまくできているではありませんか。朝から晩まで我なしで勤めていらっしゃると楽なものなのです。これを「至善に止まる」と言います。「至善に止まる」と言えば、何ぞ至善らしいものがあるように思い、窮屈がって聞く事も嫌がるかもしれませんが、至善はそんな堅苦しいものではありません。あなたがたの日がな一日、何心なくしている事が実は皆至善の働きなのです。

こういうと早合点する人は、そんなら俺が女遊びするのも、博打を打つのも皆至善かとおっしゃるかもしれません。しかしそううまくは立ち合いません。確かに至善は何も作為のない我なしの生粋です。でも、博打を打ったり女遊びするのは我なしでは出来ませんね。誰かに見られてはいないか、聞かれてはいないか、家業はうまくいっているかと、何かわからないけど苦しいものを常に感じていなければならないのです。なんと至善に止まらないことをするのは窮屈なものではありませんか。

つまり、心に何ともなかったら至善なのです。心に何か咎めることがあったら我なしの境地にはなれません。どうぞ御機嫌よく、毎日を我なしの境地でお勤めなさいませ。すると楽なものですよ。この我なしの境地を実によく実行した人がありました。ついでにお話し申しましょう。

越前の国、大野郡大野領に西市村という、御城下を離れること半道ばかりの所に、石高は八石余りを持ちました次郎右衛門という百姓がございました。女房には早くに死に別れ、悴一人を持っていました。息子の名は次左衛門と言います。その次郎右衛門と次左衛門の親子が二人で農業を営んでいました。親類からこの次左衛門に嫁の世話をしてくれる者もありましたが、次左衛門は合点をいたしません。その訳は、「次第に年寄る親の事が気になるので、せめて気遣いを懸けないようにいたしたい。他家から娘をもらえば、少々親が気にいらない事があっても、義理の娘なので辛抱もしなければなりません。それでは親に苦労をかける事になるので、まず女房は持たないつもりです」と、固く断りを言って、心安く親子二人で暮らしたというのです。

なんと殊勝な志ではありませんか。それに

引きかえ世間では、年端のゆかないうちから女房を持ちたがったり、百文の銭を儲ける術もしらず、親のお蔭で空腹な思いをしないのを自分の力だと思い、自分の食い扶持を稼ぐほどの技量もないくせに、あんな器量の娘は気にいらないだの、こんな娘でなければならないだのと、小言八百を言い散らす不孝な子もあるというのに、この次左衛門は親の心を安めようと、女房を持つのを断るとは優しい志です。これが本当に我なしの境地というものであり、至善に止まっているということでございます。

さて父の次郎右衛門は意外と長生きした人で、すでに年八十あまりになっている老ぼれでした。言葉も所作もあやふやになり、まるで小児のようになられました。たとえて八十の三ツ子という通り、子どものようになって九十六歳まで存命しておりました。すべてこの十六年間、次左衛門は後先もわからない親に仕えて、一度もそむかず、実に我なしの行いでしたが、そのいくつかをお話し申しましょう。

ある年の冬、みぞれのよく降っている日、次左衛門は村の用事で御城下の郷宿、油屋何がしという所へ参りました。亭主の某氏が、次左衛門の姿を見ますと、蓑笠も着ず、半道あまりをみぞれに打たれて参りましたので、衣類はすっかりずぶぬれでした。亭主は大いに驚き、「今朝からみぞれなのに、どうして蓑笠を着てはいらっしゃらなかったのですか。もし寒気にあたったらどうします。早く衣類を脱ぎなさい。火にあぶって乾かしてあげましょう」と言いました。しかし次左衛門は笑いながら、「いえいえ、濡れ歩くのはいつもの事です。親の言う通りにしておりますので、おかげで寒気も平気です。実は出がけに蓑笠の用意はいたしましたが、親が言うには、『この天気のよいのに蓑笠を着たら人が笑うぞ、止めておけ』と申しました。ですから蓑笠は着ませんでした」と、何気ない様子で話されました。この事は油屋何某が私へ直接話してくれたことです。すべて忠孝の人には寒暑も簡単に身を傷つける事は出来ません。なぜなら、常に気は満ちて、少しのすき間もないから、寒邪もその虚をうかがうことがならないからです。私たちは食べ飽きるまで食らい、暖かな服を着て、なおそれでも飽き足らず、火燵に寄り、すき間の風を防ぎ、さらに居間に火鉢をたくわえ、部屋を暖めるといって、しきりに暖気を拵え、そのうえ酒を飲んで昼寝をしています。これでは寒気にあたらないわけがありません。そのうえいろいろなことを思って気が緩み、すき間だらけの身体へ陽気を取り入れるものだから、立居する拍子に必ず陽が陰を招いてそのすき間から寒邪を体内へ引き入れますので、肩が凝るやら、頭痛がするやら、歯が痛むやら、簡単に至極の病者となってしまうのです。とても怖い事です。私たちは年中こんなことをしているので廃れ者になってしまいました。御用心なさいませ。忠孝はただ漠然とよいというだけではありません。第一は身体の養生、長生きする妙術なのです。どなたも忠孝にお勤めなさいませ。

又あるとき次左衛門、菜種を売りまして、金三歩を受け取り、父親に見せて、「これ程になりました」と言う。父はにこにこして「そのうち二歩おれによこせ」と言われる。

はいと言って金二歩を渡し、少しもその理由を問いません。父は二歩の金を財布に入れ、首にかけて、「うちの馬が大分弱った。この二歩の金をあの馬に足して博労殿へ行って、よい馬と仕かえて来よう」と言う。次左衛門大いに喜び、「ほんとに馬が弱りました。御苦労ながらよい馬と換えてきてください」と言いました。実は小百姓でしたので馬は持っていませんでしたが、父が馬と言えば、その意に従うて馬と言う。一言も咎めません。菜種代の金三歩は小家ではかなり大金ですけれど、父が望むときは明日の事も思わず、ただ父の心に任せて、一言も口ごたえをいたしませんのは、なかなかしにくい事ではありませんか。

さて次郎右衛門は年寄りでしたが、もとから達者だったので、その二歩の金を持って杖にすがりて御城下へ出で、あちこちの古道具屋を見歩きましたが、ある家にて、塗盃の欠けたものと、印籠の壊れたものを手に取り、値段を尋ねたら、この家の亭主、心のよくない者で、「代金は二歩だよ」と言いました。次郎右衛門は喜んで、持っていた二歩の金を渡し、その印籠と杯を持って家に帰り、「こりゃこりゃ次左衛門よ、いいものを買って来たぞ。これを見よ」と出して見せる。次左衛門はこれを見て、「これはよいものを御買いなされました」と言う。次郎右衛門笑って、「欠け損じた所を直しておくと、お客のあるとき間に合うだろうと思って買ってきた」「それなら塗物屋へ出しましょう」「おお、そうしてくれ。またこの印籠は薬を入れてお前が腰に提げておくと、田へ行ったとき、急に腹でも痛い時に間に合うだろうと思って買っと、聞きました。

また昨年の秋のはじめ、父の次郎右衛門は我が田を見まわりに出ましたが、急に帰ってきて叱り声にて、「余所の田はみな刈り入れをしたのに、なぜうちの田は刈らぬのじゃ。早く行って田を刈れ」という。次左衛門、快く受け合い、「ずいぶんと遅くなりました。どれ、行って刈って来ましょう」と、鎌を腰にさして出かけましたが、すぐに少々刈って戻りました。父は大いに悦び、「よう刈って来た」と一段の機嫌であったと聞きました。実はこの時はまだ秋のはじめで、青田でしたが一言もことばを返さず、親の意に任せて、青田を刈って来た事、見る人みな感心しない者はなかったということでした。実に珍しい孝子です。

なおこのほか、次左衛門の行状、なかなか言って、欠け損じた道具を買い戻して帰った

て来た」と言いました。

次左衛門は涙を流して、「ありがとうございます。よくぞ気を付けて買って来てくだされた」と、心から悦ばれたという事です。

このように次左衛門はボケた父に仕えて、少しも父をボケ扱いしませんでした。何故ならただ親にむかえば親ばかりにして、我というものを立てなければことばを返す世話もないからです。この一條、古人の「いわゆる孝子に私の宝なし」とあるのは、このことでしょう。

次左衛門の孝心は人を感動させる所があるのか、かなり日が経ってからあの古道具屋が孝心の話を伝え聞きまして、心に恥ずかしく思ったのか、ひそかに二歩の金を持参し、「あのときは申し訳ありませんでした」と

一夕二夕には語りつくせません。中でも耳を疑うような行状を、いま一つお話し申しましょう。

父次郎右衛門、年九十あまりのとき、何思ったか、次左衛門に言うには、「お前の月代はずいぶん伸びて見ぐるしい。久しぶりに俺が剃ってやろう。剃刀を合わせて持ってこい」と言いました。次左衛門は心得て、「ほんとにこの頃は忙しさに取りまぎれて、髪月代も剃っていません。それはありがとうございます。どうぞ剃ってください」と、剃刀を取り出し、よく研いで父に渡し、水で月代を濡らすと、父は我が膝を叩いて、「ここを枕にせよ」と言う。「はい」と言って横になり、父の膝を枕として、少しも恐れた様子はありませんでした。

さてこの話を致しますと、中には理屈をおっしゃる方があって、「それは孝子というものではない。大胆というのだ。九十にあまって老耄した親に剃刀を持たせるという事があるものか。もし親の身に疵が付いたらどうするのだ。また、自分の身に何かあったらどうやって親を養うというのだ。本当の孝子というものは、そのような危うい事はしないものだ」とおっしゃる。

随分ごもっともな意見です。しかし大舜か、または孔夫子がこの次郎右衛門にお仕えなさったら、常に髪月代も立派にして、このような不意のことばを聞かぬようになされたでしょう。しかし田舎に生まれて、本も読まぬ、百姓一筋の人ですので、それほどまで行き届きません。ただこの理屈はその場の時宜、そのときの模様を知らない人が畳の上で分別して言うことです。私たちはとかくその知恵遣いがあって、親の心に従うことが出来ません。この金がなくなったら明日はどうしよう、青田を刈ったらあとの工面が悪かろうと、とかく前後に気がつき過ぎて、えてして親の気持ちを破ります。

孝子は親ある事を知って、我ある事を知らないのです。晋の王祥が氷を叩いて鯉を求め、呉の孟宗が雪中に筍を抜き、後漢の郭巨が児を埋め殺さんと致したことなど、今の人に見せたら、気違いのように思うでしょう。しかし、親に鯉が食べさせたいと思う心ばかりで氷を踏むことの危険性を知らなかったり、親に筍を食べさせたいと思う心あまりに季節を忘れていたりする、これはみんな古今孝子の常です。

日月はいまだ地におちず、神明の照らし給う所、孝子の志、感応のないという事はありません。もとより次左衛門は父を老耄した人とは生涯思わなかったので、その危うさを知らなかったのです。この知らないということがなかなか常人の及ぶ所ではありません。

だからといって親が盗みをしに行くのに、子がその提灯持ちをするのを孝行だというのではありません。幸いお互いにこのような変に出合わないのは、ありがたい事です。

さて父の次郎右衛門は、震える手に剃刀を持ち、次左衛門の左の鬢の髪を何の苦もなくゴソゴソと剃り落とし、手で撫でながら、「うつくしくなったぞ」と言う。次左衛門もまた自ら撫でて、「ほんにうつくしくなりました」と、親子揃ってうち笑って居たとき、庄屋何某がちょうど用事があって来ましたが、この様子を見て大いにあきれ、その理由を問いますと、次左衛門はありのままに話して、顔つきは平生に変わらなかったと聞きました。

こうした行状は終いに御領主様の御耳に達し、御褒美として御米をたくさんいただきましたので、隣境もこれを伝え聞いて自然と不孝の子弟もいろいろと行状を改めた者もいましたという事です。

『論語』に曰く、「徳孤ならず必ず隣あり」との聖語はその通りで、この西市村は小村で家数わずかに十五、六軒しかありませんでしたが孝子順孫続いて絶えるときもなく、今でも又市長右衛門などと申して、御褒美を頂戴する人々が堅固に耕作を務めていらっしゃいます。

さて父の次郎右衛門、九十六歳にて病死いたしました。次左衛門はそののち甥を子といたし、その身は生涯無妻にて、長寿されました。寛政二年すでに年七十歳、そのころの大守様は、ことさらに御仁恵深く、老人への御いたわりとして御領分中へ御酒を下さることになり、六十以上の老人の有無を村々にてお調べなさる事がありました。そこで西市村では村役人の宅へ次左衛門を招き、その年を尋ねましたが、次左衛門は決して年を言いません。「なぜ言わないのか」と問うと、「ちょっと訳あって、私の年はどうも言えません」と言う。村役人も困り、「この度の事は御領主様の御慶事につき、御酒代を下される事なので、ありがたい事なのです。何も年を隠すには及びません。正直に言いなさい」と言っても次左衛門は一向に承知せず、「どうか年齢を言うのはお許しいただきたい」とひたすらに申しますので、仕方なくこのことを御重役へ申し上げました。

終いに御役人様直々のお調べとなり、「なぜ年齢を申さないのか。もし言えない理由があるならば、その理由を申せ」と仰せられました。そこで次左衛門も仕方なく、「それなら年が言えない理由を申し上げます。私親の次郎右衛門が存命中、私へ申しまするには、『お前の年齢を人が尋ねても、決して言うてくれるな。御前が四十になるの、五十になるのと年を言うと、おれはとても心細く思うから、絶対に年を言わないでくれよ』と言いました。親は亡くなって年月は経ちますが、言われたことがなお耳の底に残りまして、今言われたことのように思います。父はお仏壇でも見ていらっしゃるから、いくら御上様の命令でも、これればかりは御許しください」と落涙して申しました。

このことを殿が御聞きになって殊の外御感心あそばされ、また御褒美を頂戴いたしました。誠にありがたい、珍しいことです。

孟子に「大孝は身を終るまで父母を慕ふ」とありますが、この西市村の次左衛門は実にその人と思われます。

これについておかしい話があります。とある所に不孝な息子殿があって、母の手におえません。友だちが気の毒がって、ある先生の所へ道話を聴聞に連れてゆきました。その夜の道話に、昔ある国に孝子があって、家が貧しい。おまけに親子とも大病になり、腰が抜けて立つ事が出来ない。いよいよ餓死するかというとき、孝心について天の感応があったのか、隣の鶏が土の塊をくわえて孝子の枕元に運ぶ。不思議に思い、砕き見ると、古金一歩が入っていた。これをはじめとして毎日運ぶ。終いにこの金をもって薬を求め、本復して、残った金を元手として家を興したという話を、その不孝者は大いに感心して聞いていましたが、家へ戻って母親に言うは、「俺もこれから孝行するほどから鶏を二、三羽買って来てください」と言う。母親は喜び、「孝行は嬉しいが、その鶏は何にするのじゃ」「とにかく買ってきてくれ。後でわかる事じゃ」「それでも鶏と孝行は関係なさそうじゃ。ただでさえ米は高いのに」と言うと、半分も言わせず、「やかましい。御前のように小言を言うと、孝行も出来るものじゃない。老いては子に従えじゃ。早く行って買ってきてくれ」と言うので、母親も仕方なく鶏を二、三羽買って来た。

息子はうれしがり、舌つづみうって鶏を呼び、餌をやりながら、「おい、かあさん、そちらを向いてくれ。背中をさすってやる」「いやいや私は肩が凝ってはいない」「また文句を言う。だまって肩を出せ」と、無理やりに肩をさする。鶏が裏へゆくと、止めて酒を飲んで寝て居る。

そんなこんなで三十日ほど経ち、「もう鶏が土くれをくわえて来そうなものだが」と、毎日待てども験がない。不孝者はとても気をいらだたせ、「それにしてもわからん鶏だな。これ程に孝行しているのが己の目に入らんのか。いいかげんに目を覚ませ」と、鶏をつかまえて文句を言う。

すると鶏も気の毒に思ったのか、ある日土の塊をくわえて来た。息子は悦び、「これはかなり大きな塊だ。小判だろうか、二歩金だろうか」と、砕いて見ると、蚯蚓が出た。不孝者は肝をつぶし、「いくらなんでも、せめて一朱ぐらいはありそうなものなのに、このざまは何だ」と睨みつけて叱りますと、鶏も癇癪に障ったやら、大きな口を開いて、ベッカコウと啼きました。

　なんと面白い話でありませんか。家業もせずして金が欲しいの、悪い身持ちでよいところへ嫁入りがしたいの、遊んでいてうまいものが食いたいの、博奕打って誉められたいのと、そんなことを言う人はみんなベッカコウにあう御連中です。この無分別をやめにして、どうぞ至善の場にとどまり、我なしでお勤めなさいませ。

　ある人のうたに、「よしと見るそのひとふしをなにわ江のあしかるかたにうつさずもがな」というのがあります。

　あとは明晩お話しいたしましょう。

まとめ

至善、つまりは自分は自分らしく生きればよいと分かっていることでも、そこに留まることができないのは、人が見てどう思うだろうかとか人が聞いたらどう思われるだろうかとか私の人間関係は他人から見るとうまくいっていると思われているだろうかとかいう、いわゆる世間体を気にしてしまって、自分の思い通りに生きていけないからだというのです。

前々回に心の番人について確認した時にも多くの人が世間体の存在を挙げていました。世間体があるから悪いことや怠けたりしなくなるというのです。ですから一概に世間体は悪いものと決めつけてしまうわけにはいきません。要はバランスです。バランスが大切で、気にしすぎると心は休まりませんし、気にしないと自己中心的な考え方に陥りやすくなります。

鳩翁は自分が世間にどう見られているだろうかと気にするのを捨てよ、つまり「我なし」で暮らせばよいと提案しています。自分の生き方に自信をもって生きるのは大切なことです。流されるのも、流されまいと意地を張るのもどちらもしんどいのです。だから自分が正しいと思う道を進めというのです。

もちろん、私個人は鳩翁の言いたいことはわかりますが、はたしてこれは本当に親孝行なのかなと疑問に思うところがあります。時代は忠孝を重んじた時代ですし、そういう制度の時代でもありました。

ちなみにこの中に出てくる中国の三人の孝行話を紹介しておきます。

晋の王祥という人は生魚を欲する継母のために、氷上に裸身を臥したところ氷が解けて鯉が躍り出たという故事によるものです。

呉の孟宗という人は真冬なのに筍が食べたいという母のために雪の中で筍掘りをしたところ、筍をなんとか見つけることができたという話です。

後漢の郭巨という人なぞは家が貧しく老母が減食するのをみて、母の食い扶持を確保するため我が子を殺して埋めてその分を充てようと穴を掘ったところ、天が憐れみ、黄金が出てきてその上に「天、孝子郭巨に賜う」と書いてあったという故事によるものです。

私はこの郭巨などは逆に親不孝にしか思えないのですが、時代が違うのでしょうかね。気持ちはわからないでもないですが、もし私の子どもがそんなことをしようとしたら絶対怒鳴りつけますすね。孫を殺してまで生きたいなんて思えますかね。

このことからもわかるように、道徳は時代によっても変わります。この時代の道徳はこの時代の流れに即したものです。私たちは周りに流されずに何が本質かを見つけ出し、行動することが求められていると思います。今は今の時代で考える必要があるのです。今は自分の頭で考え、自分から行動することが大切です。

では、今の時代の親孝行とはどのようなものなのでしょう。これもはっきりとした答えはありません。私たちが自分で考え、行動しなければならないのです。

続々鳩翁道話　一之上

素直に人の忠告を聞けるようになるにはどうするべきだと思うか

解説

この『続々鳩翁道話』は、一八三八（天保九）年に出版されたものです。当時の京都の人々はこうした話を聞いて襟を正していたのでしょう。

では今回は、どんなことを私たちに考えさせようとしているのかを見ていきましょう。人智を超えた天には道理があると断言しています。どんな道理かと言うと、元亨利貞、つまりは世の中すべてにおいて始まりがあり、終わりがあるという道理だというのです。鳩翁は植物の成長を例に、春夏秋冬の様子を示して説明しています。

春は始まりで、植物は芽を出し、花を咲かせます。夏は盛りで葉が繁ります。秋は実りで実がなり、冬は枯れて種を残します。そしてまた春が来れば繰り返すのです。この生々流転の様子は人間にも当てはまるというのです。人は仁義礼智信の徳を繰り返し、よりよい人となることができる。それが人の本心、本来の生き方だと考えたわけです。

特に仁義礼智は人性（人となるための）綱（大切なもの）と考えています。そしてこれに従って生きてゆけば人は人らしくなれる。孟子の言う、「人の本性は善である」という性善説に沿って生きてゆけるわけで、何をしても人の道にはずれることなく無理をしないで安楽に生きられるというわけです。

そしてそれがわかったところで、もう一度今の自分を振り返ってみようというのです。どうでしょうか。すべて安楽に何事も進んでいるでしょうか。

なかなかそういうわけにはいかないのが人生です。あっちでぶつかり、こっちで引っかかることはよくあることです。

夏目漱石が『草枕』の冒頭で「知に働けば角が立つ。情に棹させば流される。意地を通せば窮屈だ。とかくに人の世は住みにくい。」と述べているように、世の中を生きていくことはしんどいものです。

これは今も昔も変わりはありません。では、どうしてしんどいのでしょう。

鳩翁は、それは天の命（本心）に逆らって、無理をしようとするからしんどいのだ、と言うわけです。欲が出て道を踏み外すというのです。

本心そのもので生きる状態を完全な状態とするなら、欲が出て道を踏み外した状態は欠けた（損じた）状態だと言えます。これを修復し、もとの本心に立ち戻らせ、人の道を再び歩ませるのが「教え」というものであり、その教えは心学でまかなえるというのです。

でもこれは人間である以上ある程度までは仕方のないことではないかと私は思います。

さて、何事も中庸が大切とよく言いますが、中庸とはどんな状態のことを言うのでしょうか。

それは折半することでも、どっちつかずでいることでもないのです。

鳩翁は中庸をきせる（煙管）を例にとって説明しています。昔は今のように紙巻きたばこなどはありませんから、煙管を使って呑んでいました。テレビの『鬼平犯科帳』で、主人公の長谷川平蔵が銀色の煙管をくわえているのを見た人もいると思います。

煙管も作り立ての状態は全く汚れていない、人間でいうと、純粋無垢な赤ちゃんのようなものです。しかし、使っていくうちに中に脂がたまってきます。人のわがままがひどくなっていく様子に似ています。ついには脂が詰まってしまって吸っても煙は届きません。どうしようもないわがまま者になった状態と同じです。

では、どうすればよいのでしょうか。今なら使い捨ての時代かもしれませんが、昔はそうもいきません。そうです。脂を取り除くように掃除をすればいいのです。掃除をすれば使えるようになり、本来の煙管として役立つのです。

では、人間の場合、この掃除に当たるものは何でしょうか。

それが「教え」だというのです。気随気ままの固まった人でも、聖人の教えを聞いて腹の中を掃除すれば、元の赤子と同じことで腹の中がきれいになり、本心に立ち戻られるというのです。この立ち戻った状態が中庸と言うわけです。

しかしそうはいってもなかなか難しいのが現実です。人はどうしても自分のいいように物事をとる癖があるからです。

それを面白い例を挙げて説明しています。ある町に「さらぎせる」というあだ名をつけられた老人がいました。本人は何事も話のよく通るいい人だからそんなあだ名がついたのだと喜んでいましたが、実は「詰まらない奴＝つまらない奴」というマイナス評価だったというのです。何事も人は慎みが大切ですが、世の中には誘惑がいっぱいあります。自分には何の癖もないと思っていても、「なくて七癖」の例えの通り、自分のいいように物事を取ってしまう癖があるかもしれないのです。

さらに悪い癖ほど自覚しにくく直しにくいのです。現代でもパワハラやセクハラをしている人には意外とその自覚がないことからもわかります。そして人が忠告してくれてもなかなか素直には聞けないものです。大変な目に遭ってもそれに気づかないことも多いのです。

その一例として、煙草好きの男の話を挙げています。ある煙草好きの男が、もっと煙草好きな老人につかまり、「もう無理」とばかり逃げていくことになりました。歌舞伎舞踊の『京鹿子娘道成寺』を思い起こさせるようにして寺の釣鐘の中に逃げた男は無事に逃げ切るのですが、ほっとしたときに放った言葉は「息休めに一服いたしましょう」でした。

あれほど煙草で懲りたはずなのに、忘れるとまた同じことをする。悪い癖はなかなか直らない一例です。

どうせ何か癖をつけるなら、良い癖をつけたいものですが、それには「心の掃除をする癖」をつけるべきだと鳩翁は締めくくっています。

その心の掃除をするためにも、私たちは人の忠告に耳を傾けるべきだと思います。
しかしわかっていてもなかなか耳に入らないものです。
そこで素直に人の忠告を聞けるようになるにはどうすればよいかを考えてみましょう。

続々鳩翁道話　一之上　本文現代語訳

「天の命これを性という。性に率う。これを道という。道を修むる。これを教えという」この三句は『中庸』の首章にあり、大聖孔子の御孫の子思がはじめてこれを御発明なされたのであって実に千載の格言です。

ですから今でもなお道学が相伝わりまして我々どもの様な者まで性理の端を知ることができるのはひとえに子思のお力なのです。

さて天の命と申すは天のいいつけという事です。天といえば青い雲や黒い雲だと思いそうですがそうではありません。天は音もなく香もなく、ただ物を生ずる理があるのです。これを指して天と申します。形の事ではありません。

それならその形もない天が何を言い付けるのかと不思議にお思いでしょうが、ちゃんとしたいいつけがあります。つまり天のいいつけは元亨利貞と言って、元ははじまる、亨は通る、利は遂げる、貞はなるという意味で、この元亨利貞を天の四徳といいます。これが天のいいつけなのです。

ただそのように言っても子供たちには分かりません。もっと分かりやすく言うなら、春夏秋冬。これは元亨利貞の徳として人の目に見えるようにしたのが天のいいつけと言えます。天は物を言いませんが、春になれば梅、桜、桃、柳などが誰も催促しないのに花が咲き、芽を出します。これが始まりの「元」です。

夏になれば枝葉が繁り、草木の姿がいきいきとしてきます。これが「亨」です。

そして秋になれば栗の木には栗が出来る。

柿の木には柿が出来る。草も木も皆実が出来る。これが「利」です。

冬になれば木の葉は散り、実は熟して種になります。これが「貞」です。

天は何も言いませんが、年中作用し、百物がなると孔夫子も仰せられました。『中庸』にいう天の命とはこの事なのです。

さて、「これを性という」と本文に書いてあるのは、これとは上にいう天の命を指しており、性とは人の生まれつきの心という意味です。元亨利貞の天理を受けて性となる。ですから朱文公は「性は理なり」と仰せられましたが、それは本心の事なのです。この本心は天理をそのまま受けたものですので仁義礼智信の徳を備えています。この仁義礼智がつまりは天の元亨利貞なのです。

さらに詳しく説明すると、天徳の元は物のはじめです。四季で言えば春です。五行で言えば木です。方角で言えば東です。人徳で言えば仁です。

天徳の亨は物の道理です。四季で言えば夏です。五行で言えば火です。方角で言えば南です。人徳で言えば礼です。

天徳の利は物が完成することです。四季で言えば秋です。五行で言えば金です。方角で言えば西です。人徳で言えば義です。

天徳の貞は物の成果です。四季で言えば冬です。五行で言えば水です。方角で言えば北です。人徳で言えば智です。

ですから『小学』の題辞にも「元亨利貞は天童の常、仁義礼智は人性の綱」と仰せられました。

さて五常の信は四季の土用。五行の土。方角の中央と同じ事で理において少しもかわる事はありません。このかわらない理が人々に備わるのは天のいいつけに違いない。そこで天の命を性というというのです。それを間違って理解して、茶碗を取り落としても天命だからと言い、女性問題で失敗しても天命だからと言うのかというと、それは天命の取違え。天命はそのような細工ものや干物ではない。人は仁義の性を受ければ、少しでも無理するとすぐに気味悪く感じるものですが、これが生きた天命なのです。

ある人の道歌に「止みがたきよしあればこそ年ごとに咲けば必ず匂う梅が香」というのがあります。石川五右衛門でも熊坂長範でも盗みをするのはよい事とは思っていません。

なぜなら天命が御合点なさらないからです。だからこそ「人の性は善なり」と古人も仰せられました。この性に従いますと、する事なす事すべて人の道に適います。そこで「性に従う、これを道という」と言うのです。道とは自由自在に出来るという意味です。無理をすると自由自在は出来ません。無理のない本心に従えば自由自在で安楽に過ごすことができます。これを道と申します。ただし性と道とは別のものではありません。

このように言うと、それなら世界中の人はみな天命の性を受けて生まれたのだから、無理する人は一人もない筈なのにと思うでしょうが、残念なことにそうはいきません。性は天命の性ですが、形を受ける事は一様ではありません。およそ形は陰陽五行の気が集まってできたものなので、その気の清濁によって人の気質もいろいろになります。生まれつきの心は一列に善ですが、気質の違いで愚も出来れば、賢も出来る。過ぎたることもあり、及ばぬこともある。天命の性は無欲で、義理ばかりですけれども、形に合いますと形の欲に引かれる所が出来ます。そこでともすれば道を踏み外す。難儀なものです。だからこそ道を修める、これを教えというのです。修めるとは、物の壊れた所を修復するという心持ちです。人の性は善ですが、形に引かれて次第に欲が出来る。この欲が段々深くなり、終には大ゆがみにゆがんで、人の道を失うのです。そこで教えを立てて人々の分に応じてそのゆがみを修復いたし、もとの本心に立ち戻らせ、人の道を勤めさせるのが「道を修める」ということなのです。これを教えというとお示しなされたのです。

さて「中庸」という事はよく人の口癖にいう事ですが、多くの人は中庸の意味を取違えています。その取違えとは、例えば銀五匁やろうか、拾匁やろうか。中取って七匁五分やるとこれがちょうど中庸だと思っているが、それは子莫の中といって、本当の中庸ではありません。例えば夏は帷子を着て、冬は綿入を着る。これは自然のなりゆきです。なのに中取って一年中袷せを着るといってそれでよいものでしょうか。少し考えてごらんなさい。かっこをつけて拾匁やるのでもなし、またケチで五匁やるのでもない。ただ先方へ遣わすべき道理に従って自分に下心がなければ真の中なのであって、これを「君子時に中す」と言います。

ですから鏡の空なるがごとく計りの平なるがごとく、ただ何ともないのが中の極意なのです。もし何か下心があれば、鏡は影を映さず、計りの目もりは狂う。だから尭舜も「中をとれ」と仰せられました。とても大切な事です。どうかすると中庸はただ書物の名とばかり心得て、実用にならないというのは大間違いです。だからこそ先ほど申した旨を自分の事として、心に工夫して用いなければなりません。そこで古人も孔門伝授の心法と仰せられました。

これほど大切な心法なので、なかなか私どもの様な文盲な者が語りつくせる訳はありません。仮に説きつくしたとしても、子どもたちや女性たちのお耳には入りにくい。しかしこのままで終わるのも残念ですので、今一度例えを取って、首章三句の意を繰り返しお話しいたしましょう。御退屈でしょうけれど、よくお聞きください。この意を理解できますと一生身を守るよい方法になります。例えば道中で足の疲れた時に二、三里駕籠に乗ると、とても安楽です。ただし二、三里ですからわずかの間です。しかしそのわずかな安楽も駕籠賃を払わないと出来ません。ましてこれは一生涯安楽になる法です。それを駄賃なしにお話しするのです。せめて眠たいのを辛抱してよく聞いてください。

まず、天の命。これを性というのは例えばこの新しい煙管の様なものです。この煙管も天の陰陽五行を以て万物を化生する中で、真鍮にしろ篠竹にしろ煙管の形が出来ると、ちゃんと天理が具わって煙草がのめるようになる。その煙草ののめるのが煙管の性です。これがつまり天理。天の命なのです。

しかも天理はどのようなものかと吸い口から覗いて見れば雁首の中も、ろう竹の中も、吸口の中もすっぽりと奇麗なもので何もない。ただ空気が通るばかりです。この空気の通う所が煙管の生まれつきのこころです。

ちょうど赤子と同じ事でわだかまりのない奇麗なものです。しかしながら奇麗なのはよいけれど煙管も煙草をのまずに新品でおいておけば、いつまでたっても煙管としての役に立たない。人もいつまでも赤子で居ると腸は奇麗だけれどもホギャアホギャアではいられない。そこで性に率う。新品の煙管で煙草をのめば煙が通って実に工合がよい。煙草をのむために使うのが煙管の性に従う道です。赤子も次第に成人して親に仕え、主に仕え、身を立て、名を後世にあげるのが人の道です。煙管も天の一物。人も天の一物。煙管と人間は異なるものですが、性に従う道という点では何も違いはありません。

さて道を修むる。これを教えというのは、あの新品の煙管で煙草をのめば初めのうちはいいが次第に煙草をのむに従い、中に汚れがつき、段々と脂がたまって後には脂がつまって空気が通らなくなり、ほほべたをふくらまして息を吹いてもズウズウと音がして煙草はのめない。これが赤子の成人によく似たものです。段々と大きくなって人に交わり、ものに熟れ、人欲の汚れがつき、後にはおれがおれがの気随気ままがかたまって天理をふさぐ様になる。ちょうど煙管の脂でつまったのと同じです。見れば立派な煙管です。しかし取り上げて煙草をのんでみれば、少しものめない。かといって煙管の形があればさすがに捨てることもできない。そこでどうしようもなく煙草盆の中でコロコロと転がっている。人もこれと同じことで人欲がかたまって天理を失った人はどうも仕方はありません。見れば立派な男です。取り上げて使ってみれば全く役に立たない。さすがに人の形をして生きているものなので殺してもしまわれず、また用にも立たないから、親兄弟に勘当されてあちらではごろごろ、こちらではごろごろと雷のようになってごろついている人がある。これはみんな脂のつまった煙管仲間です。得てして天竺にはいっぱいおります。

そこで煙管のつまったものはこよりを通し、藁すべを通して中を掃除すればもとの通りに煙草がのめる。これが煙管の道を修むる教えです。人もこれと同じ事で、気随気ままの固まった人でも聖人の教えを聞いて腹の中を掃除すれば、もとの赤子と同じ事で腹の中が奇麗になり、本心に立ち戻れます。

なんと煙管と人とはよく似たものではないですか。天の命、これを道といい、掃除をする、これを教えという。ご理解いただけましたか。

ある人の道歌に「煙管さえ心のやにを掃除せずがん首ばかりみがく世の人」というのがあります。これで思い出した話がございます。

さる町内に年寄役を務める人がいました。あるときその息子殿が親御へ言うことには、「このごろ町内でも隣町でも親父様の事をさらぎせるだと言っています。どうやら親父様のあだ名なんだそうです。どういうわけでさらぎせると付けたのでしょうかね」と質問されると、その親父は嬉しそうな顔付きになり「なるほど、さらぎせるというのももっともだ」「それはなぜです」「きっと何事も取り捌いてよく筋の通った人だと俺を誉めてつけたあだ名とみえるわい」と言うと、半分も聞かず、息子が首を振って「いえいえ、そうではなさそうです」「そんならなぜだ」「はい、私の思うにはどうしてもつまらん人だという意味でしょう」と言いました。

なんとおかしい話ではありませんか。この親父さまもおれがおれがという脂がつまっているのです。それもしらずに黒の羽織に唐棧の袴、お太刀一本決め込んで雁首ばかり磨いている。

これは男だけの話ではない。鼈甲の櫛笄だの、緋鹿子の髷括りだの、生白粉だの、流し白粉だのと、さまざまの化粧道具。昔は足が二本あれば済んだものなのに、今は首筋にまた二本足をこしらえて都合四ツ足。どうやら狐や狸の真似がしたいようです。気づかないなんて気の毒なものです。

とかく賑やかな土地に住む人はいっそう慎みが大事です。例えばあまり煙草を好まない人の持つ煙管はどうしても脂のたまりが少ない。それはなぜかというと、煙管の使用回数が少ないからです。

朝、寝所から煙管をくわえ、日がな一日ここを大事と煙管を離さず、尻から煙の出るまで煙草をのんでいる煙草好きの持つ煙管はすぐに脂がたまります。これは煙管の使用回数が多いからです。

人もこれと同じ事で、三カ所の港をはじめそのほか繁花な地に住む人は朝から晩まで人交わりが多い。それに加えてあちらを向けば芝居、こちらを向けば浄瑠璃、軽口話、軍書講釈、うなぎ、すっぽん、どじょう汁。呉服店やら小間物店やら、見るのは目の毒、嗅ぐのは鼻の毒。これでは脂がたまる筈です。

お上が出版した孝義録を拝見すると、忠孝な人はとかく遠国の田舎に多い。これは人交わりが少なく、見ても目の毒がないからです。人間一生五十年。付き合いするのはせいぜい二カ村か三カ村です。

ある人の狂歌に「ほととぎす自由自在にきく里は酒屋へ三里豆腐屋へ二里」、またある人の発句に「医者殿の不自由な里の賀振る舞い」というのがあります。

これらで御推量ください。片田舎に育つ人は自然と心の汚れが少ない。すべて人に限らず、道具、衣類、家居まで手数がかかれば汚れるのはしれた事です。だからこそ道を修める教えによらねばならないのです。

この教えを例え話でお話ししましょう。脂がつまると、こよりか藁すべで掃除しなければなりません。掃除はいいのですが、どうかすると藁すべが折れたりこよりがちぎれたりする。脂のつまったものは温めると通る事があるけれども、こよりや藁すべが折れこんだものは温めても茶を通してもなかなか通りません。焼いてしまわなければどうにもなりません。これでよくお考えください。掃除道具の学問はいいけれど、悪くすると学問が折れこんでお医者様にもならず、先生にもならず、また御出家にもならず、親の老舗の商売がいやになり、プライドだけが高くなって、お辞儀が出来ないようになります。これは掃除道具が折れこんだ状態です。これが煙管なら焼かなければ直りません。とても怖い恐ろしい事です。御用心くださいよ。

学問のはじめ、心がけのくい違いで身を修め、家を整えるはずの学問が一生の疵になって親類縁者、知りあいや友人にまで嫌われる様になるのは、まったく書物がわるいのではないのです。学ぶ人の心得の悪いことと、お師匠様を選ばなかった過ちなのです。これを

「人の道をして人に遠ざかるは以て道とすべからず」と書いてある。一度悪い癖がつくとどうしても止めにくい。悪癖を正す分別が入用です。気質を変化させるのは学問の巧み。悪癖を直すことが気質を変化させることです。この癖付で思い出した例えの話があります。

ある所にとても煙草好きな男がおりました。用事があって紀州へ下る道すがらも六服継ぎの大煙管に煙草の煙の絶える間もなく、長い道中をくすべ歩きましたが、世には似た人もあるものです。六十ばかりの親仁が、これもくわえ煙管でふと道づれになりまして、互いに煙草好きなれば話が合い、その親仁が言うには「わしはここから一里斗り向こうの在の者じゃが、今夜はおれの家に泊まらないか。何もご馳走はないけれど、少々貰い合わせた煙草がある。お振舞い申そう」と言う。京の男も大いによろこび、「それは近頃かたじけない。煙草さえお振舞いくだされたら、湯も茶漬もいりません。遠慮なくお伺いします」と二人は打ちつれてその親仁の宅へ行きました。

さて洗足もすみ、夕飯もしたため、座敷で一服くすべている所へ主の親父が煙草盆をひっさげ、片手には紙袋を二、三十持ち、「さて御退屈でしょう。ではお約束の御馳走をはじめましょう」と紙袋の煙草をひねり、雁首へねじこみ、吸い付けて客へ渡し、それから取っ替え引っ替え休む間もなく吸い付けては出し、吸い付けては出す。客も図にのり、国づくしを読む様にこの煙草はどこそこのかと言っているうち座敷内は煙でつまり、胸はいらいら、頭はふらふらとしてきた。あと二、三服吸ったらたちまち息が絶えそうで、すでに負色になりました。

　主の親父が小便に座を立ちました。これを見て客は生きた心地がして、「この隙に逃げて帰らなければ死んでしまうわい」と、そこらを捜して自分の風呂敷包みを引っ提げ、表へ出たら、また親父に見つかって煙草責めになってはたまらん。裏道から逃げようと切戸をはずし、畠道を横断してとにかく必死に駆けだしましたが、思いがけなく行先に大河がある。川の上下を見わたすと、幸い渡し舟が見える。急に飛び乗り、「この川は何といいます」と聞くと「これは日高川と申します」と答える。京の男は肝を冷やし、なんとも縁起が悪いと思っているうちに船は向こう岸に着いた。そこで船頭へ頼むには、「もしあとから年の頃六十ばかりの親父が煙草盆を提げておれを尋ねてくる事があったら、決して渡してくださるな」と言い捨てて、また一文字に駆け出しましたが、今度は大きな寺で行きどまりました。走りこんで様子を話し、「匿ってください」と言えば、和尚は改まって声づくろいして、「昔この所にまなごの庄司という者あり」と長々と道乗寺の講釈が始まる。その男は気がせいて、「御説法はあとで聴聞いたしましょう。どうか早く隠してください。うろたえていると親父の煙草で責め殺されてしまいます」と言う。和尚も気の毒に思い「しからば先例にまかせ釣鐘を下ろして隠してやろう」と鐘楼堂へ連れてゆき、大勢よって釣鐘を下ろし、難なくその男を隠しました。

　気の毒なものは宿の主です。客が逃げ出したとは夢にも思わず、あと二、三服こじ付けようと座敷を見れば客はいない。さては煙草に音を上げて逃げ出したに違いない。おのれ逃げたとて逃がすものかと、尻引っからげ、ねじり鉢巻し、紙袋と煙草盆を引っ提げ、後を慕って川端へ駆けつけた。

船頭はこの様子を見て、さてはさっきの追手だなと急に船を川中へ出す。親父は船を呼ぶが返事がない。よしよし、船はなくともこの川を渡らずにおくものかと、鬼にもならず、蛇にもならず、難なく川を歩き渡って道乗寺へ駆け込み、客殿、方丈、縁の下、雪隠まで探してみたが、いるのは寺男だけで釣鐘には気がつかない。これ程に尋ねても行衛がしれないのはたぶん道が違ったのだろう。どこまでも追いかけようと、また門外へ駆け出しました。

これを見て和尚は喜び、皆がよって釣鐘を引きあげて見れば、京の男は湯にもならず黙然としている。和尚が「さあさあもう気づかいはいりません。親父は道が違ったと言ってどこへやら行きおった。安心しなされ」と言うと、京の男は胸をなでおろし、「やれやれうれしい、助かった。もうあの親父は来ませんか。それならとりあえずまず一服いたしましょう」と言ったというのです。

なんと面白い話ではないですか。「焼火に懲りず」ということわざの通り、あれほど煙草責めに出会ってもやっぱり一服いたしましょうという。これが癖付というものです。

古歌に「人ごとにひとつの癖はあるものをわれにはゆるせ敷しまの道」、またことわざにも、「なくて七癖」とも言いますから、どなたも何らかの癖付のない事はない。どうせ癖付者なら心の脂を掃除する癖付になりたいものです。少しでも心悪く感じる事があれば、それは必ず心の汚れ、脂のたまりです。とにかく教えによって掃除を怠らないようにいたさなければなりません。

まとめ

人からの忠告はなかなか聞き入れにくいものです。「忠言は耳に痛し」ということわざもありますが、どうしてなのでしょう。自分のためを思って言ってくれているのはよくわかっているつもりでも、やはり聞き入れにくいと思ってしまいます。

では、どうすれば忠言を聞き入れられるようになれるのでしょうか。そうするための条件はどのようなものがあるのでしょうか。順不同ながらいくつか挙げてみましょう。

条件1　信頼できる人からの忠告であること

いろいろと忠告してくれる人はありますが、それを聞き入れるためには、それを言ってくれる人が自分にとって信頼できる人かというのは大きな要素の一つだと思います。

この人はなぜこんなことを言うのだろう、そんな忠告をわざわざするのはなぜなのだろう、忠告することでこの人は何か得することがあるのではないだろうか。そんなことを疑い出したら、どんないい忠告をしてくれてもすっと心に届くことはありません。心から信頼できる人からのことばだからこそ自分の心にバリアを張ることなく届くのでしょう。

このように誰に言われたかということは意外と大きな影響を与えるものだと思います。

条件2　内容が自分を責めたり過去の反省を求めるばかりではなく、前向きな意見であること

いくら親しい人からの忠告でも、もうどうしようもないことを今さらぐちぐちと、ああするべきではなかったのにとかなぜこんなことをしたのかと責められてもどうしようもないことですから、聞く気にもなりませんし、何よりつらいものです。うまくいかなかったことは誰より自分がわかっているのですから、それをとやかく言われるのは嫌なものです。

なぜあんな人を好きになったのか、あの人の将来はどうなるのかと言われても、好きになってしまったものは理屈ではありません。

それよりも本人が一番聞きたいことはこれからどうしたらいいのかということに対する意見なのです。考えられる選択肢はいろいろありますが、どれがいいのか自分では決められないようになってしまっているのです。だからこそ冷静な意見が聞きたいと思うのですが、未来は見えないことなので、見えている過去についていろいろ言う人が多いのです。野球やサッカーなどスポーツの解説者と同じです。「今のは打つべきでしたね」「いいチャンスだったのですがね」そんなこと言われなくてもわかっているのです。そんなことよりほしいのは次どうするべきかというアドバイスなのです。

条件3　納得できる内容・論理のものであること

人は納得してこそ行動できるものです。納得もせず、ただあしろこうしろと言われても不承不承やっていては心から満足しません。今、自分がしていることにはこういう意味があるとわかっていると、行動するときの気持ちが違います。

人からの忠告を聞くときも同じです。よくわかるように説明してくれて、なるほどそれもそうかと納得すれば、忠告は聞き入れやすいものです。

そのためにはメリット・デメリットをしっかりと列挙して判断することが大切です。そして最終的には自分が判断して行動するべきなのです。

誰それがこうしろと言ったからといって行動するのは責任転嫁であり、気持ちが入っていないのですからうまくいくはずもありません。

条件4　何より自分が変わろうとする意志を持つこと

どんなにありがたい忠告でも自分が必要としなければまったく意味がありません。のどが渇いていない人にいくらおいしい水を飲ませようとしても飲まないのと同じです。のどが渇いた時でないと水はいくらも飲めません。忠告はそれを受け入れて自分が変わろうとしたときに与えてもらってはじめて効果があります。これは忠告する側もされる側もタイミングの大切さをしっかりとわきまえておく必要があると言えそうです。

私はかつて兵庫県教育委員会事務局で働いていた時に、当時の上司であった故谷本眞一先生から「啐啄同時」ということばを教えてもらいました。ひなが卵から孵化するとき、ひなは卵の中からくちばしでトントンと殻をつつきます。すると外から親鳥がくちばしでコンコンと叩き、卵の殻にひびを入れてやるのだそうです。ひびの入った卵の殻は破れやすくなり、ひなが自力で殻を破って出てくるのだそうで、どちらかが早すぎても遅すぎても効果がないのだそうです。親鳥も割ってやるのではなく、あくまでもひなが自分で破って出て来るのを待つのだそうです。忠告も同じです。適当な時期に与えても、自分から決断したような形でないと効果がないのです。その意味では人間も鳥も同じですね。

条件5　与える側も与えられる側も冷静になること

問題に直面した時には誰もがパニックに陥ってしまいます。いくら考えてもいい答えは出ずに、同じことばかりをぐるぐると堂々巡りしていることがよくあります。

そんなときだからこそ冷静になって考える必要があると思います。落ち着いて何が問題になっているのかをしっかりと見極めるようにしたいものです。何が一番ネックになっているのでしょうか。ひょっとしたら自分のメンツにこだわっているのかもしれません。世間体にとらわれているのかもしれません。お金の問題かもしれません。誰かへの反発心かもしれません。自暴自棄になっているのかもしれません。とにかく思考回路が働いていない状態でまともな判断が下せるとはとうてい思えません。まずは冷静に分析するよう心掛けたいものです。

条件6　相手を認めること

これはあたりまえのようで、意外と無意識のうちに行っていることが多いのです。忠告してくれた人をまずは認めることです。悩んでいる本人には見えていなくても、忠告してくれる人にはまわりが見えていることもあります。だから忠告をしてくれているのです。しかし、「なんであんたにそんなこと言われなければならないの」「お前なんかに何がわかる」という思いが心の中に巣くっていれば忠告を受け入れられるはずはありません。

忠告してくれる人はたいていあなたを心配して言ってくれているのです。それなのに受け取る側が相手を見下して馬鹿にしていたのでは受け取れるはずがありません。どんなすばらしい忠告でもその価値を理解することはできません。

仏陀が修行中、村の娘スジャータの差し出す乳粥を受け取って飲んだとき、それを見ていたまわりの修行僧は「あんなものを受け取って飲んだ。仏陀はもうだめだ」と言い合いました。しかし、その心のこもった供物を受け取った仏陀が悟りを開いたことは有名な話です。仏陀はスジャータを見下さず、ありがたく受け取ったのです。そして真理を得たのです。本質を見極めることが大切です。そのためには相手を認め、聞く耳を持とうとすることが前提となります。

条件7　自分だけが正しいと思い込まないこと、正解は一つと思い込まないこと

この世の問題には絶対的な正解というものはありません。それどころか正解というものがあるのかどうかさえわかりません。

ただもしあるとしても、それは一つではなく複数あるのではないかと私は考えています。過去は一つですが、未来は無数です。したがって答えも状況に応じていくつかあるのだろうと思うからです。

しかし、ともすれば私たちは答えはいつも一つだけという考え方にとらわれがちです。自分は正しく、他が間違っているというような考え方になって、他の忠告を聞き入れなくなることがあるかもしれません。またはある一つの意見、それも自分が望んでいる意見のみが正しくて、他の意見は受け付けないなどということもあり得ます。

しかし、本当にそれでいいのでしょうか。答えは一つとは限らないのに。

他の条件でも述べたように、落ち着いてじっくりこれからのことを一つ一つ検討していけば聞く必要を感じなかった意見にも、全面的にではないにしろ取り上げるところがあるかもしれないという思いを持つ、つまりは謙虚な姿勢で臨むことが大切なのだとつくづく思います。

たとえば、子どものことを思っていろいろ忠告してくれる親の意見は確かにうっとうしいものであり、しかも必ずあたっていることばかりとは言い切れないものが多いものですが、それなりの経験を踏まえたうえでのことばには砂金のようにちらちらと真実も光っているものです。

受け取る側が謙虚でいなければ見落としてしまいます。そしてよく見れば、納得できることも結構いっぱい含まれています。

私たちは、ついつい忠告をありがた迷惑なもののように受け取りがちですが、謙虚な姿勢で受け取ってみれば案外聞き入れられるのかもしれません。

続々鳩翁道話　一之下

ブレない生き方をするためにはどうすればいいか

解説

今、子どもたちのなりたい職業の上位にランクインしているのは「ユーチューバー」なのだそうです。自分のやりたいこと、楽しいことをやって自分をアピールするだけでお金を稼ぐことができるからなのだそうです。しかし実際はそんなに楽なものではないようです。よほどの視聴回数がなければまとまったお金にならないからです。そこでどうしても人目を引くような企画、奇抜なタイトルになるようです。わざと非社会的なことをして注目してもらおうとしたり内容とはかけ離れたタイトルで人の気を引こうとして問題視されたり逮捕されたりしていることはご承知の通りです。

こうしたネットの情報にはかなり嘘・フェイクと呼ばれる情報が混じっているようです。学校や駅に爆弾を仕掛けたなどという書き込みをする人は、大変だと慌てる人を見て面白がっているのでしょう。しかし人間として恥ずかしいことであると気が付いていないのは情けないことです。

人として恥ずかしくない生き方をする。鳩翁はそれを「本心」と呼んでいますが、その本心に従うためには常に吟味することが必要であると、この段でも力説しています。吟味とは私心私欲が混じっていないかと客観的にチェックすることだというのです。私心私欲とは自分を中心に考えることで人の道に外れた行為だと述べています。自分がわかっていないからこそ起こる行動です。

鳩翁は松茸の話を例にとって本心を見失った例を挙げています。味の悪い松茸でも調味料を入れて炊くとおいしくできあがるのですが、味のよい上等な松茸を調味料なしの素焼きにしているのを味の悪い松茸が見て、どうして俺も素焼きにしないのかと自分の質の悪いのに気づかず文句を言ったという話です。調味料があるからこそなんとか食べられるようになっているのに、それを忘れてもっと自分を大切に扱えと言っても、それは無理な話です。自分で自分がわかっていないからそんなことを言うのです。

人として恥ずかしくない生き方をする。その目標を達成する方法はもちろん一つではありません。ちょうど富士山の頂上に行くための登山道がいくつもあるようなものです。鳩翁はそれを法華宗と浄土宗で譬えています。浄土宗の和尚が法華寺の上人と言い争いになり、お互いの宗教をけなし合うのですが、目指すところが同じところであることに気付かない。「雨あられ雪や氷とへだつれど解くれば同じ谷川の水」という歌の通り、雨だろうがあられだろうが雪だろうが氷だろうが、解ければ同じ水でしかないようなものであることに気付いていないのです。これは自分の宗派が優れていると自分を中心に考えるから肝心なことに気付かないのだというのです。

本心に従って生きる。とても大切なことですが、意外と実行できないものです。そこで鳩翁はそれを実行した卯右衛門という男の例を紹介しています。

卯右衛門は無学な男でした。しかし、自分の本心にひたすら正直に生きようとしました。私たちは今学問をしていろいろなことを知っています。無学の卯右衛門とは大違いです。しかし私たちは本当にブレずに生きているでしょうか。ブレずに生きていくためにはどうすればいいのでしょうか。

この段は私たちにそんなことを問いかけてきていると思います。

続々鳩翁道話　一之下　本文現代語訳

「いつわりのなき世なりけり神無月誰がまことよりしぐれそめけん」

この歌を私なりに解釈すれば、元来天人一致なので誠もまた一つである。天に誠があるからこそ冬になれば必ず時雨がある。天に誠があるのにどうして人が誠にならないことがあろうかという意味の歌だと思います。『中庸』の第二十章にも「誠は天の道なり。これを誠にするは人の道なり」と書いてありますように、誠は天理自然の道、つまり本心のことです。

さて本心を思って本心のごとくありたいと願うのが、これを誠にする人の道です。誠は勉めずしてあたり、思わずして得るというものです。何の造作もなく、また思慮分別もいらず、ただ本心の指図に従えば、主親に仕えることを始めとして、万の事、すべて程よく出来ます。これで中庸に適うのですからとても楽です。この楽な味が聖人のお心持です。だから「従容として道に中るは聖人なり」と書いてあるのです。従容とは無造作、無分別、無知、無心の事で、ただ無理せずしてうまくいくという自然の妙をいうのです。天は無心にして四季が行われ、人は無心にして忠孝が勤まる。天人一致、万物一体。なんと明白なものではありませんか。「これを誠にする」とは善を選んで、固くこれを守るという修行の仕方をお示しなされたのです。「善を選ぶ」とはこの道理を一度合点し、本心を見付けることです。固執は常に本心に目を離さず、私心私欲は混じらないかと朝夕に吟味して本心を失わないようにすることです。これを精一の工夫と言います。前から言っている「天命の性に従う」という事なのです。

ある人の道歌に「我が性の人に隠れて知られずば高天の原に立ち出て見よ」というのがあります。面白い歌ではありませんか。少し考えてみてください。

人は自分に心がある事を知っていても、実は天の心を授かっていることを知らないのだと、朱子も仰せられました。わしが心だ、おれが心だと自分に心がある事は知っていても、この心は本来は天から授かった純粋な性質だという事を知らない。もしこの心が天命だと理解したら曲げたくても曲げられるものではありません。しかしやっぱり自分のものだと思うから、欲のためにさんざんに曲げてしまうのです。

生まれつきの純粋な心が主となって身欲が従うようになると何事も程よくなります。なのに欲心が主になって義理の心が曲げられてしまうので、「人心これ危うく、道心これ隠る」と言うのです。我が心は天の道だと理解して疑わなければ、自然と身勝手な私心は従うというわけなのです。

さてこのように言えば人心だの、道心だの、私心だの、天心だのと言い並べてみれば、心が二ツも三ツもあるように聞こえますが、そうではありません。行きつく先は一つなのですが、人の道を勤めさえすれば、いろいろな方法があり、一つだけとは限らないのです。ただ身贔屓身勝手をしなければ道に適うのです。いろいろと言い方を変えているのも道を修めるための教えです。

悪く心得た人は聖人を意地悪な人だと思い、忠義やら孝行やら仁義やら五常やらと難しい教えを立てているのは人を自由にさせないための責め道具と考えています。まるで狂人に猿ぐつわをはませ、手がせ足がせをいれて縛りあげたように自由を束縛するものだと考えていますが、これは大きな考え違いです。たとえてお話しいたしましょう。

稲荷山の松茸も丹波の松茸も松茸には変わりありません。その松茸も陰陽五行のおかげでだんだん大きくなり、食べごろになるというのが天の道理です。それを松茸が考え違いをして、食べられるようになったのは自分の力だと心得違いして、天の道理でそうなっていることを知らないで、ちょうど自分の力で一人で大きくなったといって、天命のおかげだと知らないようなものです。

さて松茸を食べるには必ず柚を使います。そこで松茸が思うには、「おれを食べるのになぜか柚を使用する。少しは胡椒か、山椒か、辛子でも入れればいいのに」と思うのですが、柚を入れるのは人間が勝手にやっているのではなく、松茸本来の味に合うからなのです。人もこれと同じ事で忠孝を勧めるのは、人の本来の心に適うからです。馬には轡、牛には鼻づる。これらはすべて人のこじつけではありません。大きな獣を使うには轡がよいのですが、牛にも轡でよさそうなものが鼻づるに替わるのは牛の生まれつきに適うからです。だから忠孝をお勧めいたしますのは忠孝が人の生まれつきに適うからだとお考え下さい。それだから朱子も「事の道ある事を知ってその性によることを知らず」と仰せられたのでした。

さて稲荷山の松茸は御献上品にもなり、風味もすごくよいので、かつおぶしや酒塩などの出汁を入れるには及びません。一方、丹波松茸は味が悪い。そこで出汁を入れるか生魚の一切も入れなければ味がよくない。出汁を入れて稲荷山の松茸の素炊きとちょうど同じくらいになるのです。なのに丹波松茸が腹を立て「不思議なことにおれを炊くときには出汁を入れる。なぜ素炊きにしないのだ」と小言を言ったというのです。しかしそれは無理ではありませんか。味がないという生まれつきだから、仕方なく出汁を入れるのです。同じ松茸でも土地によって風味のよいのと悪いのとが出来るのは、ちょうど人の気質に清濁があるようなものです。濁った生まれつきなら聖人の教えを入れなければ人の道が勤まりません。ですから教えは意地悪などではありません。考え違いをするのは風味の悪い丹波松茸の連中と同じです。仁義五常という出汁を入れなければ人並みにはなりません。聖人君子は稲荷山の松茸です。だからこそ「聖人の教えあることを知りて、その我がもとよりある所のものによって裁する事を知らず」と朱子も仰せられました。これだから教えを聞かなければなりません。これについてありがたい話があります。

昨年播州へ行きました折、姫路の社友の近江屋何某から承りました物語です。同国林田領太田村の出屋敷という所に卯右衛門という奇特の信者がおりました。

この人、若い頃は特にどうしようもなく、大酒、博奕、喧嘩口論をやりましたが、もともと貧しい暮らしでしたので、農業も適当で、馬追いを渡世として常に姫路の町へ通い、駄賃を取ればことごとく酒に換え、その上酔っては人と喧嘩をしました。ですから姫路の御城下は言うに及ばず、近村までみんな持て余した男でした。女房には早く死に別れ、男の子が一人ありました。しかし子を思う心もなく、ただ気随気ままに年月を送っていましたが、どういう因果か、あるときいつものように姫路へ出かけましたが、荷物を載せて馬を牽いてあちこちと荷を届け歩くうち東本願寺の御坊の前を通りかかりました。折から御本山より講師が来ていて御勧化の最中とみえ、数多くの参詣の群集がありました。卯右衛門も思う所あって馬を門前につなぎ、その身は他の参詣者とともに御門内へ入り、御堂の縁に腰をかけ、特に聴聞する気持ちではなかったのですが、参詣の人数が多ければよい喧嘩の相手を見つけて酒代にしようと考えながら聞くともなし聞かぬともなしに聞いていると御勧化の声が耳に入る。その大旨は造悪の凡夫、一善を修した覚えもないが、たとえその身は阿修羅王の勢いがあっても、死を防ぐ事はできず、閻魔王の使いに引きたてられ、紅蓮大紅蓮、焦熱大焦熱の苦しみを受け、血の涙を流しても万劫苦患をまぬがれる事はできませんでした。

彌陀超世の悲願というのは、このような十悪五逆の罪人を対象に立て給う本願なので、一度この仏に帰命し奉れば、たちどころに光明の中に収め取られ、命が終われば極楽浄土に往生する事間違いなしと、いろいろとお話しなさいました。

このとき卯右衛門、宿善開発の時節が到来したのか、信心が肝に染みて、夢が覚めたようになり長年の悪行を後悔し、ついには大声をあげて泣きはじめました。このとき卯右衛門、年四十ばかりだったと聞いています。

古歌に「さえられぬ光のあるをおしなべてへだて顔なる朝霞かな」というのがありますが、なんとありがたい歌ではありませんか。今この卯右衛門がたちまち悪念を翻して大信心を得ましたのは和尚のお話のおかげとはいうものの、ひとえに仏智の力の致す所です。もちろん、仏智力があっても、卯右衛門に仏性がありませんでしたら善人にはなりますまい。宿善すなわち仏性があったからなのでしょう。これを孟子も「性は善なり」と仰せられました。およそ一切の有情非情、仏性を具えない人はありません。だから釈尊も「草木国土悉皆成仏」の金言があります。なんともありがたい事です。ことわざに「仏法と藁屋の雨は出て聞け」というのがあります。何ごとも聞かなければ信心も起こりません。これらは教えによらなければなりません。仏法には仏法の妙があります。儒教には儒教の妙があります。神道もまたこの通りです。それぞれその趣は違うように思いますが、いずれも人を教え、善を勧め、悪を懲らすことばかりです。ここにいたっては三教一致なのです。

或る人の道歌に「雨あられ雪や氷とへだつれど解くれば同じ谷川の水」とあるように、法華は仏になれないだの、念仏宗は地獄へ行くだのと、さまざま姿は変わりますが、落ちるところは谷川の水で、行きつく先に何も変わった事はありません。これでおかしい話があります。

さる所に法華寺と浄土寺と垣を隔てて、隣どうしで毎朝花を折りに出て顔見あわせると宗論が始まる。あるとき浄土の和尚が言うには「どう考えてみても、法華は仏になれないね」と言う。法華のお上人は腹を立てて、「法華経は諸経第一。どうして仏になれないことがあろうか。何ぞ確かな証拠があるのか」と言うと「おお、証拠ならある。法華宗はそろばんに合わないから、仏にはなれないのだ」と言う。上人はますます腹を立て、「仏法がそろばんに合うとか合わないとか、それは何のお経に出ているのか」「いや、お経には出ていないけれども、現実にそろばんには合わないのだ。その訳はまず釈迦如来の御命日は二月の十五日。3×5＝15日とそろばんに合うわな。そして浄土の元祖は正月の二十五日。5×5＝25日と計算ができる。一向宗の開山は霜月の二十八日。4×7＝28日と計算ができる。真言の祖師は三月の二十一日。3×7＝21日と計算ができる。そのほか、聖一国師でも、また伝教大師でも計算のできないことはない。ただ計算ができないのは日蓮宗の祖師だ。2×7＝14では一つあまる。3×4＝12では一つ足りない。どう計算しても、十三日の御命日は計算できないからだ」と言ったというのです。

ずいぶんと味のある話です。しょせん勝っても負けても罪にも報いにもならないのです。同じ高根の月を見るのにです。このように言うと十把一からげ。胡椒の丸のみと思われるかもしれませんが、そうではありません。肩肘をはらなくても道理はちゃんと分かっています。それぞれの御宗旨を大切に守り、人と競り合わないようにしたいものです。

たとえば男山も剣菱も諸白も並酒も、もとは一色の米です。どれも酔うことを目的としたものです。しかし諸白で酔う人もあれば、並酒で酔う人もあり、銘酒で酔う人もある。ただ、酔ったという事実は同じです。上酒に酔った人が極楽の夢を見るというものでもなし、濁り酒に酔った人は地獄の夢を見るわけでもない。釈迦一仏より八宗九流と分かれたけれど、とどのつまりは人を善に導くことでは同じなのです。たとえどのようなありがたい宗旨でも親に不孝、主に不忠、世間の人に不義理をしていては極楽はもちろん、まずこの世から助かりません。現在の行動が未来につながっていることを知れば、この世を安楽に暮らしたら極楽に行くことは間違いありません。では、この世の安楽はどうしたら安楽に暮らせるでしょうか。ちょっとお考えください。そうです、忠孝より他に安楽への道はありません。

さて卯右衛門はこの日を境に志が大きく改まり、口に称名を絶やさず、身に一寸の悪行もしません。ほんとに前日の卯右衛門とは打って変わって別人のようでした。そして馬士をやめ、農業に精を出し、少しも人と争わず、ただ法義をよろこぶ無二の信者となられました。

そのうちに卯右衛門の子は成人して嫁を迎えました。この嫁、生まれつき慳貪邪見な性格でして、舅卯右衛門への仕え方、とても不孝でありましたが、卯右衛門は一言も咎めず、すべてこれ約束事とあきらめ、怒るわが子をかえってなだめ、嫁を育てて日を送りました。ある時その嫁が舅の言い方が気に入らないと言って庭にあった横槌をとって舅へ投げ付けました。その横槌は舅の額にあたって血が多量に流れました。息子はこれを見て、「もはや堪忍なりがたい、親父さまが何と言われようともすみやかに追い出してやる」と、女房を引ったてて門口へ出るのを見て、舅は大変驚き、片手で流れる血を拭き、もう片手でわが子の袂をひきとめ、いろいろと詫び言をするので、「これほどの不孝者は切り刻んでも飽き足りないほどなのにどうして追い出す事を止めるのか」と尋ねますと、「それほどの不孝者だから、追い出すことを止めるのじゃ。そのわけはこの家でさえ辛抱の出来ぬ嫁が他へ嫁入りしたら一日たりとも辛抱が出来るものか。この家を追い出すと嫁はどこも身を置くところがない。俺さえ辛抱すれば何事なく収まる。このような心得違いな嫁を貰ったはお前の不幸せだが、それは俺の宿業が悪いからなのだ。だから何事も堪忍してくれ」と言いなだめてお仏壇に御燈明をあげ、血を拭きながら称名を唱えておられた。これを見てさすがの嫁も大変後悔し、ひたすらに謝りますと、亭主も漸く納得して無事に収まりました。

またあるとき卯右衛門、嫁と一緒に麦畑へ行き、畝をこしらえていました。嫁は舅の先に立って鍬づかいして畝をけずり、舅はあとより土をかけて通ります。しかし嫁の鍬づかいが荒く、畝がずいぶんとゆがむので、舅は後ろから声をかけ、「もう少し注意して鍬づかいをしなさい。畝がゆがむぞ」と言いました。嫁は元来短気者なのでこれを聞くとすぐに鍬を畑にうちつけ、物も言わず一散に帰りました。舅は驚き、これまた家に駆け戻り、そのままお仏壇へ御燈明をあげ、如来を前に跪いて、「馬鹿な親父があさましい心より嫁を叱りましたので、嫁が腹を立てました。これ全くこの親父めが悪うございました。御許しくださいませ」と、くり返しくり返し言う。これを聞いてさすがに嫁もだまってもいられず、舅の側へ行き、「これは私が間違っておりました。堪忍してくださいませ」と言えば、「いやいや、そなたが悪いのではない。この爺が愚痴だからじゃ」と言う。「いえいえ私が悪かったのです」と言い合ううちに嫁の機嫌が直りました。このようなことがたびたびありましたので、邪見な嫁も舅の信心に感化され、いつしか我慢の角も折れて、後々は孝行な嫁になりましたという事です。

蓮如上人のお示しに「仏法は無我にて候えば人にまけても信をとるべし」とあると聞きました。何しろこの卯右衛門は実に我なしの行いで、よく法義を聞き得た信者というものです。それに引きかえ、口に宗旨の意味を述べて、少しも珠数を離さず、いかにも後生を願うと見える人のその所作を見ると、思いの外に金に細かかったり借りた物を返さなかったり、念仏や題目を唱えながら浮気したり、聟や嫁をいびり出したりするようなつまらない信者がどうかすると天竺にはあるようです。このような信心はみな下心のある事で、神仏が物をおっしゃらないからといってするのは恥ずかしいことではありませんか。これについて例え話があります。

さる所にその日暮らしの困窮な夫婦があって、その女房が産気づき、難産で三畳敷の部屋でウンウンと言って這いまわりました。普段から産婆さんにも医者殿にも無沙汰をしていたので呼びに行っても来てはくれず、亭主壱人がてんてこ舞いしていましたが、女房が苦しむのを見てもいられず、かといって我が腹は痛くもない。思い余って門口にある井戸へ行き、水を汲みあげ、二、三杯頭からかぶり、合掌して高声に「南無日頃念じ奉る象頭山金毘羅大権現。ただ今かかあが難産にて苦しんでいます。どうぞ無事に出産するようお守りください。もし出産できましたら、そのお礼に銅の鳥居を奉納いたします」と大声で言うのを女房がもがきながらそれを聞いて、「これこれとんでもないことを言わないでくださいな。万一安産したら銅の鳥居はどうやって工面するつもりですか」と言えば、亭主は目くばせして女房を抑え、「やかましく言うな。こう言って神様を騙しているうちにさっさと産んでしまえ」と言いました。なんとも面白い話でしょう。私たちは神仏をだまそうとは思わないけれども、悪い事をして極楽を願い、商売不精だけれども金持ちになりたいと無理な事を神仏へ祈るのは、我が本心を騙しているというものです。我が本心を騙すのは神仏を騙すのと同じことです。もったいない事です。罰だの報うだのという事は小歌の一節ではありません。仏罰利生があるからこそ神仏は尊いのです。御用心ください。

さてかの卯右衛門、次第に年寄る程ますます信心堅固の法義者になりました。ある年の冬、姫路の町に同行があり、朝からその方へまいりましたが、昼七ツ下り（午後五時）、帰ろうとして姫路の町を出て、野道をとぼとぼと帰ると、後ろから声をかけて呼ぶ者がありました。振りかえって見れば、隣村の馬士が、馬を牽いて卯右衛門に追いつき、「かねてあなたは信心者と聞きましたが、今夜わしの所で講話の座を設けます。よろしければ初夜時分からどうぞ参詣してください」と言う。卯右衛門はとても喜び、「それは近頃ありがたい事です。それなら遠慮なく行かせていただきましょう」と約束して別れました。

この馬士は元来心のよくない者でしたのでよい心で言ったのではありませんでした。これは卯右衛門があまりにも法義を悦ぶと聞いて馬鹿らしく思い、からかってみようと今夜お座があると偽って騙したのです。実は御座も何もないのです。まんまと欺いて自分の家に帰り、馬を洗い、そこら辺を片付け、夕刻の鐘を合図に火をふき消し、門の戸をかたく閉めて寝入りました。卯右衛門はそんな事とは知らず、我が家に帰ってから約束の時間となったので、例の馬追いの方へ出かけました。運悪く暮れすぎより雪が強く降り、野風も激しく、少しも外出できないほどの様子でしたが、約束を違えまいと蓑笠を着て草鞋を履き、杖にすがって二十町ほどの道をお念仏を連れにして寒さを凌ぎ、ようやくその村にたどりつきまして馬士の家に着いて門の様子を見ると、とても静かです。蓑笠を脱ぎ、門の戸を開けようとしましたが開かず、とんとんと戸を叩き、「卯右衛門が参りました。卯右衛門でございます」と言っても叩いても音もしません。馬方は寝ながらこの声を聞き、「どうやらあの親父めがよぼよぼと来たようだな。まさか今夜の雪で、顔は出せまいと思ったのに。それにしても頑固な信心だわい」と驚いて、息をのんで、そら寝入して聞いていました。

卯右衛門は訪れても返事もなく、また燈火の影も見えません。「さては馬方殿が急に用事でもできて、他所へ行かれたのか。または時間を間違えたか。何にもせよ、このまま御目にかからずに帰っては約束にそむくことになるので、この軒下でしばらく帰りを待とう」と蓑笠をうち敷いて座る所を作りました。西風が強く吹雪はしきりに身にかかるので、竹の子笠を身体の前にあて、しずかに念仏していました。寒気が身を裂くように感じましたので思わず声をあげて、「それにしてもありがたい。馬方殿のおかげで今夜ここへ来たからこそ御開山が北国御経回した時の御苦労のほどを、万分が一でも思いしることができたのはありがたいことだ」といよいよ信心が増してきて高らかに念仏を喜んで唱えました。

その声が馬士の耳に入り、身にしみじみとこたえ、何となく尊くありがたく思われましたので、ついにたまりかねて表の戸を引き開け、卯右衛門を内へ伴い、そら寝入りして騙そうとしたことを詫びて、それからはこの馬方も志を改め、終いには同行となり、無二の信者となりました。

蓮如上人の歌に「火の中をわけても法を聞くべきに雨風雪はものの数かは」という歌がありますが、卯右衛門の行状はそれを実行したもので、尊いことです。

これらのことは御領主様の御聞きに達し、「奇特の信者である」と御感心遊ばされ、御褒美を頂戴なさいました。この時卯右衛門は六十五歳でした。

このほかにもありがたい行状が数多くありますが長くなるので割愛します。卯右衛門、去る天保辰の年、往生を遂げられましたと聞きました。仏法の教えによって一文不通で無学な卯右衛門がよく人の道を修められました。専ら文字を知り、古事来歴を知ることだけが学問ではありません。神儒仏の三教、どれでもその根機に適う教えを聞いて慎んでこれを守れば人の道が勤まらないということはありません。なおあとは明晩お話しいたしましょう。

まとめ

私は、大学を卒業してすぐに教育の世界に入り、これまでに多くの人のテストの採点をしてきました。マークカードや記号での採点なら簡単なのですが、筆記の採点をする時にいつも気をつけていることがあります。それは採点基準がブレないようにするということです。

採点の途中で基準がブレてしまっては大変です。採点をし始めのころに生徒に×をつけていた解答が途中から△や○になったのでは、テストの公平性が失われてしまうからです。受けた生徒にしても納得がいかないものになってしまいます。

もちろん、どうしてもやはり採点基準を変えた方が良い時もあります。そんな時は初めに戻って、採点のやり直しです。とにかく統一した基準で採点しなければ不公平になってしまうからです。要するにブレないようにしなければならないわけです。

改めて考えてみましょう。どうして私たちはブレてはいけないのでしょうか。先ほどの採点を例にとれば、不公平になるからと、比較的はっきりとした答えが出やすいのですが、世の中そんなにはっきりとした、誰から見ても正解か不正解かわかるものばかりではありません。私たちの生活を取り巻く問題に対しては、何が正解で、何が不正解かははっきりしないことも多いので、ブレていても気づかない事があるのでしょう。

「君子過ちては改むるに憚ること勿れ」という言葉があります。こういうと、君子でさえブレているではないかと思いがちですが、そうではありません。君子の常に正解を求めるという方向性はブレていないのです。やり方は変わったとしても目的は変わっていません。私たちは、ついやり方が変わったら目的まで変わってしまうことが往々にしてあるから結果的にブレたことになってしまうのでしょう。

ブレるということは軸が無いということです。独楽は重心がしっかりしないと、ブレて長く回り続けることはできません。写真も固定せずに撮影すると、ブレて見づらいものになってしまいます。私たちの生き方も筋を通さないとブレてしまいます。人から信頼されることはありません。

私たちは人間社会の中で生きています。人目を気にしすぎる必要はありませんが、人との関わりの中で生きています。優柔不断、八方美人的な生き方もそれなりに大切ですが、やはり自分を大切に、自分らしく生きる、そんな生き方が求められています。

私はブレることで一番恐ろしいのは、信頼を失うことだと考えています。

ブレたらろくなことがないのは分かっているはずなのに、どうして私たちはついブレてしまうのでしょうか。私は大きく二つの要因があるのではないかと考えています。

一つは自信がないからです。自分に自信がないと、ああだと言われたら、ああ、そうなんだと思い、いやこうだと言われたら、そうだよな、こうなんだと方針を変えてしまっては軸が無い状態になってしまいます。これは自分の頭で考え、心から納得していないからそうなるのだと考えています。『論語』の中にも、「曾子曰く我日に我が身を三省す。人のために謀りて忠ならざるか、朋友と交わりて信ならざるか、習わざるを伝えしか」というのがあります。つまりは本当に自分のものになっていないのに、人にわかったようなふりをして説明してしまうということを恥よというのです。本当に理解していないから説明もブレて表面的なことになるというのです。

もう一つは逆に自信がありすぎるからではないでしょうか。自信があるのはいいことです。しかししっかりとした根拠もなく、自信だけがあるのでは危ういことこの上ありません。何しろこういうときは自分は絶対的に正しいと思い込んでいるから周りが見えていません。あまりにも自信たっぷりなので信用してついていくうちに行き止まりになり、あれ、おかしいなぁ、間違ったのかなということになると、ついてきた人たちからの信用を失います。最近ではSNSで、人から聞いた話を鵜呑みにして、他の人を攻撃してしまい、実はそうではなかったと反撃されてアカウントを消して逃げて行く人が多いと聞きます。これも事実を自分でしっかりと確認せずに、正しいと思い込んでやってしまうからだと考えています。こんな人の言動をこれからも信じられるでしょうか。

では、どうすればいいのでしょうか。このことについて鳩翁は講話の中で三つの解決策を示してくれています。

一つ目は「絶えず吟味する」ことの必要性です。

先ほど例に出した曾子のように、自分で自分を振り返ることが大切だというのです。鳩翁は「常に本心に目を離さず、私心私欲は混じらぬかと朝夕に吟味して本心を取り失わぬように致す」と述べています。ここでいう私心私欲とは、自分さえよければいいという身勝手や自分をいいように見てもらおうとする虚栄心だと私は解釈しています。松茸の話を例に取り上げていましたが、自分のことが自分で理解できず、今の自分は自分だけの力で今日があるのではないことに気づいていません。こうしていられることの幸せを知らずに文句ばかり言っていたのでは、これ以上の成長はないのではないでしょうか。自分に驕った気持ちはないか、本当に誠心誠意で人に接しているか、絶えず自分を振り返る、つまりは吟味することで、本来あるべき人の道をブレずに生きられるよということを暗に示しているように思います。

二つ目は「根本を見極める」ことの重要性です。

何をするにしても軸は大切です。鳩翁は宗教を例にして説明していました。いろいろな宗派があり、自分の信じる宗派が一番だと人は思い込みがちですが、それぞれの宗派の違いは根本に至るための方法の違い、手立ての違いであって、人の心の救済という根本は変わりはないのです。富士山に登るための登山ルートはいくつかあります。それぞれのルートにはそれぞれの素晴らしさがあります。しかし、頂上にたどり着くという意味では同じであって、本来の目標を忘れてどれがいいか言い争っていても始まりませんよね。

パソコンがいい例です。機種や性能は違っても、それを使って出したデータは同じ数値のはずです。自分の使っている機種の方が優れていると自慢することは無意味です。

三つ目は「一つに専念する」ことの大切さです。

卯右衛門が真理の求道に目覚めることができたのは、余計なことを考えず、ただひたすらに一つのことに専念できたからだと思います。卯右衛門の場合は仏道でした。

しかし、仏道だけではありません。今私たちの生活を省みるとどうでしょう。あれもやりたい、これもやりたいといろいろなことに心が動かされ、なかなか一つに専念することが難しい世の中になっているように思います。だからこそ多軸になり、ブレてしまうのではないでしょうか。

とはいっても、一つに専念できるものを見つけることができた人は幸せです。何かないかときょろきょろ、そわそわして人生の大半を終えてしまう人は多いと思います。

大手広告会社電通の４代目社長吉田秀雄氏の「鬼十則」の一部に「５　取り組んだら放すな、殺されても放すな、目的完遂までは……。８　自信を持て、自信がないから君の仕事には、迫力も粘りも、そして厚味すらない。」ということばがありますが、これも一つのことに専念してブレないために必要なことを伝えようとしたものだと私は思っています。

間違いは人間だもの、あっても仕方のないことだと思います。しかし、だからといって方向や目的までも変更してしまっては信用してもらえないだろうと思います。

ブレないためにも、絶えず自分をチェックし、本来の目的を見失わずに、ひたすら取り組んでいくことが大切なのだと考えています。
これは江戸時代も今も変わっていませんね。

続々鳩翁道話　二之上

どうしたら私たちは一つのことに集中して取り組めるのか

解説

今回は道の話から始まります。道と言っても通行に使うあの道ではありません。人の道というモラルであり、生き方そのものを指して道としています。剣道、柔道、空手道、茶道、華道などにも道という語が使われていますし、人道主義、道徳教育といったものにも道が使われていますので、私たちにとってはとてもなじみの深いものです。

私たちは人の道に沿って生きています。それを鳩翁は中江藤樹のことばを引用して、人と道との関係は、魚と水の関係に等しいと説明しています。魚は水の中では普通に泳いで生活していますが、水から離れると息ができずに苦しみ、ついには死んでしまいます。人も同じで、人道に沿って生きているときは普通に暮らしていますが、道から離れると心が苦しく命にもかかわるというのです。別に離れようとして離れるのではなくとも身勝手な心を持つと道から離れて苦しむというのです。ただし心学を修めれば道から離れないよとさりげなく宣伝もしています。

そして道の修行は、すぐにでもできるものではなく、日ごろからの心掛けが大切だと述べ、常に先々のことに用心深く生きることを勧めています。その一例として、愚かな老人の話を挙げています。

ある老人が橋の板に開いた穴から杖を落とし、川に流してしまいました。すると老人は次にわざわざ扇を取り出し、その穴からまた落とし、「さっきの杖はこんなふうに落ちて流れたのだな」と納得したというのです。そこまでしなくてもわかりそうなものです。しかし同じ失敗を繰り返すのが小人、失敗しないようにするのが君子というわけです。

中国の漢文ではよく小人と君子の違いが例に出されます。ここでもその違いの一例として示されています。その違いは、小人は人が見ていないと気が緩むけれども、君子は誰も見ていなくても決して気を緩めないところにあると指摘されています。

日本のことわざにも「人の振り見て我が振り直せ」というものがありますが、私たちは常に自分は正しく生きているかをチェックしなければなりません。

「岩根踏みからたち分けてゆく人は易き大路をすぎがてにする」という歌のように、歩きやすい大路があるのにわざわざ困難な道を歩いてはいないだろうかと自己点検をすることが大切です。自己点検をすれば何事に対しても丁寧に敬意をもって接するとよいということがわかるはずだというのです。

植物を育てるのも愛情をもって声をかけて育てたり、音楽を聞かせたりして育てると、生育に差が出ることは今ではあちこちで報告されています。鳩翁の友人も稲の苗に敬意をもって接したため、たくさんいいものが取れたと体験談を語っています。

大事大切なのは敬意を持つことということから、さらに話は展開していきます。大切に敬意を持つものの代表として、家業の存在を取り上げていくのです。それぞれの家の御先祖様や大祖父様、親御の代から仕来りの家業を大切にして守っていくことはとても大切なことです。しかしその大切さを忘れ、あれこれと家業を変えてみてもうまくいかないことが多いのです。それもそのはず。長年培ったノウハウが急に開業した者にわかるわけがありません。まるで烏が鵜の真似をして水を飲むようなもので、うまく飲めるはずがないのです。

鳩翁は、うまくいかなかった例としてあるお寺の話を引用しています。そのお寺は本来阿弥陀如来を本尊とするお寺でしたが、和尚が参拝客の増加を図って、ある時は観音に、またある時は弁天に、金毘羅にと、あれこれ本尊の仏さまを取り換えていくのですが、あまりの節操のなさにみんなから怪しまれ、ついには経営が立ち行かなくなったというのです。

本来の阿弥陀如来一筋でやっていればそんなことにはならなかったはずです。目移りせず、本来なすべきことをしっかりやっていたらよかったのですが、小人はつい一つの事に集中することができず、あれこれと手を出してしまうのです。門戸を広げることは大切なことですが、だからといって二兎を追う者は一兎をも得ずということになりかねないのです。

ではどうしたら私たちは一つのことに集中して取り組めるのでしょうか。今回はこのことについて考えてみることにしましょう。

続々鳩翁道話　二之上　本文現代語訳

「道はしばらくも離るべからず。離るべきは道にあらず。この故に君子はその睹ざる所を戒め慎しみ、その聞かざる所を恐れ畏ると」

これは本心を確立し品性を養うようにすると、道は離れたくても離れられないという事をお示しなさったことばです。

かつて藤樹先生は「道はたとえば水のごとし。人はたとえば魚のごとし。魚は水にある時は悠然として楽しむ。水から離れたときは苦しむ。離れて長く経つときは死んでしまう」と仰せられました。本当にこの通りで、人が人の道を勤めているときは楽です。しかし人の道に離れると苦しい。人の道に離れ通しでいると、首をくくるか身を投げるか、切られるか、うち殺されるか、いずれ死にます。これは魚と水とのようなものです。人も道と暫くも離れることはできません。離れたらおしまいです。ことわざにも「合わせものは離れる」とあります。人と道とは合わせものではありません。道は本来のあるべき姿に従うのが道であり、生まれつきの通りにするのが道なのです。道のほかに物なく、物のほかに道はありません。

また古人の説に、「心は道なり。道は天なり」とも書いてありまして、心を知れば道を知ります。道を知れば天を知ります。天を知れば天人一致、万物一体であることの道理がわかります。仮にこの道理はわからなくても目は見るもの、耳は聞くもの、手は持つもの、足は行くものということがいちいち訳を説明しなくても生まれつきの道ですから自由自在に使うことができます。

ある人の発句に「子も踏まず枕も踏まずほととぎす」というのがありますが、おもしろい事です。ほととぎすの声が耳に入ると、いつの間にやら立って行き、窓を開けます。それでいて側に寝ている子も踏まず、また枕も踏まないのです。このとき何を考えていたでしょうか。ただほととぎすのことばっかりのはずです。それでも自然とできるのです。なんと奇妙なことではありませんか。しかしながら身贔屓身勝手が少しでも入ると、枕も踏めば寝ている親御さまの頭も蹴とばしてしまう。こわいものです。

だから朱文公も「道は日用事物。まさに行うべきの理。みな性の徳にして、心に備わる」という注をお付けなさいました。その心に「おれが」という身勝手が混じると、本来の徳を失いまして朝から晩までする事なす事、具合の悪い事ばかり思い付いて、吐息をつくように苦しみます。

心学のありがたい事として「我なし」という道理を理解いたしますので、道から離れられない事をよく知ることができます。人間は大か小かの違いはあっても得てして身勝手が混じります。だから普段から道をわきまえておかなければならないのです。事のないときは道を知った人も知らない人も何も変わりはありませんが、何か事があると天と地との違いになります。

例えて言えば私のような盲人もあなたたちのような健常者もこうして居る時には何も変わりはありません。しかしやれ火事だ、盗人だと立ち騒ぐとき、あなたたちは目が見えるから逃げる道をよく御存じです。だから怪我もせずに逃げられるのです。しかし私どもはその段になると逃げる事ができません。目が見えなければ出口はわかりません。ですが手足がありますから、そのままじっとしてもいられず、探り廻って逃げてみても、あちらでは頭を打ったり、こちらでは同じところを走り回ったりします。そしてどうにかこうにか逃げおおせると先ほどうろたえた事はもう忘れてしまい、目が見えたらとも出口を知りたいとも思わず、結構な盲人だと思っているものなのです。道嫌いのお人はこれによく似たものです。

事はいつ何どきに起こるやらしれないのが浮世です。子が死ぬやら親が死ぬやら掛損するやら火事に遭うやら、そのとき急に泣き顔にならないように前もって道の修行はしておきたいものです。そこで「君子はその睹ざる所を戒め慎しみ、その聞かざる所を恐れ畏る」と事に臨んで泣き顔にならない御用心を聖賢君子は前もってなされるのです。これについて例え話があります。

さる所の隠居が杖をついて板橋をわたる時、中程の板に節穴がありました。その隠居が杖を節穴へ突き入れてしまいました。思いがけない事でしたのでこれはと驚いて手を放すと、杖はするすると節穴より下へ抜けて落ちて川下の方へ流れました。隠居これを見て不思議そうな顔つきをして腰にさした扇を抜き出して、またその節穴へ差し込み、手を放してみると扇も穴から川へ落ちて、これも川下へ流れました。隠居はじっとながめていてようやく合点がしたものやら、手を打って、「ははぁ、この理屈じゃな」と言われました。

これがよう似た話です。私たちは一度や二度頭を打っても気がつきません。そして学問が嫌い、道の話が嫌だと言い続けます。小人と君子の区別はほかでもありません。しくじっても懲りないのは小人。しくじらない先に御用心されるのが君子です。誰しも畏れ慎む心のない者はないですが、小人凡夫の悲しさで、人が見ている所や人が聞いている所では随分慎しんで用心をしますけれど、人の見ていない所、人の聞いていない所ではどのような事しても大丈夫と心得て、とどまるところを知らない気随気まま。ですから時々失敗します。

聖賢君子はこれに引きかえ、人の見ていない所、人の聞いていない所を特に大事とお慎みなされる。詩に曰く「爾が室にあるをみれば、請い願わくは屋漏にも愧じざらん」というわけで、君子は御一人でいても不行儀な事はなされません。実に人の見たり聞いたりしない所はとても大事な晴の場所なのです。うろたえると人にも見くびられて大恥をかかねばなりません。

中昔、世が乱れましてあちこちに盗賊が入り、在方町方不安で一日も安心した気持ちになれませんでした。その頃盗人が二、三人、夜更けにある家を窺い、戸のすき間より内をのぞいてみれば、年の頃四十ほどの女がただ一人、囲炉裏の前に座り、粥を煮ていました。ほかにも人があるかとなお覗いているうちに、その女が、粥の煮え加減を試みる様子を見ますと、鍋の蓋を取り、清らかな箸で粥を少し蓋の上にはさみ上げ、指で押し潰して試み、なかなか口中に入れません。その行儀の正しいのを見て、盗人たちは大変恐れて逃げ帰ったと、ある書物に書いてありました。これが「独りを慎む」ことの奇特です。

私たちはとかくこれは人が見ていない所だ。これは人が聞いていない所だ。これぐらいの事は大事あるまい。このくらいな事はバレたりしないだろうと自分勝手に判断して道のない方へ頭を突っ込み、これが理屈だ、あれが理屈だ。これではどうにもならない。あれではどうにもならない。こうすれば勝手がよい、こうしないと勝手が悪いと、やたらと身贔屓身勝手をこじつけて、本来なら心易く渡られる世の中を無理無体に苦しみます。

ある人の歌に「岩根踏みからたち分けてゆく人は易き大路をすぎがてにする」とあるように、朝から晩まで岨道を横ばいする不行儀な蟹仲間が多いのです。本当にこまったものです。そのくせ人が横ばいするのはよく目にとまるのです。人の小言は言っても自分が横に歩くのは全く気づかないのです。

またある人の発句に「蟹を見て気のつく岨の清水かな」というのがあります。面白い句ではありませんか。この句を心学から解釈すると、人の横ばいが目にとまったら我が身に立ち返って、自分も横ばいをしてはいないかと気をつけてごらんなさいというわけです。このことに気がつくと慎みの心が起こります。慎みの心が起これば自ずから生まれつきの性を養うきっかけになります。もし少しでも慎みが抜けると、離れられないはずの道を無理無体に離れるからとても苦しい。だから朱文公も「これをもって君子は常に敬畏を存して、見聞かずといえどもまたあえてゆるがせにせず。天理の本然を存してしばらくの間も離れしめざるゆえんなり」と注をお付けになりました。すべて敬畏の心は人に対してだけの事ではありません。万物に対してこの心をもって向かえば困ることありません。

我が友何某、播州三草の人ですが、いたって農業の事に詳しく、米麦はいうに及ばず、どんなものでもこの人の手で植えつけますと、豊凶にかかわらず世間の人よりも作徳がいっぱいあって、それも至極見事にできます。不思議に思いましてそのわけを尋ねましたら、なるほど理由のある事でした。まず籾種は随分よい種を選んで前年より俵に入れ、庭の天井に吊りおきます。これは火気が自然とまわって暖かになるからです。もっとも所によってはただ土蔵に蓄えておく所もありますけど、北国筋やあるいは山国などでは寒気が強い所が多くありますから、火気で暖まりを入れておくというのです。

さて翌年になり、種付け時分になると、その俵を下ろすのに竿の先に鎌を結い付けて、下からその釣縄を切って落とし、池の水に浸ける事二十日ばかり、その後苗代へ蒔き付けます。三草辺りではどこもそのように致します。しかし我が友何某はずいぶん違いまして、籾種といえども天地生々の気を含んでいる生き物なので、疎略に扱うときは生きる気をくじく事があるかもしれないと、大切に謹んで病人を扱うように静かに担ぎ上げて吊り置きます。また下すときも階子をかけてそっと肩を入れて縄を解き、静かにおりて、池へ持ち行くときも大事にして持ち行き、また水へ下ろすときも小口からそろそろと少しずつ水へ浸し、だんだんと水に下ろして浸け置きます。上げるときもまた初めのようにしてそろそろと引き上げます。そのわけは、人も頭から水をかけるとびっくりして、気は縮こまってしばらくは伸びません。足元から次第に水をかけると、胴ぶるいも出ず、気も縮こまらない。この理を考えて、すべて種物を扱う時は大切な人を扱うように敬畏の心をもって扱いますから、種物の気が自然と縮こまりません。だから実りは格別で、世間より優れたものができるということを話されました。なるほどありがたい心得です。もっとも土地所によって、または寒暖によってさまざまな種付け、植付けなどの仕方もあるでしょうけど、ただ畏れ敬しむの心を主として、種付け、植付けすべて取り入れまでこの敬畏の心で仕上げますので、どうしても世間よりは余計取れなければならない筈です。

これは種ものに限らず、茶碗ひとつ、扇一本取り扱うにも畏れ慎む心があれば、取り落として割るような無調法はできないでしょう。まして主親に対して、夫や兄に対してこの畏れ慎む心があれば忠孝貞節は自然とできるはずです。畏れ慎むといってもわなわなと震いながらするという事ではありません。敬畏というのはただ大事大切と思う心です。何より大事大切にしなければならないのはそれぞれの家業です。この家業はみんなそれぞれの家々の御先祖様や大祖父様、親御の代からやってきた家業です。この家業を始めることは一朝一夕のことではできません。戦いに行き、鑓に血を付けたり鎧の袖を敷いて寝たり、または肩に棒を置いたりあるいは草鞋を作ったり、雨に濡れたり雪にうたれたりして、食うものも食わず、よい着物も着ないで、悔しい目も堪忍したり難儀な事も辛抱したりと千辛万苦してこの家業の基礎を御立てなされたのです。

その子孫が自分勝手の気随にまかせて、こ

んな仕事は引きあわないだの、畑仕事は嫌いだの、こんな小商いしていては生活できるものかなどとぼやいて、とかく他の仕事が目がついて自分の家業がいやになるものです。そこで百姓が商いをしたり、商人が医者になったりといろいろに化けて世間の人をたぶらかします。恐ろしい事です。よく考えてごらんなさい。引きあわない商売でも、埒のあかない細工でも、先祖代々は見事に世渡りができてきたのです。それを今更渡世にならないというのは皆これ家業に精が出ないからなのです。これを怠ると申します。この怠りの起こる原因は身のほどを弁えないからです。

分とは士農工商それぞれの分かち、限とは町人はこれだけ、百姓はこれだけ、職人はこれだけと、みなそれぞれに住居、衣類、食物はいうに及ばず身分に見合ったものがあります。これを分限と言います。その分限を過ごすから物入が多くなり、その分金儲けが足りないようになります。そこで家業の腰が抜けておのずから精出して勤めることができなくなり、とうとう先祖から続けてきた家業を取り替えるようになります。怖い事です。めいめいが身に立ち返って慎しまねばなりません。たまたまどうしようもない事で家業を変える人はまことに止む事を得ないのです。それを手本にしてやたらと商売を変えたがる人は烏が鵜の真似をして水を飲むようなものです。ここによい例えの話があります。

さる貧地の和尚様が急に賽銭を増やそうと考え、本尊の阿弥陀如来は古めかしく世間に数も多い。最近世間では、もっぱら子を産む事が流行る時節なので子安観音を本尊として安産のお守りを売り出したら、寺の繁昌は疑いなしと、急に阿弥陀を観音に作り変え、門前には本尊子安観世音と墨で書き記し、看板をかけたので、参詣の人はびっくりし、あやしんで門内へ入ってきません。和尚は大変残念がりこれではいかんとまたまた工夫して、翌日は弁才天、あるいは金毘羅、弘法大師と思いつくままにとっかえ引っかえ、日々本尊を変更しましたので、ついには猫の子も来なくなったという事です。

商売変えをしたがる人は、この和尚さまのお仲間うちです。先祖開山上人の御苦労なされた家業の如来を大切にお守をして御先祖開山より伝来の家蔵諸道具、鍋釜の御宝物を大切に守護して、ひたすら一心に家業に専念さえいたしますと参詣者で門前に市をなし、銭は雨が降るように元日から大晦日まで多く集まりますのに、この和尚さまのように本尊を仕替え、御開山の御苦労を顧みず、不信心になると、参詣者は日々に減り、賽銭は月々に減じ、仕方がないので宝物を売ると、本堂はたちまち大破に及びます。そのとき一家親類へ奉加帳を持ってまわっても誰一人として寄進してくれる者はない。これは寺や本尊はおれの物だと思う和尚の心得違いで、宝物を売らなければならないようになります。これを孟子も「家必ず自ら破って而して後人これを毀る」と仰せられました。とかく家業を怠ってはなりません。

ある人の道歌、「怠りも夏のかせぎもほどほどに穂に現れて見ゆる秋の田」という歌の通り、六月の炎天下で田はぶつぶつと煮え返っている中へ四つばいになって、腰は曲がり、背も真っ黒に日に焼け、汗だくになって一番草、二番草、三番草と丁寧に手入れした田と、無精になって昼飯を食べると四時ごろまで昼寝してのらくらと暮らし、一番草もろくに取らない田とでは、青田のときは同じように見えますが、秋になると手入れをした田は実が入って皆稲穂が垂れている。一方のらくらとしてさぼった田は稲穂もひょろひょろと立っていて実がなっていない。人の怠りもこの通りで、平生は格別驕ったようにも遊んだようにも覚えません。昨日はこれほど怠けたり、今日はこれほど油断があったとその折々にはわかりませんが、十二月の大晦日には請求書が山のように積まれ、胸がつかえて飯も喉へ通りません。請求書を手に取って広げて見れば皆それぞれに覚えのある事。このとき後悔してももう遅い。これみな平生の油断が招いたことです。

とかく怠らないようにしなければなりません。簪は大事か。花見は大事か。このくらいの事はしても大事ないだろうと思う心の果ぞかなしきです。とにかく分限をわきまえて本心に立ち返らなければなりません。だからこそ『中庸』に「君子その位に素して行う。その外を願はず」とお示しなされたのです。これについておもしろい話があります。

さる茶人の家へ道具屋が参りまして、「もし旦那。この道具をごらんください」と差し出すので、旦那が手に取って、「おお、この茶碗は年代物と見える。書付はないか。誰の作だね」「はいこれは武蔵坊弁慶作の茶碗でございます」「なるほどその時代の物らしい。代金は何程だ」「はいはい三貫匁でございます」「よしよしこれは貰っておこう。時にこの蓋置きはまたよほど年代物と見える。鼎足でもなし、また三つ人形でもなし」「はいこれは昔鴻門の會の節、樊會が楯の板を挟んで門破りした時の鎧の金物でございます」「それはとんでもない時代物だな。よし、これもついでに買っておこう。この香合は大分新しく見えるがこれは誰の作かね」「はいはいそれは加藤清正が朝鮮征伐のとき朝鮮王城の土を取って作られた香合でございます」「それは一段と面白い。これもついでに買っておけ。近々茶会をしなければならないのだ。まず弁慶の茶碗。樊會の蓋置き。清正の香合。よい取り合わせだなぁ。しかしみな強い人物に関するものばかりだが、これはどうした事だろう」と問われました。すると茶道具屋が何気ない顔で、「強いはずでございますよ。みんないっぱい家を踏み潰して来た人たちの道具ですから」と言われた。なんと恐ろしい話ではありませんか。茶碗や香合ばかりの事ではない。小間物屋が持ってくる仕入箱の中にも歌舞伎に出てくる朝比奈や弁慶が本名を隠して櫛笄になっているかもしれません。いい加減なことをしていると身代を強者どもに叩き潰されます。そのほか古道具、骨董品、質屋の蔵に積んである代物は皆主の身代を踏み潰した兵ばかりです。どこであなたを狙って待ち伏せしているかもしれません。油断はなりません。ともかく大事大切の慎みの心が抜けると大騒動の原因となるのです。御用心ください。

まとめ

前回、ブレないためにどうするかということで、鳩翁が示した三つの提案について触れましたが、今回は三つ目の「一つのことに専念する」ということについて、もう少し詳しく考えてみたいと思います。

現代を生きる私たちにとっては、なかなか卯右衛門のようにそれだけをストイックに生きることは難しいことです。しかし、やはり何かを極めるには、それなりのひたむきさは必要なようです。近年ではイチロー選手や大谷選手の生き方がそれに当たるのかもしれません。彼らは自分を律して生活をしているようです。律すれば必ず成果が出るというものではありませんが、律しなければ、あれだけの成果はまず出ないだろうと思われます。

鎌倉時代に吉田兼好が描いた『徒然草』にも、「大事を思い立たむ人は」という章段があります。思い立ったらあれが済んでからとか、これを済ませてからとか言っていないで、すぐに行動せよと述べて、強い意志を持つことを薦めています。イチロー選手や大谷選手に限らず、一流のアスリートたちはこれを実践できているからこそ、それなりの成果が出せているのでしょう。

何もアスリートだけに限りません。特別な人たちだけの話ではないからです。何か一つのことに熱中することはとても楽しいことであります。子どもの頃、一心不乱に絵を描いたり、塗り絵に没頭していたことなど、何かに熱中した経験は誰にもあることかと思います。大人になっても仕事に、趣味に、没頭している人はたくさんいます。それはどんなことでもいいのです。考古学、俳句、短歌、写真、釣り、なんでも一つの事に夢中になれることは、とても素敵なことだと思います。

何もそれを極めて誰かに認めてもらおうとか、専門家になろうとか、それを仕事にしようとか、一儲けしようとか、そういう事を目的にやっているのではないはずです。「好きこそものの上手なれ」ということわざがあるように、好きだからやっていけるのでしょう。

先日、あるテレビ番組で、地震予知に人生を懸けた一人の人物についての放送がありました。ものすごい数のデータを毎日取り続けていましたが、彼は学者ではありませんし、学会からも取り上げられているわけではありませんでした。しかしそれでも死ぬまでデータを取り続けていたということでした。誰にも認めてもらえないのに、どうしてそんなにデータを取り続けることができるのだろうか。私は不思議な気持ちでその番組を見ていました。そして思いました。彼は幸せな人生だったんだろうかと。

『論語』の最初の一節に、「人知らずして慍らず。また君子ならずや」という言葉があります。世間の人が私のことを認めてくれないからと言って、誰かを恨むわけでもなく、耐えて怒らないというのです。まさにこれなのでしょう。世の中には人に知られること無く、努力し続けている人が大勢います。努力をし続けられるのは、ブレることなく一つの事に熱中できるのは、強い意志があるからなのでしょう。そして真摯にその物事に向かい合っているからなのでしょう。それができる人は幸せなのでしょう。

その様子を鳩翁は「敬畏の心」と表現しています。作物を育てるにも敬畏の心をもってすれば、大きく育つ。最近は農家の方々が生産者シールを貼って出荷していますが、これに通じるところがあるように思います。ブレることなくひたむきに丹精込めて物事に当たることの重要性を伝えたかったのだろうと思います。ブレる事、気移りすることで失敗した例を、次々と宗旨替えする寺を例に説明していました。まるで、株が値上がりしないからと、どんどん銘柄を買い替える株主を思わせる様で笑ってしまいました。どうして一つのことを信じ切れなかったのでしょうか。

「石の上にも三年」ということわざがあります。私が大学を卒業する時に恩師から送られた言葉です。「二兎を追うものは一兎をも得ず」ということわざもあります。

多才なのはいいことですが、極めると、または専念するとなると話は別ではないかと考えています。私は残念ながらまだ何一つ極めることができていませんが、多才な人は確かに世の中に大勢います。古くは『大鏡』に出てくる藤原公任の「三舟の才」の話を高校で習った人もいるかもしれません。最近では何カ国もの違った言語を話す事の出来る「マルチリンガル」な人もいるようです。そういう特殊な例は別として、私たち一般の人間は一つのことを極めるだけでも大変なのです。

しかし一つのことを極めた人は意外と大勢いるものです。仕事上のことでも専門家はいます。趣味の世界にも達人はいます。きっと彼らは好きだからこそ一つのことに専念できたので、ブレずに頑張れたのでしょう。流行に乗り遅れまいとして、いろいろな色に染まるのもいいことですが、あれこれと手を出しすぎると何一つ自分のものになりません。

どんなことでもそうですが、やり始めてすぐには成果は出ないものです。やってもやってもなかなか芽が出ないことだってあります。それであきらめてしまうかどうかが分かれ道です。あきらめないためには何が必要なのでしょうか。才能、努力、運、友人、ライバル……。確かにどれも必要だとは思いますが、私は「自分を信じる心」を挙げたいと思います。自分が信じなくて、誰が自分を信じてくれるというのでしょうか。もちろんただやみくもに、あても根拠もなく、まわりの意見や情報も取り入れずにひたすら勘に頼っていくのは無謀でしかありません が、しっかりと心のアンテナを立てながら自分を信じて舵を切っていけば成功する率は高くなるに違いありません。

そういうことのできる人が、傍から見れば「ブレない生き方、一つのことに専念している生き方」をしている人だと見えるのだと私は確信しています。

続々鳩翁道話　二之下

自分を律するためにはどうしたらいいのか

解説

今回の話は「独りを慎む」ことの大切さを説くことからはじまります。自分の心の中を省察せよというのです。省というのは顧みることで、絶えず自分の心の中をチェックし、道に外れていないか、余計なことに心を奪われていないかを確認することを表し、察というのは察する、観察することで、今やろうとしていることは果たして正しいことかどうかを推察してみる気持ちを表すものなのです。

鳩翁は特にこの省察が必要なのは、独りでいる時だというのです。「至善も極悪もこの我一人知るところの場で極める」というのです。世の中の不孝者や歴史上の悪王たちも独りを慎まなかったからそうなったのだと断定しています。

たとえ悪心を持ったとしても最初からたいそうな野心ではなかったはずです。山火事がちょっとした煙草の火やたき火の不始末からどんどん燃え広がり、ついには山全体を焼き尽くす惨事となるように、最初は小さな不心得がどんどん大きくなり、ついには身を亡ぼすことにまで発展するというわけです。

そうならないようにするためには、自分を常にコントロールし、邪悪な思いを育てないようにしなければなりません。邪悪な心を育てると必ず天にバレてしまいます。

そのことを鳩翁は天狗の例を使って説明しています。

人の心を読み取る力のある天狗に遭遇した木こりはすべて考えを先に読み取られてなす術がなくなりますが、ふと手からこぼれ落ちた木がはずみでパチンと天狗の鼻に当たり、天狗が驚いて逃げたという話です。この話はいろいろなパターンとなって全国各地に伝わっているようですが、話の筋は同じです。この話を鳩翁がしたのは、我々の思考・思念はすべて天はお見通しである、したがって悪心を起こせば必ず天にその報いを受けるぞということを述べようとしているのです。

でも、悪心や邪な心は実際誰にでも起こるものです。これは止めようもありません。ただ、だからといってそのまま放っておいて増長させるのか、思いとどまるのかは個々の考え方ひとつだというのです。

その例として悪心を起こしかけた手代（使用人）の話をしています。

借金をこしらえてしまった手代が店の大金を受け取りに行きます。大金を受け取った手代は、ふと悪心が起こり、このままどこかへ持ち逃げしようという考えが起こり、夜の闇に紛れて逃げるため、時間つぶしにどんちゃん騒ぎをして酒を飲み始めます。今まで可愛がってもらった主人の恩も忘れて騒ぐ様子を、鳩翁はかつて恩を受けた犬が恩を返すために人に仕えたという例を引いて、「畜生にもはるかに劣りたる所作」であるとバッサリ断定しています。

ただ、この手代はまだ完全に悪心を起こし切ってはおらず、「敵討つづれの錦」という狂言を見ているうちに改心し、主人の所へ駆け戻っていくことになりました。

運よく上司の番頭がよくできた人で、すべてを理解し、うまく主人にとりなしてくれたおかげで事なきを得て、それ以来二度と悪心を起こさなかったという話です。

悪心は天に筒抜けですから、もし持ち逃げしていてもどうせろくなことにはならなかったことでしょう。それにしてもこの手代はよく独りで思案し、悪い方に転がらなかったものです。

鳩翁は「わが腹の中をよく吟味して少しも恥ずかしくないようにしておくが学問の肝要」と述べて、学問をすることで悪心を小さいうちに処理できると強調しています。

この悪心はだれにでも起こりえることだと言うのですが、それはなぜなのでしょう。鳩翁はその理由を「あまり結構すぎるによってさまざまの小言が起こる。畢竟腹一杯物を食べてひだるい目を知らぬからだ」と考えていたようです。そしてそのことに正しく気づかせてくれるのが学問（心学）だと言いたかったのでしょう。

今回はこの話を通じて「自分を律するためにはどうしたらいいのか」ということについて考えていきましょう。

続々鳩翁道話　二之下　本文現代語訳

「隠れたるよりあらわるるはなく、微より明らかなるはなし。故に君子はその独りを楽しむ」

前には敬畏の心を存して天命の性を養うの工夫を御示しなされましたが、ここではさらに詳しく省察の工夫を御示しなされたのです。省とは常にこの心があるかどうかと省みること、察は善か悪かと明らかにして天命の性を全うすることです。

まず本文の「隠れたるよりあらわるるはなし」とは、人の心の事を申すのです。また「微より明らかなるはなし」とは、念慮のかすかな事をいうのです。

さて独りとは自分だけが知る所の場所であり、自分の心の中を指していいます。大勢の人の中にいても自分の心の中は誰にも知られないものであり、知られないからこそ一人というのです。すべて、至善も極悪もこの自分だけが知るところの場で極めるのです。多くはこれ世間の人が不忠不孝に陥るのも、古夏の桀王、殷の紂王などが天下を乱しその身を亡ぼしましたのも、はじめはわずかにこの一人知る念慮の微かな所から起こるのです。例えば螢ほどの小さな煙草の火から大火事となるようなものです。

だからこそ省察の工夫を凝らし、慎みを加えなければなりません。この独りを慎む事は僅かな事のようですけれど、その験が天地に位し、万物が養わるるほどに至ります。またこの独り知る所をうかうかと油断しておきますと、その験が国を亡ぼし、家を破り、身を失うことにいたるのです。なんと恐ろしいものではありませんか。

古語に、「念慮きざさざれば鬼神も知る事なし」といって、この一念が起こらないうちは、鬼神も諮り知る事ができません。なぜならそもそも知るべき事がないからです。

むかし飛騨の山中に檜の薪をこしらえ、生活する男がいました。ある日いつものように山に入って細工をしていると、前の杉の木の蔭に背の高い山伏が思いがけなく立っていました。細工人はとても怪しんで、「さてはこの山伏は天狗だな」と思っていると、その山伏が大声あげて「俺を天狗だと思っておるな」と言います。細工人はいよいよ怪しんで「これは嫌な事だ。早く逃げ帰ろう」と思うと、その山伏はまた声をかけ、「これは嫌な事だ。早く逃げ帰ろうと思っておるわい」と言う。細工人は慌てて薪を集めて急いで荷ごしらえをしているうちに、手がはずれて薪の板が一枚何かの拍子に外れて飛んで、山伏の鼻柱へ強く当たりました。山伏は驚いて、「さてさてお前は気のしれない男だなぁ」と言ったかと思えば、かき消すように失せたとある書物に書いてあります。これは天狗が人の考えていることはすぐに知りますが、意図せず檜板がはじけることは夢にも知りません。これは知るべき道理がないからです。このように私たちが何か考えると天地神明に通じ、世界中へ筒抜けになります。それで朱文公も「己一人知るときは、即ちこれ天下の事。著見明顕なること、しかもこれに過ぎたるものあることなし」と注をお付けになりました。

ですからいつも腹の内を吟味して用心をしておきませんと、どんな大事を引き起こし、悪名を流すやらしれません。なんとも恐ろしい事です。

先年私が江戸表におりましたとき、隣家のある呉服店の手代で独りを慎しむ心得のない人がおりまして、いつの間にやら二十両ばかり借金ができました。それでも締め切りまでは借金取りが現れないから、いろいろと工面していたある日のこと、金二百両の為替手形を持って麹町辺りまで、受け取りに行くことになりました。先方で無事にこの金を受け取った所で、ふと悪念が起こりました。恐いものです。というのもいずれ返済期限になると二十両の借金がバレてクビになるのは決まっている。この金を手に入れたことは幸い。このまま駆け落ちして京や大坂へでも出かけ、なんとかしようと無分別を考え出しました。これは物を隠せば隠せると心得違いする人のすることです。大切なものは金銀。恐ろしいものは人の心です。指一本はじく間にどのような無分別が起こるやらしれません。若いお方は特に戦々兢々。怖い怖いというお慎みが肝要です。

さてこの手代が悪がしこく工夫をして、「このまま逃げても追手がかかる事は決まっている。いっそ二、三日、江戸の町に潜んでいて、それから上方へ上ろう」と覚悟を決め、時刻を見ればまだ昼前。どこでもいいから日を暮らそうと思いまして、よし町という堺町の裏新道に、懇意の茶屋がありました。まずはここへ逃げ込みましたが、どうもすることがない。たいこ持ちやら燈篭鬢の芸者やら金に糸目もつけず大勢呼びよせ、酒肴とどんちゃん騒ぎをして日を暮らそうと思いましたが本心が合点しません。ですから酒はいくら飲んでも酔わず、太鼓、三味線も面白くない。太鼓持ちの軽口も胸にこたえて、心苦しく、首をのばして日ざしを見ればまだ午後二時前。いつもなら短く思われる一日も今日に限っては格別に長く感じ、なんとかして時間をつぶしたいものだとうつむいて考え込んでいる。なんとこれが鼻たれの時分からお世話になった御主人の恩を知った人でありましょうか。恩を知らぬ身を人面獣心といって、顔面は人でも心は獣だということですが、畜生でもこのような不義な心はありません。

わが友で何某という人が町の年寄役を勤めていました。その時この町内に何所から来たとも知りませんが迷い犬が一匹おり、いつしか町中の飼い犬のようになってあちこちで餌をもらっていました。ある時この犬が近頃往来の人を脅したり、子どもに噛みついたり、人に噛みついたりして、町内へ苦情が寄せられ、迷惑すること度々ありました。ある日、町用で隣町へ年寄り役の人が会議にでかけ、夜がふけて帰ってきたとき例の犬がさんざんに年寄役の男を脅かしました。ようやく我が家へ逃げこみましたが、寝てみても腹が立って寝られず、翌朝会所へ髪を結いに行きましたら、ちょうどその犬がその会所の庭に寝ていました。そこで年寄りが急に血相を変えて、犬に向かって人に言うように「お前は町内の養いを受けて命をつなぐ恩義も思わず、ややもすれば往来の人に怪我をさせ、町中へ迷惑を掛けるばかりか、昨夜町用で夜ふけに隣町から帰る時、なぜ町役人を脅したのか。したがってこれからは町に置いておくこと罷りならん。どこへなりとも立ちされ」と大声で叱ったので、その犬は首を垂れ、伏せていかにも謝っているようにみえました。さすがに長年町内におりました犬でしたからかわいそうにという心も起こり、「これからきっとちゃんとするなら、これまでどおり町に置いてやろう」と言葉が和らぎましたので、その犬はうれしそうにして表へ出ました。髪結はじめ家内の人はこの様子を見て驚き、お年寄りは気が違ったのかと怪みましたという事です。

さて不思議なことにその犬はその日から往来の人に吠えて脅かさず、そのうえその年寄りが他へ行く時は必ず町ざかいまで送り、また帰る時は町ざかいまで出迎えて、先に立って歩き、門口に蹲まるようになりました。

畜生といえども恩を知らぬと言われては、さすがに恥じるところがあると見えて、このように所作が変わりました。これで思えば主親の恩を知らない者は、人面獣心とは言えません。なぜなら畜生にもはるかに劣る所作だからです。これ全く平生独りを慎む心がないから人の見ていない所、人の聞いていない所だと気持ちが緩んで不忠不孝の所作になります。人は万物の霊と申して、この世の生きとし生けるものの中において、もっとも優れたのが人です。それなのに不忠不孝の名を取るのは実に恥ずかしく悔しい事です。しかも不忠不孝の名では立身出世もできることか。気随気ままでなる事か。鳶や烏でも遊んでいては食うていけません。鼠もいたちも分相応に稼がなければ生活はできません。若いときの無分別で主親の手を離れると格別自由ができるもののように思うのはこれが血気のムチャクチャ思案。乞食になっても遊んでいては食うていけず、どうせ働くのなら主親のお膝元で忠孝を勤めたいものです。うろたえると本心が真っ黒になって、いつのまにやら獣にも劣る心になるのです。

古歌に「生茂るむぐらの宿の道絶えて人も通わず月も照らさず」とありますが、この歌の心は仁義の良心を失って人の道に離れては生きている死人のようなものだと例えて詠んだ歌と思われます。このような人は沢山いるものではないけれども、得て一人や二人はあるものです。御用心をなさいませ。

さてその手代殿が俯いているのを気の毒がり、いろいろと太鼓持ちがおだてかけて「それではこれから芝居へ御出でなされませんか」と言えば、大勢の燈篭鬢の芸者らが「私らもお供いたしましょう」ととりどりに勧める。そこで手代が思うに、まだ日は暮れず、酒を飲んでも酔わず、太鼓、三味線もうるさく、ただ何となく締め付けられるように思う最中だから、いっそのこと芝居を見にいったら、気がまぎれることがあるかもしれないと、大勢をうちつれて芝居を見に行く。

他人の銭での芝居見物なので、やたらと広く桟敷をとらせ、大勢の燈篭鬢を前に並べ、自分は頬かぶりで顔を隠し、後の方に縮こまっており、どうせ芝居を見る気でもなく、どうかして日を暮らそうと思うから芝居を見るでもなく、また見ないでもない。ただ鬱々として俯いている。この日の狂言が「敵討つづれの錦」という狂言で、伊兵衛、佐兵衛という若党が互いに女房を売って金の工面をし、主人にやろうという趣向。もっとも伊兵衛の女房は、佐兵衛の妹で器量がよくて銀五百五十匁で身を売り、また佐兵衛の女房は伊兵衛の妹で、不器量なので銭一貫文で身を売るという話。愁歎の場面を手代が聞けば、伊兵衛の詞に「一貫の銭の値は十二匁。世間通用の秤で量ったら十二匁あるはずなのに、今日この世界を照らす天道の秤では、このおみよの五百五十匁の身代もお縫の一貫の十二匁もどちらが軽いとは言えないのだ」という声が耳に入ると、その手代が何を思ったのか、しくしくと泣き出し、たまりかねて何とも言わずその座を立って一目散に主人の家へ駆けて戻りました。これこそ本心の発動。地獄の釜の蓋の開きどき。

ある人の発句に「一しぐれ時雨てもとの月夜かな」というのがありますが、面白い発句ではありませんか。若い時の不了簡は例えば晴れた空が急にかき曇ったようなもので、善悪もわからず、主親の事もわすれ果てて、迷いに迷って突き当たった所ではじめて目が覚めたのは、一しぐれ降ってもとの月夜かなというわけです。人の性は善です。一旦は明徳がくらんだけれど、今芝居を見て、たかが狂言綺語とはいうものの、勧善懲悪の教えに違いはないので、この手代殿が見るとも見ないともなしに狂言の趣向が身にしみじみとこたえ、よく考えてみれば、わずかな切米を貰った主人の恩義に女房を売って金の調達して恩を返そうと思う者さえあるのに、自分は幼少から格別の大恩をうけて人になったことを打ち忘れ、大切な主人の金を借金し、そのうえ大金まで盗み取って逃げようと思ったのは、我ながら不思議なほど恐ろしい了簡だと、ふと気がつくと座ってもいられず、叱られることも借金のことも何もかも考えられず、ただそのままに主人の家へ帰ったのでした。実にありがたい目の覚め様です。

これは狂言のおかげです。すべて芝居、浄瑠璃などは皆善を勧め、悪を懲らす手短な教えですけれど、うまい所の身を喰わずに、味のない皮ばかり喰べる人があるものです。狂言が上手だの男つきが立派だのと役に立たない所ばかり見て帰るのはかえって毒にこそなれ、教えにはなりません。

ある所にきわめて実直な息子殿がおり、芝居などは見た事もないという篤実な性格。そこで謡講の連中がその真面目な男を放蕩仲間へ引き入れようと一日無理やりに芝居へ連れて行きましたところ、その息子殿は初めから終いまで一つ一つ感心し涙を流して喜ばれた。友達たちはこの様子を見て、さては芝居が気に入ったとみえると思い、その後何度も誘いましたが二度と芝居へは行きませんでした。そこで友達たちが納得がゆかず、その息子殿に「この間はしきりに感心して面白がっていたじゃないか。あれはいったい何を感心していたのだ」と問いますと、その息子殿が言うことには、「いくら生きるためとは言っても、六月の炎天下に綿入を三つ四つ重ねて飛んだりはねたりするあの動作は大変で、なかなか我々が一日そろばんをはじくような楽な勤めではない。しかしあれほどまでして頑張らなければ生きてはいけないものなのだなぁと思い、それで感心いたしました。だから再び芝居へ行くようではこちらの身代が持てないと考えるから行かないのですよ」と言われたという事です。これは芝居のうまい身の所を食べたようなものです。どなたも芝居を見るならこのようなところを御覧なさるがよい。

昔、柳下恵という賢者は水飴を作って根機

を養い、学問の助けとされました。一方盗跖という大盗人は水飴を作って戸の金具に音がしないように塗り、盗みの助けとしたという事です。同じ水飴でも用いようによって学問の助けともなり、また盗みの助けともなる。こわいものです。芝居、浄瑠璃もこの通りで、見様によっては忠孝の教えとなり、また見様によっては不忠不孝の手本ともなる。幸いにこの手代のよいところで気がついたのはいまだ天道にも捨てられなかった所があったからと思われます。ありがたい事ではありませんか。そんなわけでひたすら独りを慎むことの修行をしなければなりません。慎しむとは一念が起こったとき、良知の鏡を照らして善か悪かを明らかにし、それが悪ならばやめにし、善ならばきっと実行することを慎しむと言うのです。この慎みが癖付きになった人を聖賢君子と言うのです。ですからいつもわが腹の中を吟味して少しも恥ずかしくないようにしておくことが学問の肝要なのです。この独りを慎むということは道を行うための極秘伝です。何回考えてもありがたい聖賢のお示しなのです。

例えば蝮にかまれたとき、その疵口を削いで捨てればたちまちに治るようなもので、一念が起こって悪と知ったらさっさとやめにすると総身へ毒は回りません。これをそのままにしておくと、その悪が段々腹の中で大きくなり、潜滋暗長といって最初は目立ちませんが、いつの間にやら心の悪が形に現れ、止めにしたくても連れができて止められないようになります。吸殻の火は踏み消すことはできても、火事になってからでは水も楷子も届きません。ただ一念が小さいうちに善悪を選んで悪を止めにするのが道の奥義です。どうぞどなたもここを忘れないようにしてくださ い。

さてあの手代殿の主人の家では今朝から為替を取りにやらせたが昼になっても戻らず、先方へ問い合わせると先刻手代殿へお金を渡したとの事。さあそれから大騒ぎになり、保証人を呼びにやるやら占い師に見てもらうやら、上を下へとまぜかえすところへ午後四時ごろにあの手代殿が何気ない様子で戻って来ました。この家の番頭殿がとても利口な性格で、手代が戻ったときその顔付きを見るとただならぬ顔色をしている。足元を見れば左右違う下駄を履いている。しかも片方は絹真田の緒の付いた女下駄。さてはこいつ、よほど慌てたものと見える。何か理由があるのだろうと思い、そっと金のことを問えば、ちゃんと二百両持ち帰っていて番頭へ渡しました。

そこで番頭が言いました。「帰りが遅くなった理由も尋ねたいけれど、何か疲れた様子にも見える。まずは二階へ上って一寝入り寝よ」と言いました。手代もこれをきっかけに二階へ上って、何はともあれ、まずはお金を主人へ渡したので安心して気を落ち着かせました。この番頭の叱らない行動。とても感心な事です。

その夜、静かに問うと、借金の金額二十両のことを隠さず打ち明け、なおまた今日の不祥事も残らず話し、そのうえ伊兵衛、佐兵衛の狂言で気がつき、恥を忍んで帰ったということを詳しく話し、どのような罰も受けますと心から謝りました。そのことを番頭殿も主人に詳しく報告しますと、主人も物わかりのいい人で、「芝居狂言を見て本心に立ち戻りができるのはまだ救いがある。雨降って地固まるというように、この後必ず改めるなら今一度使ってやれ」と言われました。

それ以来手代殿は心から主人の恩が有がたくなって奉公を大切に勤め、難なく宿入りをしたということを聞きました。誠に危ういところでした。

この話でよく御理解ください。主親ほど世の中に慈悲深いものはない。なのにあまりにも結構すぎるからさまざまな小言が起こる。それはいつも腹いっぱい物を食べて、空腹の辛さを知らないからです。

ある人の発句に「その腹に何が不足ぞ鳴く蛙」というのがあります。面白い句ではありませんか。

これは奉公人衆の事ばかりではありません。所帯を持った歴々の旦那様にも皆必要なことなのです。

なお続きは明晩お話しいたしましょう。

まとめ

『伊勢物語』の第二十三段に「筒井筒」という話があります。簡単にあらすじを紹介しますと、昔、筒井筒の周りで、背比べをしたりして遊んでいた幼なじみの男女がいました。二人は大人になり互いに顔を合わせるのも恥ずかしく、いつしか疎遠になっていましたが、心では想い合っていました。そしてついに結ばれるのですが、そのうち妻の親が死に、暮らしが貧しくなり、夫は他の女のもとに足しげく通うようになってしまいます。ところが、夫を送り出す時も妻は怒りの素振りも見せません。不審に思った夫が出かけたふりをして隠れて見ていると、妻は誰も見ていないはずなのに綺麗に化粧をし、夫の無事を祈る歌を詠むのでした。その姿に心を打たれた夫は貧しくとも優しい妻を見捨てまいと決心するというものです。誰に見せるわけでもなく、夫が隠れて見ているとも知らないのに独りであってもだらけることなく自分を律して生きている姿は確かに感動ものです。

では、自分を律して生きていくためにはどうすればよいのでしょうか。

これは簡単そうでなかなか難しいことだと思います。よく「自分の最大の敵は自分自身である」ということを聞きますが、言い換えるなら「自分の心の中の弱さ」とでもいうべきでしょう。人間である以上、心の中につい甘えというか妥協というか、気のゆるみが出てしまうものです。辛い思いや悲しい思いをした、もう二度とあんな思いはしたくない。だから心を入れ替えてコツコツと取り組むことにする。そういう決意をすることもよく聞きます。確かに最初は気合いも入ってドンドンやっていけるでしょう。しかし、「喉元過ぎれば熱さを忘れる」ということわざが示すように、だんだんと気が緩んできてしまうのも人間だれしもが経験することではないかと思います。

今回のコロナウイルスに対する対応も例外ではありません。自粛もそうですし、リモートワークもそうです。だんだん気が緩んで、画面に映らないからと下半身はだらしない恰好で会議に臨んで恥ずかしい思いをしたというのもよく聞きます。私もリモートの会議で手元のマイクがONになっているのに気づかず、つまらないことをしゃべっていて、参加者全員に聞かれてしまっていたという経験もありました。

誰も見ていないと思うときまで自分を律するのは実に難しいことです。車の来ていない横断歩道では赤信号でも渡りたくなるのが人情です。

中国の古典『大学』の一節に「小人閑居して不善を為す」というのがあります。凡人は時間ができると、ろくなことはしないというような意味で使われることが多いのですが、これも自分を律しきれていないことが原因なのでしょう。誰も不善をなそうとしてするのではないと思います。ただ自分の行為の結果を想像することもなく行動してしまうので、あとで振り返ると結果的には不善であったということなのでしょう。

ではどうすればいいのでしょう。以前お話しした殷の湯王のように戒めを毎日使う洗面器に彫って毎日思い出せばいいのでしょうか。『鋼の錬金術師』の主人公エドワード・エルリックのように懐中時計に刻み込めばいいのでしょうか。それも一つの方法であることには違いありませんが、やはり特殊だからこそ取り上げられているのでしょう。

何より肝心なのは忘れないための方法を模索することではなく、気持ち、考え方をどう維持、持続させるかということなのです。

ここで思い出すのは『うさぎと亀』の童話です。この話を知らない人はまずいないでしょう。うさぎは俊足なのにどうして亀に負けたのでしたか。そう、昼寝をしたからでした。ではどうしてうさぎは昼寝なんかしたのでしょう。それは「慢心」という気の緩みがあったからなのでしたね。「慢心」、これは実に厄介で恐ろしいものです。

慢心を持たない人はいません。みんな心のどこかに慢心を持っています。ただ慢心を抑え込むだけの理性、意識の強さが違っているのです。鳩翁は学問をすること、心学を学ぶことで慢心が小さいうちに気づくことができるとさりげなくPRもしていますが、要はどれだけ自分と対話できるかということに尽きるのではないかと私は考えています。

自分を客観視できる人は自分を見失いません。自分で自分に話しかけないと対話できません。自分との対話ですから一人で行うものです。

■今やろうとしていることは本当に必要なことなの？

■やったらどんなことが起きるの？
■二度とあんな思いはしたくないと思ったのは忘れたの？
■今自分は、自分を律することができているか？
■今自分は、人間らしく生きているか？

と、問いかけるのです。そして自分で返事するのです。

禅の言葉に「照顧脚下《しょうこきゃっか》」というものがあります。自分を顧みることを忘れないようにという意味なのだそうです。

私たちはつい遠くに目をやりがちです。たしかにそれは大切なことです。しかし、自分の足元がぐらついていてはそれどころではありません。自分が慢心していないか、身近なところにある何気ない幸せを見落としていないか確認することは、遠くを見ることの前にしておくべき基本的なことなのだと思うのです。

ところで「慢心」は単に自分に対する油断だけではないと私は考えています。知らず知らずのうちに相手を自分より下に見ているからこそ生まれてくるものだからです。だからこそ相手に何かいいことが起こると、うらやましい、妬ましい、面白くないという気持ちが湧き起こってしまうのです。悲しいことですが、自分でも気が付かないうちにそんな思いに駆られて自分でも止められなくなってしまったという人は結構います。そしてそのことにとらわれている自分に気づかなくて、心が落ち着かないと苦しむ人がいます。本当に心が素敵な人はそうした思いが湧き起こるのを自分で戒めています。それができてこそ独りを慎むことができているのであり、自分を律することのできる人だと思います。言い換えれば、人の幸せを素直に喜べる人と言えるのではないでしょうか。

人の幸せを羨む心、妬む心がついつい出てしまうものです。

自分の心をコントロールするとはそれができることを言うのだと思います。

無理をしない生き方をするためにはどうあるべきか

解説

「喜怒哀楽」という言葉があります。私たちの感情を表す言葉です。もちろん感情はこの四つだけではなく、もっといろいろなものもあるのは言うまでもありません。しかし、昔から大きく分けてこの四つが人間の感情を代表するものとして取り上げられています。

私たちは日々心を動かしています。何気ないちょっとしたことで、うれしくなったり、悲しくなったり、笑ったり、泣いたり、怒ったりして生きています。時にはこの感情をコントロールできなくなって困ることもありますが、いずれにせよ私たちの心は絶えず揺れ動いていると言ってもいいでしょう。

今回、鳩翁はこの感情の発生ということについて触れています。人間の本来持っている性質、感情のない心の状態を「性（本来のもの）」とし、この性に何らかの動きがあれば、喜怒哀楽といった「情（感情）」が起こると言うのです。

ちょうど、自動車のギアを思い浮かべるといいでしょう。前進するためにはギアをニュートラルからドライブに入れます。バックするためにはギアをニュートラルからリバースに入れます。このニュートラルな状態が、何にでもなれるけれども何でもないのが「性」であり、ドライブやリバースで動作が起こるのが「情」だというわけです。もちろん人間は感情に左右されますから、感情が起こることは当然のことです。また自動車で例えるなら、右にハンドルを切ったら普通右へ移動しますよね。しかしもし右にハンドルを切っても左へ移動したとしたらどうでしょう。扱いにくいことこの上ない車ですよね。いわゆる「根性曲がり」の状態ですが、こんな車があったら、必ず事故を起こします。だからこそ右にハンドルを切ったら右へ曲がる、うれしい時は喜び、悲しい時には悲しみの涙を流すというように、本来あるべき姿でいないとダメだよと忠告をしているのです。そこまで行かないにしても「へそ曲がり」の人は時々います。鳩翁はそんな「へそ曲がり」の人物として伊八という人物と、自分の心に忠実なお石という二人の人物を例に説明しようとしています。

お石は、江戸時代の女性の理想像として、苦労はするが人の道から外れたことはしない人物として描かれています。一方、伊八はみんなから嫌われ、村からいなくなって安堵したとさえ書かれています。そしてここまで嫌われたのは、天命の性に逆らったからだと断定しています。道理に逆らい、無理を押し通そうとする行き方をする伊八と、性善の心に従い、無理をしないお石の二人を対比させているのです。

もちろん生きて行く上で努力することは大切です。ただひたすらボーッとして、「何かいいことは起こらないかな」と待っているだけでは、何事も起こりません。いわゆる「待ちぼうけ」の状態です。ちなみに「待ちぼうけ」の「ぼうけ」とは「ほうける」「ぼける」という意味です。時間を無駄にするばか者ということなのです。「棚からぼたもち」なんてことはそうそうありません。「人事を尽くして天命を待つ」ということわざの通り、やることをやってからでないと良い結果は得られません。

努力したから必ず報われるというのは、必ずしも真実ではないかもしれません。努力してもなかなか報われないことがよくあるからです。しかし努力しないと報われないというのは真実です。宝くじも馬券も買わなければ当たりません。だから努力すること、行動することはとても大切です。努力することは天命や運命に逆らって生きることではありません。

かつては「女三界に家なし」という言葉があり、江戸時代の頃はまだその考えが生きていました。だからこそ夫を大切にしなさいと鳩翁も述べているのですが、現在では「女三界に家なし」という考え方は通用しません。ただ男女に関係なく人には誠実に対応するべきだというのは、今も昔も基本的には変わらないのだと思います。

さて、人事を尽くすことの大切さは今更言うまでもないことですが、問題はその尽くし方です。法を犯したり人を欺いたり騙したりすることに力を尽くすのでは、努力する方向が違います。近年若者による老人への詐欺が問題となっています。「オレオレ詐欺」をはじめ、いろいろと手を変え、品を変えして詐欺が横行しているようです。私のパソコンにも「パソコンが危険な状態にあります。下記へ連絡してください」とか何も覚えがないのに「先日ご注文いただいた代金は〇円です」とかいう不安をあおるようなメールがよく届きます。老人からだまし取ったお金を受け取る「受け子」、だまして手に入れたキャッシュカードからお金を引き出す「出し子」などを、アルバイトと称して罪の意識を薄れさせ、インターネットで募集することがあるという報道もありました。こんなことはいくら努力したといっても、人の道に外れた行為ですから正当なものではありません。

それにくらべるとずっとマシですが、よく知らないのに背伸びをして、知っているかのように振る舞うこともほめられた行為ではありません。「太って見えるのは半分は垢だ」と自慢げに言った女房は、この後どうなったことでしょう。きっとみんなから散々に怒られ、愛想を尽かされたことと思います。知りもしないことを知っているかのように述べるのは、やはり無理をして生きていることに変わりません。

では私たちは無理をしないで生きるためにはどうすればいいのでしょうか。

今回は無理せず誠心誠意人に尽くした一人の女性の生き方を通して、私たちの生き方について考えてみたいと思います。

続々鳩翁道話　三之上　本文現代語訳

喜怒哀楽の感情がまだ起こっていない状態を「中」といいます。感情が湧き起こって心が動きます。これを「和」といいます。「中」は天下の基本です。「和」は天下の道徳です。このことから人の「性」と「情」の大切さを表すとともに、「道」からは少しも離れられないという事をお示しなされたのです。

しかし「性」と「情」と分けてはいますがどちらも心の事です。言い換えるなら「性」と「情」とは水と波とのようなもので、離れたものではございません。風が来て、波が起こるときは「情」が発したようなものです。風が止んで水が静かなときは「性」のようなものです。波のほかに水もなく、水のほかに波はない。人の性情もこれと同じ事で、いわゆる「動」と「静」の二つあるようで、実は一つなのです。この性情を合わせて心と言います。心の体は「性」です。心の用は「情」です。心は「道」です。だからこそ「性」は「道」の体、「情」は「道」の用だともいうのです。これで見れば人と道とは離れたくても離れられるものではありません。

さて、この「性」を知るには喜びもせず、腹も立てず、悲しみもせず、楽しみもせず、可愛がりもせず、悪みもせず、また欲しがりもしない。この七つの感情が起こらないうちは、ただ何ともない物です。この何ともない所を「性」といって偏りもせず、ゆがみもしないので、この状態を「中」と名づけています。この状態に至った人を性を知った人というのです。

しかも見るといっても何も見えるものはあ

りません。ただ、何もない「性」に一切の道理が含んであって、万事に対応いたします。ですから「中」とはあたるとの義ともいうのです。つまりこれが天命の性、道の基本といっているのです。

さて、「情」を知るには、何か喜ぶか、腹を立てるか、何かあれば主人や親はいうまでもなく、世間の人がこれを聞いて、喜ぶのはもっともだ、腹を立てるのは当然だと納得しているのは、情が正しく起こっているからなのです。これを名づけて「和」と言います。「和」は和らぎ睦まじい事で、人がみんな納得してくれるので、「和」は天下の常識ともいうのです。つまり「情」の正しいのは、世間へ通用して、問題がないから道徳的だと言われるのです。

このことを朱文公が例を示しています。家の中に人がいて、西へ行くのでもなし、東へ行くのでもない。何もしない状態が「性」のようなもので、東へ行くべきときは東へ行って西へ行かず、南へ行くべきときは南へ行って北へ行かないのが「情」の正しい様子だと仰せられました。

さて、このように「性」だの、「情」だの、「心」だの、「体」だの、「用」だの、「人心」だの、「道心」だのと申しならべてみますと、女性方や子供たちにはきっとご理解しにくいことでしょう。また、人の腹の中に棚がいくつも吊ってあって、それぞれの品物が積んである様にも聞こえるかもしれませんが、決してそうではありません。要するに何でもない物にさまざまな名を付けただけです。ですからこの道理はあえて知らなくても大事はありません。ただ今日学んだ通りに基本を大切にすることを実践なされますと、この道理に適うのです。ここによいたとえの話がありま す。

ある所に学問好きの人があって、毎日国学の先生の方へ通われました。ある日その人が店先で何かを磨いていました。ちょうどそこへ宿坊の和尚さまが通りかかって、「これは何をしていらっしゃるのですか」「はいはい磨き物をいたしております」「それは何を磨いていらっしゃるのですか」「先日、国学の先生から明徳の玉を授かりました。先生が先生がおっしゃるには、『これはとても大切な玉だ。捨てておくと、曇りがかかる。折々切磋琢磨といって研ぎ磨きをしなさい』とおっしゃいました。そこでただ今明徳の玉を磨いているのです」と言いました。

そこで和尚が「それは結構なものですな。うわさで以前から聞いていた明徳の玉か。どれ拝見いたしましょう。見せてください」と玉を手にとってつくづく見て、「いやいや御亭主、これは明徳の玉ではありませんぞ。我が仏法でいう面向不背の玉というものです。それにしてもあなたは幸せな人だ。しっかりこの玉を信心なさい。でも明徳の玉とは天地の違いだが」とおっしゃいました。

亭主は納得せず、「いやいや、これは明徳の玉に違いはございません」と競り合っているところへ神主殿が来かかって、「これは店先で何を争っているのですか」と言うので、「はい、私が明徳の玉を磨いていますとこの和尚がそれは違う。面向不背の玉だと言われましたので、競り合っています」

神主殿が聞いて、「どれどれ、おれが見極めて進ぜよう。見せなさい。ははあ、みんな違いますよ。これは明徳の玉でもなし、また面向不背の玉でもない」と言うので、二人は口をそろえて言いました。「そんなら何の玉でございますか」「それはな、この玉は我が神道にいう勾玉という物です。なかなか貴い勾玉であって、明徳の玉や面向不背の玉とは違います」と言うので、和尚が腹を立て、「どれ見せなさい。やっぱり面向不背の玉じゃないか」と言う。亭主は気がいらいらして、その玉をひったくり、「いやいや明徳の玉に違いはない」神主も目に角立て、かの玉をまた引ったくり、「やっぱり勾玉に相違ない」と、互いに競り合い、あっちへひったくり、こっちへ奪い取り、争ううちに取り落として玉は粉々に砕けてしまい、ただ空しさだけが残ったという事です。なんと味のある面白い話ではありませんか。少し考えてごらんなさい。

「性」だの、「情」だの、「心」だのと、さまざまな名が付けてあるけれど、その名を取ってみればただ空しいだけで、何にもない。

ある人の発句に「踏みくだく氷の下に水もなし」というのがあります。このように申しますと、それはあたりまえのことだとお思いでしょうが、あたりまえのことでも説明できるものではありません。なぜだかわかりませんが、春になると花が咲き、秋になれば紅葉する。柳は緑、花は紅色です。単純だからいいのです。柿の木には柿ができる。桃の木には桃ができる。鳶は飛んで空を駆け、魚は淵で踊るように泳ぎます。

このすばらしい無為自然を教えようと聖賢君子が努力していろいろご説明しますが、聞く耳を持たずに知らん顔をしている人がいるのは困ったことです。そして真剣に考えず、東へ行くべきときに東へ行かずして西へ行きたがり、南へ行くべきときに南へ行かず、とかく北へ行きたがるのです。

このように天命の道理にさからい、情がねじれて正しく起こらず、そして明けても暮れても「せつない、苦しい」と顔をしかめて泣き歩く者があるのです。もっともこんな人は日本にいませんが、唐や天竺にはときどきこういう人がいるのです。ですからめったに油断してはなりません。

心学のありがたい事は、ただ何でもない無我のいい所を見付けまして、これに逆らわないようにいたしますので、意識しなくても自然と楽になります。あえて名を付けますと、「本性に従うと道が勤まる」ということです。ですから無学文盲な人でも十分修行ができるのです。わざわざ修行はしなくても、気質のよい人なら稽古せずして人の道をまっとうすることができます。

私などは気質が悪いから独りを慎むという稽古をしなければなりませんが、本来は稽古しなくても何もしなくても忠孝は勤まるように生まれついているのです。だからこそ孟子も「人の性は善なり」と仰せられました。善であれば道に背く筈はない。しかし気質の善悪によっては修行をしなければなりません。この事は昨夜申し上げたことです。幸いに稽古せずに人の道を勤めた人があります。ついでにお話し申しましょう。

周防国吉城郡岩淵村という所は、長崎街道小郡駅と宮市駅との間に臺道村という間の駅があります。この駅から八百七十メートルほど先の所に岩淵村があります。街道筋にあって長門の国、萩の御領分です。この岩淵村に関蔵という百姓がおりました。女房もあり、高七石ほどの米作りをいたしておりました。それがこの関蔵は病身で、思うように耕作もできないうえ、わずかな収穫でしたので人に頼むこともできませんでした。夫婦の中に子はありませんでした。関蔵は兄弟も大勢ありましたが、ことごとく死に失せて、今は末の弟の伊八という者がただ一人残っただけでした。そこでこの伊八を養子として家督を譲り、関蔵夫婦は隠居同然となり、近村から嫁を貰い受け、伊八と結婚させて農業をさせました。

この嫁の名は「お石」といい、年十七歳で伊八の妻となりました。このお石は後に孝貞であるという評判が関西に広まり、大守様より御褒美を頂戴いたしした人です。

古人の語に、「人生れて婦人の身となる事なかれ」というのがありますが、百年の苦楽を他人にまかすというように、女は一度夫の家へ嫁入りすれば、その身が終わるまで夫に従うのが道です。ですからその夫の心得次第で玉の輿にも乗ったり、衣装に花を飾り、下女下男を多く召し使うようになったりするかもしれません。またその夫の心得によっては嫁入りのとき、長刀を振らせて来たようなお嬢様でも貧苦艱難になって、身には破れたものをまとい、味噌こしを提げて歩くこともあるわけで、百年の楽しみも苦しみも、ただ嫁いだ亭主の心得次第なのです。

幸いに皆さまがお幸せで結構なお暮らしをされているのは、ひとえに夫の御恩です。しかしこの道理も知らず、私は貧乏人の娘ではないから、嫁入りして難儀する筈はないと思っている人があるものです。これは大変な間違いです。百貫目の身代も万貫目の身代も、亭主の了簡が一つ食い違うと、たちまち貧乏になってわずかな飯を炊かなければならない様になります。ですからしっかりと御亭主様を大事にしてください。

さて、そのお石は嫁入りしてより後、舅姑によく仕えまして、実の親のように介抱をしました。それのみならず常に夫の伊八に従って農業の助けをするなど、その誠実な事は近所の人も驚く程の事でした。

ところが伊八という男は生まれつき怠け者で、家督を継いでお石と結婚してのちますます身持ちが悪くなりました。第一に農業を嫌い、米作りは女房一人に任せて、自分は商いに夢中になり、飲み酒屋をしては、人に売るより自分が先に飲んでしまい、古道具屋をしては博打の形に取られ、菓子屋をしては損をし、豆腐屋でもやはり損をする、そのくせ短気な生まれつきで、ちょっとしたことで喧嘩口論、人の娘にちょっかいをかけては因縁をつけ、もともと宿場に近い所だったので常に宿場に立ち寄り、ただのらくらとして明けても暮れても女房を責めたて、猿を使うように追い廻していたので、そのうちに貧乏になってくるという誠に気の毒千万な悪党者でした。

そんなわけで村は言うまでもなく、隣村や近村も伊八を毛嫌いして疫病神のように怖じ恐れ、実に持て余していました。しかしお石は少しも恨む様子もなく、一言も口答えをせず、千辛万苦して、舅姑の介抱と高七石の農業と亭主の悪癖の尻ぬぐいに日を送ること、およそ六年ほど。なんと珍しい、そしてありがたい女性ではありませんか。

女性と言えばこんなおかしい話がありま す。

去る所の下女が香の物鉢を取り落として割りましたので、おかみさんが大声をあげて、「おりん、何を割ったのじゃ」「はい、香の物鉢を取り落としまして、たいへんな失敗をしました」「なんですって、鉢を割った。その鉢がお前の二年や三年の給料で買えるものか。先日も大事な茶碗を割って、また今日も鉢を割るなど、そう片端から割ってもらってはこっちの身代は半年も続かないよ」とわめいているのを御亭主が聞いて、「これこれどうしたんだね。そなたはいつも大袈裟なものの言い方をする。それでは世間体も悪い。少しはたしなみなさい。だいたい女というものは何事にも優しく、小さく取りなしていうものだよ。おれがこの間江戸から帰りがけに原の駅で泊まって朝立ちするときに草鞋を履きながら、『それにしても富士山は大きなものだなぁ』というと、宿屋の下女が、『いえいえ、あのように大きく見えましても、半分は雪でございますよ』と言った。とかく女性はこう優しく言いたいものだよ。おまえのように、ちょっとしたことを大袈裟に言うと、女性らしくなくて恥ずかしい。これからはものの言い方に気を付けなさい」と叱りましたので、おかみさんは頬をふくらませて、「そのくらいな事、私でも知ってます」と言い合っている所へ仲良くしている人が来たので、「これは八兵衛さん。先日江戸からお帰りになったと聞きましたが、まずご無事でおめでとうございます。長時間の道中、きっとお疲れもあろうかと存じましたが、お見受けしたところよく太ってお帰りなされました」と主人が挨拶するのをおかみさんが横から出しゃばって出て、「いえいえ、あのようによく太って見えますのは、半分は垢でございます」と言ったというのです。

なんと出来の悪いおかみさんではありませんか。でも、どうかすると、こんな女性がいるものです。我が家の恥になる事も知らずに、亭主の悪口を近所へ言いまわるような山の神（妻）の御託宣には、困ったものです。お互いに腹の中を探してみて、亭主の悪口を触れ歩きはしていないか。利口ぶって出しゃばってはいないか。頰をふくらませてはいないかと吟味することが肝要です。

さて、お石の親里はかなり豊かに暮らしていましたので、これまでも度々、聟の伊八へお金も用立ててやりましたけれど、淵へ塩を投込むようなもので、どれほど入れ足しても役に立ちません。そのうえ娘が艱難辛苦するのを見て、親の心にはどうにも堪えられず、お石を呼びにやり、二親が説得して、幸いに子もないのだから、縁を切って帰ってこいというのですが、よく心得た女で、全く夫伊八の身持ちの悪いのは、私の仕えようが悪いのです。麻につるを絡まれる蓬とやらで、一方が真っ直ぐならば、もう一方も自然と真っ直ぐになるはずなのです。なのに伊八殿の心得違いが直らないのはやっぱり私が悪いのです。そのうえ伊八殿はともかく、舅姑御はこの上もない結構な二親です。伊八殿が悪いといって、振り捨てて帰られるものではありません。ですからこのまま私を捨てておいてくださいませと言いました。その志はとても正しいものですので、里の親たちもどうしようもなくて、このまま放っておいたら、きっと後で困窮になり、縁を切って帰ってくることもあるだろうと思い、その後は訪れもせず、また資金援助もせず、ひとえに困窮になるのを待ったという事でした。

詩に「桃の夭々たる、その葉蓁々たり。この子ここに嫁ぐ。その家人によろし」とありまして、ここに嫁ぐというのは、嫁入りする事です。朱文公もこの注として、「婦人の嫁を謂いて帰るという」とありますように、嫁入りは夫の家へ行くのではありません。帰るのです。およそ女子は、一度嫁ぐと夫の家を家として、ほかに帰るべき家はない。ですからこのお石が親里へ帰るまいというのは、帰るべき家がないからなのです。しかもこの人は学問をして、この道理をわきまえて帰るまいと言ったのではありません。

発して節にあたる「情」の正しい所で、つまりは天下の道徳です。誰が聞いてももっともだと思い、一言も難癖をつける事はできません。その根元は天命の性に率い、本心の指図通りにしているから、無学でもこのような働きができるわけです。

このことからも絶対に学問をしなければならないという事ではない。ただ本心に従えば、自ずから性情の徳が現れ、忠臣孝子にもなることができるのです。すべて父母の許しを受けて夫の家に至り、それから後にさまざまな苦労をするのも、また結構な身になるのも、皆天命なのです。ですから難儀困窮に迫るといっても、天命が決めた難儀困窮であれば遁れようとしても遁れる方法はありません。もしも無理に遁れて親里へ帰ったとしても、同じ天地の間ですから色品代えてまた難儀困窮する。これこそが自然の道理なのです。百人に一人は夫を見すてて親里へ帰り、またほかへ嫁入りして結構な身になる人もないではない。しかしこの人、身は結構になっても、心は必ず苦労する事があるものです。夫に従って人の道を守っていれば、表向きは苦労しても、心は安楽です。一方、人の道に背いていては生活は結構になっても、心の苦労は絶えません。よくできたものです。

さて、あの伊八は次第に貧乏になりましたので、一山当てて金儲けをしようと馬鹿な考えを起こしまして、お金を用意して、多くの焙烙（土鍋）を焼かせ、船積にして下の関へ送って利益を得ようとして、自分も船に乗り込んで海へ乗り出しましたが、天の許さぬ所でありましたか、海上にて難風に出合い、船は岩にあたって砕け、焙烙は粉々になり、自分自身も海中に落ち入りました。どうにかこうにか命は助かり、今一人の船頭もこれも不思議なことに危難を逃れて、両人ともに助け船に乗って陸にあがりました。

伊八は、今さら故郷に帰る事もできず、ついにそのままどこへともなく姿を消しました。船頭が故郷へ帰ってこの事を話しましたので、関蔵夫婦とお石が悲しんだことはいうまでもありません。ただ、村の者は伊八がいなくなったことを聞いて、かえって喜び、疫病神を送り出したように皆々安堵したということでした。

この伊八の行状は天命の性にさからい、するべきことを何一つやらなかったからです。これはその情が乖戻するというか、ねじれたからなのです。ですから村人はみんな伊八を忌み嫌い、五尺の身の置き所がないようになりました。

　そんなわけですから私たちは戒慎恐惧し、独りを慎むという修行をして、どうぞお互いに人の道を離れないように注意することが肝要なのです。

まとめ

鳩翁の講話からもわかるように、鳩翁の言う「無理をする」とは、人の道から逸れた行為をすることですが、ここではもう少し焦点を絞り、「自分らしく生きるために」という観点から考えてみたいと思います。

そもそも「自分らしく生きる」とはどういうことなのでしょうか。

もし今誰かに突然「あなたは自分らしく生きていますか」と質問されたら、あなたは何と答えるのでしょうか。「はい」と答える人もいるでしょう。「いいえ」と答えて、何だかわからないけれど、もっと本当の自分は他に居るような気がする人もいるでしょう。

もちろん答えは一つではないでしょう。人にはそれぞれの人生があり、みんな違っているのですから、具体的に一つの答えを導き出せるはずもありません。

しかし、何か共通したものはないのでしょうか。仮に自分らしく生きている人たちがいるとして、その人たちには何か似通ったことを持っているということはないのでしょうか。もし、あるとすればどんなことなのでしょうか。

本屋に行けば、自分らしく生きるためのハウツー本、いわゆる自己啓発本はいろいろとあります。インターネットでも素晴らしいことが書かれたサイトがかぞえきれないほどあります。

近年ではインスタグラムにも「手放すと楽になる七つの習慣」「人生で後悔しないための八つ

の法則」など、実にいろいろな種類の投稿が日々アップされています。よく「自分探しの旅」という言葉を聞くことがあります。本当の自分に出会うためにとか、本当に自分がやりたいことを見つけるために日常を離れて自分を見直してみることの大切さを訴えた言葉です。

ところで、それは本当にそうなのでしょうか。私はこの「本当の自分」という言葉は好きですが、一方で疑問を抱き続けています。「本当の自分」というのはどこかに存在しているものなのでしょうか。探せば見つかるものなのでしょうか。それではまるでどこかにすでに存在していて、それが隠されているから、または見えなくなっているから見つけようとするのは、正解があってこそできることなのではないでしょうか。そもそも、本当にそんな正解ともいえる「本当の自分」などというものが自分の知らないうちに存在しているのでしょうか。

ニーチェという哲学者は、私たちはいろいろな場面に応じて仮面を付け替えて生きているのであって、仮面をつけない自分「本当の自分」というものなんて実は存在しないのだと述べています。たとえ仮面をつけていても自分である限りやはりすべて本当の自分の一部であって、それを否定するものではないというのです。「本当の自分」を探さなきゃと必死になって探し回っても見つからず、へとへと、くたくたになってどうしたらいいのだろうと悩んだところで、答えは見つからないのです。見つからないはずです。メーテルリンクの「青い鳥」探しと同じで、そんな自分も本当の自分の一部だからです。富士山に登って、富士山はどこだと探すのと同じことです。足元を見ないで探しても見えないはずです。

以前「照顧脚下」という言葉を紹介しました。遠くを見るためにも、まずは足元を見よという言葉です。足元の自分を理解しないで、遠くの自分を理解しようなんてできるわけがないからです。

だからもし今の自分が自分らしくないと思うのなら、どうすれば自分に納得がいくのか、なぜ今の自分では納得がいかないのかということを明らかにする必要があると思うのです。もし今の自分が心にもないことや意に反することを言ったりしたりしていて、こんな自分は嫌だと思うのなら、なぜそんな心にもないことや意に反することをする自分がいるのかを分析することから始めなければ、いつまで経っても変われないと思うのです。

「本当の自分」は、自分のすぐ近くにあり、好きな自分も嫌な自分も、自分には変わりはないのであり、自分を分析して納得していけば、無理をしない本当の自分に出会えるのではないかと思うのです。

人間は欲深い生き物です。その欲は当然キリがありません。一つ手に入れたら、もっと欲しくなる。イソップ童話に出てくる川に映った自分の姿に欲を出したためにすべてを失ってしまった犬は、私たち人間をたとえたものです。

「隣の芝生は青い」ということわざも私たちの欲の深さを表したものです。

まずは現状を見渡し、冷静になって考えてみると本当に必要なものが見えてくるのではないでしょうか。

ただし、この考え方には大きな落とし穴があります。

それはなにも現状で満足しよう、これ以上成長しようとするなというわけではないということです。

なんだか真逆のことを言われているような気がするかもしれませんが、人間にとって成長することは絶対に必要なことです。現状に満足してしまっては進歩は望めません。望ましい未来に向かって努力することは大切なことです。

ですが、「努力と無理は違う」ことだけはわきまえておかなければなりません。今自分がやろうとしていることは「努力している」のか「無理をしている」のかを考えなければなりません。苦しくても努力することはいいと思いますが、辛くても無理をしていることは避けたいものです。「苦しい努力」はあっても「辛い努力」はありません。この「苦しい」か「辛い」かというのも一つの指標になるのではないでしょうか。

また、「無理しないことと楽することは違う」ということを知ることも大切です。

何もしないのは確かに楽です。しかしだからと言って努力しないのは考え違いです。

人間として生きていく以上は人間らしく生きていきたいものです。では、人間らしく生きるとはどういうことなのでしょうか。人間にはほかの動物と違って「理性」というものがあります。自分で自分を律したり叱咤激励したりできるのは人間しかありません。辛いことや苦しいことから逃げることは簡単です。しかしそういう態度は果たして「人間」として気品ある生き方と言えるでしょうか。私はそうは思いません。

たとえば何かうまくいかなくて辛い時、休みたい、行きたくないと思うのは当然のことです。そんな時にまで無理して行けと言うつもりはありません。ただ、それを引きずってしまうと今度は行きづらくなってしまいます。不登校の子どもの気持ちがよくわかります。しかしここが分かれ道です。今の自分は無理をしないようにしているのか、楽をしようとしているのかを自分で見極める必要があるように思うのです。

人はそれぞれいろいろな考え方や感じ方があるので、正解はありませんが、逃げてそれで何も感じず、ほっとするならそれでいいのでしょうが、もし少しでも後ろめたい気がするなら正直に自分をさらけ出した方が楽になるのかもしれません。

一方、無理に背伸びして、できもしないことをやろうとするのはよくないことです。知りもしないのに、いかにも知っているかのように振る舞うのはよくないことです。きっと失敗します。その失敗から得るものは何もありません。

自分を踏まえてさらに向上しようとすることは大切なことです。もしそれで失敗しても何かを得て次に活かせるはずです。よりよい向上のために努力することは、私たちにとって大切なことのはずです。無理をしないようにするために、楽なことをするというのは、向上する事を放棄した考え方と言えます。無理をしない生き方は楽を求める生き方ではありません。努力は絶対必要です。ただ、人と自分を比較して、自分を飾ったりよく見せようとしたりする努力は自分を辛くさせるだけです。

自分で自分を正しく評価することが無理をしない生き方の基本の一つであると思います。

続々鳩翁道話　三之下

自分の本来のよさに気付いているか

解説

最終回は儒教の基本思想を述べた『中庸』の「中和を致して天地位し、万物育はる」という一節から始まっています。本来は何事にも偏ることなく最善を選択すれば天地も安定して天変地異も起こることなく、万物が健全に育つという意味ですが、鳩翁はそこからさらに発展し、「独りを慎むことの大切さ」について論を展開していきます。

私たちはどうしても一人になると、誰も見ていないと思うとついつい気が緩んでしまいがちです。コロナで自宅からZoom会議等で下半身が映らないからとパジャマのズボンを穿いていたのがふとした拍子に映ってしまったとかいう話もよく耳にしました。そんなことやだらしない態度で何かを食べながらテレビやスマホをみているぐらいならいいのですが、赤信号で横断してみたりごみをポイ捨てしてみたりと、してはいけないことを、これくらいならいいだろうと自分に言い聞かせてやってしまうことがあります。これは明らかにルール違反です。

鳩翁は「独りを慎む」ためには「本心の通りに行動し、道に背かぬこと」と戒めてくれています。わかっているのについ気が緩む、魔が差してしまうことを避けるためには「見ざる所を戒め慎み、聞かざる所を恐れ懼れて悪い分別は起こりはせぬかと腹の内を吟味する」のがいいと述べて、自分を振り返ることが大切だと教えてくれています。

そして同時に平常を大切にすることを「あすもまた朝とく起きて努めばや窓にうれしき有明の月」という歌で示し、何気ない毎日がかけがえのない幸せであることに気づくようにと訴えています。

貞婦お石を例にとり、人が見ていなくても自分を戒め、変わらぬ毎日を送ることに努力している姿を今回もまた説明しています。

「ニューヨークの割窓理論」というのがあるのは御存じでしょうか。アメリカ、ニューヨークのスラム街では荒れた生活をしている者も多く、窓ガラスもあちこち割られていたそうです。そんな状況下ではますます人々の荒廃ぶりがひどくなる一方でした。そこで割れた窓ガラスを綺麗に修復したところ、綺麗なところにはごみを捨てにくく、人々の意識も変わったということから、負のスパイラル（連鎖）を断ち切るためには発想を転換させ、無意識のうちに人々の行動を変えさせるということの重要性を述べたものです。

私たちも汚い所にはゴミを捨てても抵抗はありませんが、綺麗な所に捨てるのは抵抗がありますよね。いくら「ゴミを捨てるな」という看板を立てても、そこにゴミが捨ててあれば、別の人もゴミを捨てやすくなって効果がないのと同じです。捨てにくい環境を作れば人々は自然と従うようになるのです。

自分を振り返るか、振り返らないかは自分の心ひとつです。つい楽な方へ安易な方へと心が動くのも、いやいやそれはいけないぞと自制するのも自分の気持ち一つで変わるわけで、鳩翁はそのことを「汲みて知れ心の底の井をうかみ澄むも濁るも我ならぬかは」という歌で表しています。

とはいうものの人の本性はどこでわかるのでしょうか。自分を律することの大切さはわかって実践しているつもりでもほんとうにできているかは実はピンチの時にわかるのではないかと思われます。

「歳寒してしかる後松柏の凋むに後るる事をしる」という歌を引用して伝えたかったことは、松などは他の木々が緑々としているときは全く目立ちませんが、冬になり木々が落葉した時に松は緑を保ちつづけることから、これを人間に当てはめ、ピンチの時に小人はうろたえるけれども君子はうろたえることなくいつもの姿でいられるということです。確かにそうかもしれません。苦境に立たされた時にあれこれと言い訳をするのは見苦しいものです。私たちはなかなか松にはなれませんが、そうありたいと努力することはできるはずだというわけです。

鳩翁はお石の行動を尊敬し、微塵も疑わないのですが、私はやはり小人なのか、疑問に思うこともあります。孟子が「所謂行い得ざることあれば、皆かえってこれをおのれに求む」と述べたように、あれほど尽くしているお石が義親に疑われたことがあったとき、お石は親を怨む心もなくただ自分の身を責めるのですが、それでよかったのか、親も反省すべきところはなかったのかと考えてしまうのが小人のあさましい所なのかもしれません。

それにしてもお石の行動は私たちの常識を超えているように思います。だからお石のことを当時の人たちも「奇妙な人」という表現をするしかなかったのかと考えてしまいます。

ここまでできる人は少ないにしても、私たちも自分にできる限りの忠孝をつくすことは可能です。忠孝の心を持つことは大切です。しかし持ち続けることはなかなか大変です。そこで鳩翁は最後に朱熹の「観書有感」の詩の一部を引用しています。「半畝方塘一鏡開。天光雲影共徘徊。問渠那得清如許。為有源頭活水来」というものですが、その意味は「鏡のように澄んだこの小さい池に陽の光と雲の影が映って流れていく。この池はどうしてこんなに澄んでいられるのか。それは水源があり、そこからきれいな水が絶えず入ってくるからだ」というものです。鳩翁は絶えず忠孝の心を見つめ直すことで澄んだ心を保ち続けることができるのだということを述べているのです。

私はそのためにもまずは自分のよさに自分で気づく、振り返るためにはどうあるべきかを考えていくことが必要だと思うのです。

続々鳩翁道話　三之下　本文現代語訳

「中和を致して天地位し、万物育はる」と。これは戒慎恐惧、独りを慎むことによって一般の人も聖人の域に到り、その徳は天地とかみあって万物を生育する。いわゆる天人一致、万物一体の道理をお示しなされたことばです。言い換えれば「中」とは天命の性のことをいい、「和」とは性に従うの道をいいます。「致」とは修行して推し極まることなのです。わかりやすく言えば、本心の通りにして、少しも背かない生き方のことです。大きく言うと、国天下も治まり、小さく言えば、一家一身も治まる。ありがたいことです。「天地位す」とは、聖人が国を治め給う時は、雨風も時に従い、天は天の徳を表し、地は地の徳が現れます。これを家で言えば、親は親のようになり、夫は夫のようになることです。「万物育わる」とは五風十雨。自然に従えば人はもちろん、米も麦もよく出来て、鳥や獣も穏やかにそれぞれの一生を遂げるのです。それを家で言えば、家内の諸道具鍋釜まで質屋に入れることなく、したがって道具屋の店へも出ず、おのおののあるべきところで最後までその役を務めることができるということです。これはその本心に従うか従わないかが境であって、天地が穏やかで万物がうまくいくか、それとも親子兄弟が離れ離れになるかとの二つに分かれるのです。

なんと怖いものではありませんか。その基本は人が見ていない所を戒め慎しみ、人が聞いていない所を恐じ懼れ、悪い分別は起こっていないかと腹の内を吟味する、いわゆる独りを慎む工夫の出来不出来によるのです。この道理を理解して怠りなく勤めることが学問の成功の秘訣です。聖人の事もこのほかにあるのではありません。どうぞ本心にお従いなさってくださいませ。そして精出してお勤めください。

ある人の歌に「あすもまた朝とく起きて務めばや窓にうれしき有明の月」というのがあります。心学の視点から解釈すると、味のある面白い歌ですから、少し考えてごらんなさい。

さて、あのお石の親里では機会があれば娘を取り返そうと考えておりました所に、幸いこの度伊八が逐電したと聞き付けましたので、これを機会に縁を切らせようと早速に娘を呼び寄せ、「すぐに離縁して戻って来い。もし今度も縁を切らず、親のことばに背くのなら仕方ないが勘当しなければならないぞ」と脅して責めたところ、お石は興ざめしたような顔で、「御勘当は悲しいですけれども、夫伊八のゆくえが知れませんので、誰に断って縁を切って帰りましょうか。何事も私の不運。今更里へ帰りましては舅姑御の介抱は誰がするのでしょうか。ここからが嫁の入用です。身を粉に砕いてでも夫伊八と二人分の孝行は私がしなければなりません。おことばに背くのは親不孝ですけれども、このことは御許しくださいませ」と、なかなか承知する様子もなく、これでついに親里とは縁切りになりました。

この年お石は二十二歳。なんと珍しい、ありがたい女性ではありませんか。人の親の心は闇ではありませんが、子を思うがゆえに人の道にはずれたことをするのは、世間にはこれに似た無茶な事を言って、娘に縁を切らせる親達があります。子もまたうろたえて親の言葉だからと義理人情も忘れて、さっさと縁を切って実家に戻り、へらず口を叩いて、親の言葉に背かないのが子としての親孝行だなどと利口そうに言っている人がある。気の毒なものです。中国の『孝経』には「父に争う子あるときは、則ち身不義に陥らず。かるがゆえに不義にあたっては、子もって父に争わずんばあるべからず（父に反対する子がいるときは父は不義になることはない。だから不義を感じたときは子は父に反対しなければならない）」とあります。今お石が父母と争い、勘当されても、伊八と縁を切らないのが、父母を不義に陥らせないことだというのです。しかもお石は『孝経』を読み習った人でもなく、また学者でもありません。ですがその本心の正しいことを守るときは、心を動かして行動するのが天下の常識。これが「中和をする」ということなのです。

このあとお石は女手一つで舅姑に仕え、専ら農業に励みます。お石はもともと美人で、おまけに年も若いので村中はもちろん、隣村の悪少年どもが独身だからと軽く見て、言い寄る者も多くありましたが、お石には生来の鉄石のような強固な志があり、髪には油を用いず、衣類は膝を過ぎず、それでいて行儀正しく、人に会うととても丁寧でしたので、自分とお石を比較して自分を恥じて、いつしか言い寄る者もなく、かえってその行状の正しいことを誉めるようになりました。

確かに行儀は大事なものです。例えば綺麗に掃除して水をうってちゃんと掃き清めてある所へごみを捨てに来る人はない。すべてこれと同じ考えです。世間に埒もない事をするのは、みなムシャクシャとして行儀を忘れてさまざまなよくない考えを持ってしまうからです。怖いものです。御用心なさいませ。

ある人の和歌にも「汲みて知れ心の底の井をうかみ澄むも濁るも我ならぬかは」というのがあります。

さてその翌年の年貢も滞りなく納めましたが、翌年には舅関蔵がちょっとした病からついに寝たきりとなりました。病気ですから薬代はもちろん諸入用も多くなりますので姑に介抱を頼み置いて、自分はいよいよ辛苦して農業に努めました。何しろ世の中に不幸せな人も多いけれど、中でもお石は格別に不幸であって、その翌年また姑も同じく寝たきりとなりました。このため高七石の米作りも出来ないようになりましたので、村役人へ行って委細を話し、御大切な御田地なので、もし税が未納ということになれば申し訳がありません。そこで何卒お預かりくださいと熱心に頼みましたので、村役人ももっともだと思いまして、すぐに下作へ預けてくれました。お石はこれより僅かなお金をもらい、昼夜は両親の介抱にかかりまして、半日と出歩くことはできません。なんとか半道一里のお使いをしたり、または一道村へ出て少しずつの小揚げに雇われたりしました。家にいるときは両親を左右へ寝かせてその身は真ん中にいて草履草鞋を作ったりして、生活の助けとしましたが、女の手業と言い、殊に汚れ物の濯ぎ、洗濯など、何かと介抱に手がかかりますので、はかばかしき働きもできませんでした。そんなわけで次第に困窮し、朝夕の食べ物さえようやく両親へ粥をすすめるくらいの事となり、自分は食べるふりをして食べない日も時々はあったという事です。それでもなお不自由な様子は見せず、甲斐甲斐しく介抱する事十一年間、その志はいよいよ固く、少しも弱った気色は見えませんでした。まことにありがたい女性でございます。

子曰く「歳寒してしかる後松柏の凋むに後るる事をしる」と『論語』にありますが、君子も小人も、特別な事のない時は別に変わったようにも見えませんが、困窮するか、何か一大事に出合ったときは、小人の悲しさで利欲に眼が眩んで手足を張ってうろたえます。しかし君子はこのようなときにあたっても、いよいよ静かにして少しも騒ぐことはありません。例えば冬になって木がらしの吹く時分には草も木も色変わり、葉も落ちてその姿は見る影もありませんが、その中で松や柏はなお緑の色を失いません。これと同じことで、お石の行状は実にこのことなのです。

さてある日、お石は暮れ方から人足に雇われて道を急いで帰りましたが、どうしようもない用事で少し手間どり、その夜は午後十時ごろに帰りました。いつもなら門口から声をかけますと、家の中からも返事があるのに今夜に限っては返事もない。これはどうしたことかと中に入って見ると、両親がさめざめと泣いていました。「ひょっとして何かお気にいらぬ事がありましたか、それとも私の帰りが遅いのでご心配だったのですか」と何度も問えば、両親が泣き泣き言うには「我等夫婦はどんな宿業からか伊八の不心得のせいで困窮に迫り、そのうえ二人とも寝たきりとなり、この長年そなた一人の介抱で今日までは命をつないだが、今宵そなたの帰りが遅いから、もしや我等夫婦を捨てて親里へ帰ったのかもしれないとふと疑いの心が起こるにつけ、よくよく思えばこの長年の艱難辛苦、なかなか実の娘でもこれほどに介抱はできまい。それも長い年月の事だから、退屈の心が起こるのも無理ではない。とはいうもののその方が帰ってきてくれなければ、明日から我等夫婦は乞食をすることもできず、立ちどころに餓えて死ぬと思えば、ただ何となく物悲しくなって思わず泣きましたが、よくぞ戻って来てくれました」と、またうれし泣きにさめざめと泣きました。

お石は気の毒に思いましたが、わざと大声で笑いながら、「今夜は仕方ない用事で少し道で手間取りましたのです。これからはどれほど帰りが遅いとしても必ず心配しなさるな。我が身は死んでも心は死にません。いつまでも御介抱して御先渡りを見届けます。くれぐれも心強く思っていてください」と、なんとか言い慰めて薬など温め、いつものように両親の真ん中に居て話しながら草鞋を作りました。程なく夜も更けたので、早く寝よと両親が言うので、薄い袷様の物を引っかぶってそのままそこに寝入りました。

ある人の発句に「我が身に秋かぜ寒し親二人」というのがあります。なんと哀れな句ではありませんか。少しかみしめてごらんなさい。

さて関蔵夫婦は宵の疲れに一寝入り寝入りましたが、ふと目を覚ましてみると、お石がしくしくと声も立てず泣いているので、とても驚き、「どうしたのじゃ」と問えば、「寝てみても目が合いません」と言う。「それはどうしてじゃ」と何度も問えば、「それというのも伊八殿が家を出られてからすでに六年です。里の親たちからは縁を切って帰ってこいと度々申しますが、もとより帰るつもりはありません。それどころか御大病の後はなおさら側を離れてはならないと思い、精一杯御介抱いたしておりますけれど、日々の雇われ仕事に手がかかりまして、十分に御介抱も行き届きませんのは、まだ私のいたらぬ所があるから親里へ帰ったかとお疑いも起こるのでしょう。これは全く私が行き届かないからなのです。どうしたら御安心していただけるでしょうかと考えると、寝ても寝入られないのです」と理由を言う。そのことばのうちには少しも舅姑を恨む心もなく、ただ我が身の足らぬを歎いていました。真実の心がよくわかりましたので、関蔵夫婦もとても申し訳なく思い、いろいろと言い慰め、その夜はなんとか休みました。実にこの一条一点も父母を恨む心なく、ただ自分の身を悔やむのは実にありがたい志ですよね。よくぞ我が身に立ちかえったものです。『孟子』に「所謂行い得ざることあれば、皆かえってこれをおのれに求む」と書いてありますのもこれらの事でしょうか。

そこでこの翌日より雇われ仕事を固く断り、ひたすら両親の側を離れず、近隣の人に頼んで、わずかな賃仕事を請い取り、その日の生活費を稼いでいました。その艱難困窮は筆にもことばにも尽くされる事ではありません。

あるとき隣の人が来て関蔵へ申しますことには、「今度隣村へ京都御本山より御使僧が御下向なされてありがたい御勧化がある。もしよかったら参詣をされませんか」と勧めました。関蔵もうなずいて、「伊八が居ましした時分は隠居同前の事ですから、折々は御法座へも出ましたが、今不自由な身体になってはそれさえ思うようにはなりませんよ」と言うのをお石が聞いて、「そのようにお思いなら、お供いたしましょうものを。気のつかない事でございました。明日とも言わず善は急げです。今日お供いたしましょう」と言う。関蔵も大いに喜び、「それなら御法談を久しぶりで聴聞しましょう」とその用意に及びました。ちょうど御法談のある隣村へはおよそ道四キロメートルほど。そこでお石はまず舅関蔵を背に負い、姑にしばらく留守を頼み、すぐにお迎えに参りますと言って帯のようなもので小児を背負うように舅を負い、四キロあまりの所を女の身で甲斐甲斐しく通いました。もっともその道に川もあり橋もありましたが、なんとかして寺へたどりつき、講中の人に頼んで舅をおろし、堂の隅に寒くないようにしておいて、それからまた引き返して家に帰り、今度は姑を背負い、隣の家に留守を頼み置いて再び寺へ立ち帰り、講中へ厚く礼を述べ、舅姑の便の世話などしつつ、その身は側にあって、二人の身体をなでさすりしながら御法義を聴聞する。法話が終われば、講中の人に姑を頼み置いて、まず舅をはじめのように背負って道を急いで家に帰り、舅をおろして寝させておき、また寺へ姑を迎えに来て背負って講中の人に礼を述べて家に帰る。法話を聴聞するに舅姑を負って四キロほどの道を行き来しました。しかも一日だけの事ではありません。法座開催の間、雨の日も風の日も一日も怠ることない孝順の行状でしたので、見る人で驚嘆しない者はありません。そんなわけで後々は参詣の人がお石の至孝の志を憐れみ、代わりに姑を負ってお石の苦労を助けてくれる人もあったということです。

さらに驚いたことに、この法座を勤めた僧がお石の日々の奇特の参詣に感動し、講頭の植田何某という人に詳しくその様子を尋ね聞いて、事情を書き記し、法座が終わった後、帰京されて、この事を御本山に報告いたしましたので、御感動のあまりお石へ結構な御菓子を一箱送り、関蔵夫婦には法名を与えられました。翌年またまた同じ所へ御使僧が御下向することに相成り、法座が始まった所、例のようにお石が舅姑を負って参詣に及びましたので、すぐに御命の趣旨をお伝えし、右のものをまた頂戴いたしましたのは実にありがたいことでした。これもひとえに至孝貞節の徳と隣国まで噂になり、聞いて羨まない人はなかったということです。

さらにこれらの話は大守様の御耳に達し、すぐに御家来の柳井何某という武士に仰せ付けて、お石のことをじっくりと話が聞きたいと命じられました。そこで柳井氏は即刻小郡駅へ向かったのですが、途中駅々で人足たちに必ずお石の事を尋ね問いますと、皆答えてただ一口に「奇妙な人です」と答えます。田舎のどうしようもない荒くれ者の人足たちでさえもこのお石のことを見聞きしていて悪いとはさすがに思わず、かといって何と誉めてよいやら、誉めようがないから、ただ奇妙な人ですと表現しましたのは、もっともな事でした。実際、金玉のことばを連ねて誉めたとしても万分の一にも及びません。いわゆる言葉で言い表せるものではありません。ですから人足たちが口々に奇妙な人ですと言ったのは実に的を射た誉めことばだったのです。

さて柳井氏、小郡駅にいたり、植田何某を呼んで詳しくお尋ねになったところ、聞きしにまさる行状なので、早速城に立ち帰ってこのことを言上に及びました。大守様はことのほか感激いたされ、関蔵夫婦へは生涯二人扶持とすることを決定し、なおお石は萩の御城下へ召し寄せられ、御目見えを仰せ付けられ、お言葉をいただきましたことは実に冥加至極な事でありました。身を立て、道を行い、名を後世に揚げて、父母をあらわすとはこれらの事なのでしょう。

さてここにありがたいことに、岩淵村の人は言うに及ばず、近村もそろって最初は疫病神のように怖がり恐れ、毛虫のように嫌がった伊八をこの三年ほど前からそろそろ行方を尋ねるようになりました。その訳は、お石一人が身心を砕いて舅姑に仕えます行状を見るに付けて、せめて伊八が家にいたら少しは手助けをするだろうから、きっとお石も喜ぶだろうと思う気持ちからで、人々は言い合わしたわけではありませんが、小郡駅へ仕事に出る度ごとに必ず往来の人に伊八の人相骨柄を話して、このような人を見かけませんでしたかと、あてもなく尋ねていました。すると不思議なことに伊八は長崎にいるという事を聞き出し、すぐに村中の人が申し合わせて代表二人が伊八を迎えに長崎へ参りました。これも全くお石の孝貞が人に感じさせるところからでして、忌み嫌った者をはるばる迎えに参るようになったのです。そのことからも孝行の徳は廣大なものであることがわかります。

村代表は長崎へ至り、難なく伊八にめぐり逢いまして、故郷へ帰れと言いましたが、伊八はなかなか聞き入れず、金儲けをしなければ故郷へは帰られないという。そこで迎えに来た人が細かくお石の孝行節儀を話し、借金はともかく、すぐに故郷へ帰って、お石の志を助けよと言いますと、伊八はこれを聞いて大変驚き、「まだお石はいるのか」と言う。「いるどころではない。その孝順のありさま、見ていられないから貴様を迎えに来たのだ」と言って、無理に引っ立て、故郷へ帰りますと、なにやら村中が大騒ぎの最中です。「何があったのですか」と問うと、「ただ今萩のお殿様からお石が御褒美を頂戴して戻った所なのです」と言う。これを聞いてさすがの伊八も腸を洗うがごとく懺愧後悔して、それからは本心に立ち返ってよい人になったということです。これもひとえにお石の孝徳が他に影響したから、この奇特があるのです。「徳孤ならず、必ず隣あり」の聖語が今さら思い当って驚くばかりの事です。

お石のことは隣国や遠い所にまで伝わりまして、小郡駅を御通行の御歴々様方が御本陣へお石を呼び出して面会を希望され、褒美として御銀をたくさんいただいたという事も度々ありました。

中でも素晴らしいと思いましたのは、小野何某という人がお石のことを伝え聞いて、十四歳になる娘を連れて、はるばる岩淵村に尋ね来たことがありました。お石とお会いしたとき、その娘の詠んだ歌が「立ち寄りてしばしなりとも習らわめや親につかうる人の心を」という歌でした。なんと優しい気持ちではありませんか。見習ってよいものは忠臣孝子の心。見習わなくても構わないのが髪の飾りや衣裳の端手です。すべてお石がこの十一年間の行動は、他所から習って来てしたのではありません。本性に従う道を尽くしただけなのです。

ただし、この本性はお石にだけあるのではありません。みんなそれぞれに具わっている生まれつきの心なのです。ですから志を起こしてやろうとして誰しもできない人はないのです。忠孝ができないというのはできないのではない、しないだけなのです。

子曰く、「仁遠からんや。吾仁を欲すればここに仁いたる」と。仁は善の総体です。心の全徳です。物を愛する理。孝行忠義はすぐ仁となります。仁とは人の性です。性とは産まれつきの心という事です。ですから孝行忠義に生きようと思うと、いつでもできるのです。こんな結構な本心を持ちながら、何もせず一生を終わるのは口惜しい事ではありませんか。これについてこんな話があります。

田舎から初めて京へ奉公に出てきた下女は夜になると行燈をともすという事を知りませんでした。おかみさんの指図で暮れがたに行燈に火はともしたが、ただ手に提げてうろうろと台所や座敷を持ちまわっていました。それをおかみさんが見つけて、「なぜ提灯を台所に置かないのですか」と叱ったところ、下女は真剣な顔をして、「提灯を闇がりに置いても大丈夫でしょうか」と言ったということです。なんと考えさせられる話ではないですか。どうぞ一度本心の明かりをしっかりと持って、自由自在に暗がりを照らすようにしたいものですよね。

朱文公の勧書の詩に、「半畝方塘一鏡開。天光雲影共徘徊。問渠那得清如許。為有源頭活水来」とあります。この意味をじっくりとお考えくださいね。

まとめ

先日、私用で大阪梅田と東京渋谷を二日続けて歩くことがありました。コロナの第八波が迫っているというニュースもありましたが、どちらの街もすごい人波でした。一体何人の人々がそれぞれの町にいたのでしょうか。そしてその一人ひとりにはどんな生があり、物語があり、苦労があるのでしょうか。大勢の人に流されている一人の私は、そんなことを思わずにはいられませんでした。幸せそうに笑いながら身体を寄せ合って歩く二人も大勢いました。何人かの仲間が集まってふざけあいながら通り過ぎるグループもいっぱいいました。何かを考えたようにして一人で足早に歩いている男性や女性も数えきれないほどいました。みんなそれぞれに背景があり、物語をもっている人たちなのでしょう。

人は十人十色と言います。いろいろな人がいて、いろいろな考えがあり、いろいろな経験をし、いろいろと笑い、いろいろと泣いているのです。同じ人生、同じ経験を持つ人など、決していません。たとえそれが一卵性双生児であってもです。

人にはそれぞれ個性があります。そしてそれぞれに良さがあるはずです。たとえ自分はどんなにダメだと思っていても、どんなにつらくて生きる価値がないなどと思っている人でもきっとどこかにその人だけの良さがあるはずです。いや、あるのです。それが何かは分かりません。そう言うとまるできれいごと、建前を述べているだけのように感じるかもしれません。しかし事実なのです。自分ではわからないだけなのです。自分でわかっている人の方が少ないくらいです。

私はよく面接練習の時に「あなたの長所は何ですか」と問います。しかし即答できる人は意外と少ないものです。そんな時私は質問の仕方を変えます。「あなたは周りの人からどんな人だと言われることが多いですか」と。他人の言葉を頼りに自分がどう見られているかを問うことにしています。

自分の長所、自分の良さは自分では自覚できなくても、他人はそれを見て、あの人はこんな人だと判断してくれます。自分では見えない姿を鏡のように見せてくれるはずです。

「いや、私は人に対しては作っているから本当の自分は見せていない。だからそんなのは本当の自分ではないし、あてにはならない」という人もいるでしょう。ですが、四六時中作っていられるでしょうか。ふとした拍子に地が出てしまうこともあるのではないでしょうか。仮にもし完璧に作った自分を演じきったなら、それはそれで一つの自分の良さ、特徴になるのです。

本文に登場したお石は「滅私奉公」に努めました。そのことに関しては賛否両論あるに違いありません。しかしお石はそれを貫き通しました。それが彼女の良さであり、周りの人を動かすエネルギーにもなりました。お石は自分で自分の良さに気づいていたとは思えませんし、それで何とかしてやろうという思いも持たなかっただろうと思います。ただ、その一貫した行動が周りの人を熱くさせたのです。

儒教で有名な古代中国の思想家の孔子は『論語』の冒頭で「人知らずして慍みず、また君子ならずや」と述べています。孔子も苦労しながらも自分の考えを貫き通した人でした。自分をわかってくれない寂しさ、辛さに耐え、それでも自分の主張や考えを捨てることなく一生を終えています。言い換えれば、自分の良さを知ったからこそ耐えることができたのでしょう。お石は孔子ほど自覚はできていませんでしたが、自覚していなくても自分を貫き通しています。

現代に生きる私たちはともすれば流されがちです。だからこそ私たちがやるべきことは、自分を必要以上に大きく見せることではなく、自分を見つめ、自分を知り、やるべきことをきちんとやっていく堅実な生き方をしていくことなのでしょう。鳩翁の言う道に沿った生き方とは、無理せず、それでいて一歩一歩前進する内に秘めた闘志の炎を持ち続ける生き方を言うのでしょう。

これは理想の姿ではありますが、夢ではありません。努力し続けていれば手に入るものなのです。私もそうあるべく努力をしていくつもりです。

『鳩翁道話』は江戸時代の終わりに書かれたものですが、時代を超えて私たちに心の平穏の大切さを語りかけてきます。無理をせず、自分を信じて努力すること、人間として本来の敬い恐れる心に従って生きることの大切さを今なお私たちに教えてくれているのです。

これは一つの「資産」です。私たちは自分でその資産価値をより一層高めていかなければならないのです。

おわりに

私と『鳩翁道話』との出会いは、今からもう四十五年ほど前のことになります。当時私はまだ大学三年生で、故稲垣正幸先生の「近世国語史」の授業を履修していました。稲垣先生は授業の教材としてこの『鳩翁道話』のほか、『浮世床』や『夢酔独言』『東海道中膝栗毛』などを取り上げ、近世後期における口語資料の重要性について私たちに熱く語ってくださいました。

その後、金子彰先生のご指導を受け、これらの資料を国語学的見地からいろいろと調べることをライフワークとしました。そんな中でこの『鳩翁道話』の内容があまりにも現代の私たちの心の問題に直結していることを知り、どうしても今の時代に『鳩翁道話』の精神を比較してみたくなり、それを講義にして若い人たちと意見交流した記録として本書を著そうと決意したのでした。

現在私たちが使っている日本語は古代や中古の日本語とは音も単語もずいぶん違っていることが証明されています。言葉は昔からの積み重ねの中で変化していったものですが、語順や基本語彙など基本的なことは今も昔と変わっていません。

人としての生き方も、時代とともに求められる技能や環境は違っていると思います。現代には江戸時代のような身分制度も封建制度もありません。しかし基本的な部分では今も昔と変わっていないと思うのです。

現代には現代特有の問題や悩みがあります。しかし「人に認められたい」「自分を大切にしたい」という欲求は今も昔も共通であり、どうしたらいいのか迷うのも変わっていないのです。「自分らしく生きているという実感を持つ」ことで、気持ちは楽になります。浅学な私にはよく分かりませんが、人生を考える哲学などではもっと特別な深いものがあるのかもしれません。ただ、たとえほんのわずかずつでも自分を客観的に見ることができるようになれば昨日よりは人間として進歩しているはずです。

「脱皮できない蛇は滅びる」とニーチェも言いました。

人間として「至善」の境地で生きていこうというのは、弱者の自己正当化ではありません。私は偽善を述べているつもりはありません。現に私がそれを目指すことで心が救われた経験があるので紹介しようと考えたのです。

もちろん、これが全てだ、これだけが正しいと押し付けるわけではありません。ですが江戸時代後期にすでに現代にも通用する生き方・考え方が提示されていたことを知ることは大切だと思います。

本書では江戸時代の版本を底本として私なりの現代語訳をつけましたが、『鳩翁道話』の本文は平凡社（東洋文庫）や岩波文庫などで読むことができます。

十分に訳しきれていないかもしれませんが、鳩翁の伝えたかったことはお分かりいただけたのではないかと思います。私たちの心に波紋を起こす世間体や自分の慢心とのバランスの取り方や、自分を律することの重要性は今も昔も変わらない課題です。

私たちはこうした先人の教えを一つの資産として受け継ぎ、生かしていかなければならないと考えています。

この本を出版するにあたり、東京図書出版の皆さんにはいろいろとご尽力を賜りました。記してお礼申し上げます。

どうかすべての人々が日々を平穏な心で過ごすことができますように。

令和五年秋

山口　豊

山口　豊（やまぐち　ゆたか）

現在、武庫川女子大学教育学部教授
兵庫県内の高等学校国語科教諭、兵庫県教育委員会事務局指導主事、兵庫県立高等学校長を経て現在に至る。
主な研究分野は、岸田吟香の『呉淞日記』やジョセフ・ヒコの『海外新聞』などの幕末近代の語彙。
著書に、童話集『バラ色のたまご』（武蔵野書院）、エッセイ集『ソウイウモノニワタシハナリタイ』（風詠社）、講義集『徒然草から学ぶ生き方』（神戸新聞総合出版センター）などがある。

心の資産
— 鳩翁からのメッセージ —

2024年2月9日　初版第1刷発行

著　者　山口　豊
発行者　中田典昭
発行所　東京図書出版
発行発売　株式会社 リフレ出版
〒112-0001　東京都文京区白山 5-4-1-2F
電話 (03)6772-7906　FAX 0120-41-8080
印　刷　株式会社 ブレイン

ISBN978-4-86641-705-9 C0095
Printed in Japan 2024